砥砺十年 星火燎原

——国家大学生创新创业训练计划十周年

（创新篇）

国家大学生创新创业
训练计划专家工作组 组编

高等教育出版社·北京

图书在版编目（CIP）数据

砥砺十年　星火燎原：国家大学生创新创业训练计划十周年．创新篇 / 国家大学生创新创业训练计划专家工作组组编．-- 北京：高等教育出版社，2018.11
ISBN 978-7-04-050674-7

Ⅰ．①砥⋯ Ⅱ．①国⋯ Ⅲ．①大学生－创业－研究 Ⅳ．① G647.38

中国版本图书馆 CIP 数据核字（2018）第 222041 号

策划编辑　张　龙　　责任编辑　沈晚晴　　封面设计　王　鹏
插图绘制　杜晓丹　　版式设计　高海钰　　责任印制　尤　静

出版发行　高等教育出版社
社　　址　北京市西城区德外大街4号
邮政编码　100120
印　　刷　廊坊十环印刷有限公司
开　　本　787mm×1092mm　1/16
印　　张　22.25
字　　数　446千字
购书热线　010-58581118
咨询电话　400-810-0598
网　　址　http://www.hep.edu.cn
　　　　　http://www.hep.com.cn
网上订购　http://www.hepmall.com.cn
　　　　　http://www.hepmall.com
　　　　　http://www.hepmall.cn
版　　次　2018 年 11 月第 1 版
印　　次　2018 年 11 月第 1 次印刷
定　　价　58.00 元

物 料 号　50674-00

本篇编写组

主　编：邵　进　洪大用

参　编：陆国栋　刘庆昌　马　丹　栗　苹

序　言

创新关系国家命运、关系民族未来，是世界大势所趋、全球发展的动力之源。创新创业教育就是要激发大学生的创造力，为国家创新发展培养源源不断的有理想、有本领、有担当的青春力量。近年来，中国创新创业教育改革呈现出星火燎原之势，大学毕业生创业率已达到 3%，超过发达国家 1.6% 水平近一倍。可以说，创新创业教育已经成为新时期大学生素质教育的新突破，高校人才培养模式的新探索，当代大学生绽放自我、展现风采、服务国家的新平台，中国为国际高等教育改革和发展贡献的新经验。

国家大学生创新创业训练计划（“国创计划”）是深化高校创新创业教育改革的重要载体。十年来，“国创计划”一直坚持“兴趣驱动、自主实践、重在过程”的原则，倡导以学生为主体开展创新性实践，并推动高校深化教育教学改革，形成了校内外结合、创新创业教育与专业教育有机融合、理论与实践紧密结合的创新创业教育模式。目前，1000余所高校参与“国创计划”，累计有18万个国家级项目获得了资助，内容覆盖全部学科门类，参与学生近70万人；各地各高校也开展了省级、校级大学生创新创业训练计划，计划实施的三级管理体系不断完善，累计有近千万大学生直接参与大学生创新创业实践活动。“国创计划”已成为覆盖所有高校和全体大学生的一项创新创业人才基础培育工程，培育了一支敢闯会创的创新创业生力军。

为全面总结“国创计划”取得的成果和经验，教育部高教司组织“国创计划”专家工作组编写了“国创计划”十周年纪念丛书，包括管理篇、回眸篇、改革篇（上下）、创新篇、创业篇和成长篇等7部。专家们为丛书的编写付出了大量辛勤的努力，对十年来“国创计划”的政策制度、改革经验、学生创新创业典型案例进行梳理和汇编，希望能为高校持续深化创新创业教育改革提供参考。

我们要学习贯彻习近平新时代中国特色社会主义思想和党的十九大精神，深入落实习近平总书记给第三届中国“互联网+”大学生创新创业大赛“青年红色筑梦之旅”大学生重要回信精神，持续深化创新创业教育改革，助力打造“双创”升级版，推动高校实现从就业从业教育到创新创业教育的战略转型，最大程度释放我国人才红利，促进新产业蓬勃发展、新动能持续壮大、新人才不断涌现，支撑国家创新发展。希望高校能够承担主责，从课程体系建设、教学方法改革、教师能力提升、管理制度创新等方面下大功夫，把创新创业教育融入人才培养的全过程各环节。希望教师能够成为主力，增强培养创新创业人才的责任感、使命感，挖掘和充实各类课程的创新创业教育资源，努力成为大学生创新创业的引路人。希望行业企业和投资机构能够提供助力，为大学生创新创业教育提供资金、技术支持和实践指导，为青年实践创新、建功立业搭建更广阔的舞台。希望青年学生能够把激昂的青春梦融入伟大的中国梦，勇立时代潮头敢闯会创，扎根中国大地书写人生华章！

吴 岩

2018 年 3 月 12 日

前　言

创新是一个民族进步的灵魂，是一个国家兴旺发达的不竭动力，也是中华民族最深沉的民族禀赋。在激烈的国际竞争中，惟创新者进，惟创新者强，惟创新者胜。当今世界各国，都高度重视创新能力，将其作为国家软实力的重要标志。党的十八大做出了实施创新驱动发展战略的重大部署，习近平总书记多次强调要加快教育体制改革，注重培养学生创新精神，造就规模宏大、富有创新精神、敢于承担风险的创新创业人才队伍。提高自主创新能力，实施创新驱动发展战略，建设创新型国家，归根结底是要有一大批适应国家建设发展需要、具有创新精神、创造思维、创业意识和创新创业能力的高水平创新创业人才。

诺贝尔经济学奖得主埃德蒙·费尔普斯在《大繁荣》这本书里提到，创新驱动发展已经成为世界的共识，科技创新与科技创业的融合才是真正意义上的创新创业，这也是国家创新驱动发展战略的本质；“创新”是一个基于大众的、自下而上的进程，也就是我们国家提的大众创业、万众创新。费尔普斯认为创新创业依赖于整个系统，包括有创新思想的人提出创意；不同的投资人、生产者和市场推广者的积极参与；终端用户的学习和评价；以及政策环境，等等。简单分析一下这个生态系统，政府应该是创新创业政策的制定者、制度的设计者、行动的推动者，以及相关平台的搭建者；社会应该做行动推广者、评价者、鉴定者，同时还应是宽容者，对创业失败要安抚和包容；学生要努力成为有创新精神的创意者；而高校应该努力让学生成长为具有创新精神的人和创意者，其中一些人能成为创业者。所以，创新创业的基础在于创新，高校最基本的任务就是将学生培养成为具有创新精神的人。

早在2000年起，国内高校立足拔尖创新人才培养，以“实验室开放项目”“本科生科研训练计划”等形式开展了实践教学和第二课堂科研训练。

2006年，教育部高等教育司对国内外大学培养拔尖创新人才的做法及经验进行了调研，选取了北京大学、南京大学等十所高校开展“国家大学生创新训练计划”试点工作。2007年教育部、财政部全面启动“国家大学生创新性实验计划”，2012年扩展为“国家级大学生创新创业训练计划”，旨在强化大学生的创新创业训练，培养大学生的创新精神、创业意识和创新创业能力。可以说，“国创计划”发端于创新训练计划。计划实施伊始，学生创新性实验项目即界定为本科学生个人或创新团队，在导师的指导下，自主进行研究性学习，自主进行实验方法的设计、组织设备和材料、实施实验、分析处理数据、撰写总结报告等工作的项目。项目的着力点在于强化学生的创新能力培养。十年来，这类创新项目始终是“国创计划”项目的主体。

为集中展示十年来“国创计划”参与学生的创新性成果，本书遴选收录了来自72所高校的152个创新训练项目优秀案例，分为自然科学类、人文社科类、农业与医药科学类、工程与技术科学类四个类别。从这些创新训练项目优秀案例可以看出，参与“国创计划”的学生不仅体验了科学研究的全过程，而且其中已经有部分学生在科研领域崭露头角，其研究成果已经能够发表在国际高水平学术期刊上。可以说，“国创计划”已发展成为高校培养大学生创新创业能力的重要载体，在激发学生的创新意识和创新思维中发挥了重大作用。通过对这些案例的分析，我们看到的不仅仅是凝聚了学生和指导老师心血的成果及可喜的成绩，更多地，我们看到的是学生在创造性意识、创造性思维、创造性能力、创造性人格方面的收获。

“国创计划”创新训练项目有助于学生创造性意识的培养。创造性意识包括求知好奇心、实践探索欲、质疑批判性和冒险挑战性。参与项目的学生都对科学研究或创造发明有着浓厚的兴趣，他们在兴趣驱动下，发挥自主学习的积极性在导师指导下完成研究过程。有的项目属于跨学科、综合应用方面的前沿性研究课题，没有具体模式，不但要求参与者具有扎实的专业基础理论知识，还要求其掌握较强的计算机技术，能够不断跟踪计算机多媒体技术发展，迅速提高学习掌握新知识、新技术的能力和知识综合运用的能力，这对实施项目的学生是一种挑战。学生通过参加创新训练项目，培养了勇于挑战自我的精神，同时迅速提高了自主学习掌握新知识、新技术的能力，为走向社会做好准备。可以看出，学生在参加创新训练项目的过程中强化了创造性意识的培养。

“国创计划”创新训练项目有助于学生创造性思维的培养。创造性思维包括思维流畅性、思维变通性、思维独立性和思维实效性。关于独立性方面，很多学生第一次独立自主地进行科研项目研究，几乎所有的事情都需要自主安排。学生从中学会了怎样规划整个项目以保证顺利地完成研究进度，学会分工合作、各司其职、取长补短。关于思维变通性，有学生认为独立思考可以让自己看到别人看不到的事，可以坚定自己的信念。思维拓展对一个项目具有相当大的重要性，当遇到一个当时无法解决的问题时，思维的拓展显得尤为重要。貌似很难解决的问题，经过分步思维拓展，逐步落实为具体行动。许多学生在这个过程中培养了独立思考的能力和学术鉴赏力，进而锻炼了创造性思维。

“国创计划”创新训练项目有助于学生创造性能力的培养。创造性能力包括发现问题、分析问题和解决问题的能力。学生在项目实施过程中遇到许多实际问题，通过请教老师、查阅文献等途径解决了实际问题，使学生认识到理论联系实际的重要性。即使遇到实验失败的情况，也可以从失败中总结教训，分析原因，弥补不足，进而取的成功。这有助于提高学生的自主学习能力，学会自己分析解决问题的方法，培养基本的科研素养，养成勤奋严谨的科学作风，进而实现创造性能力的提升。

“国创计划”创新训练项目有助于学生创造性人格的培养。创造性人格包括自信心、进取心、合作性和耐挫性。作为参加项目的学生来说，必须要有一定的恒心和进取心，要能克服研究过程中的困难，坚持将项目完成。同时，很多项目组都是团队，就需要参与的学生发扬团结合作的精神共同完成项目。很多案例都提到“团队合作”。团队精神在项目进行中的重要性不言而喻。每个成员都要对项目有充分的了解，有自己的分工，正如运转中的机器上的零件，缺一不可。

总的来说，学生参与“国创计划”创新训练项目，收获的不单单是“一篇研究论文”“一件创新作品”，而是多方面的，如“创新理念”“团队精神”“挑战自我”“自主学习”等。所以，创新训练项目有助于全面提高学生的创新素质。最后，在本书出版之际，特别感谢实施“国创计划”的两支力量：一是每个项目的指导教师，二是省级教育主管部门和高校负责计划实施部门的教学管理人员。十年来“国创计划”的成功实施，离不开他们的精心组织和静心投入。衷心希望在教育部高教司指导下，在全国高校共同努力下，“国创计划”在下一个十年能培养更多拔尖创新人才，为实现中华民族伟大复兴的中国梦贡献力量！

编写组

2017 年 9 月 27 日

目　录

第一部分　自然科学类

氟代 BDOPV 系列小分子排列的精细调控…………………………………… 2
凝聚态系统中电子的非平庸拓扑性质…………………………………… 5
有机 / 无机钙钛矿复合材料光电性能的研究………………………………… 8
水葫芦基硬碳负极材料制备和储钠性能研究………………………………… 10
磁致伸缩绝对测量演示仪的设计和制作…………………………………… 13
概率统计模拟演示实验的研究与软件开发………………………………… 15
纳米结构聚苯胺的设计生长与性能研究…………………………………… 17
金属硫化物水溶液前体制备 Ag 掺杂 $Zn_xCd_{1-x}S$ 量子点薄膜 ………… 19
大肠杆菌糖基化对 HNP-1 表达的作用机制 ……………………………… 21
铝阳极氧化膜组成结构与绝缘耐压性能相关性研究………………………… 23
纳米材料电化学制备技术…………………………………………………… 25
酶催化聚合法用于双酶固定和安培传感…………………………………… 27
高校物理实验装置便携化、一体化设计与研究……………………………… 29
基于芳杂环 C—H 键直接官能化反应构筑 D-A 聚合物
　太阳能电池材料…………………………………………………………… 32
DMTF 1 γ 在肿瘤中的功能 ………………………………………………… 35
多级孔结构仿生界面的构建及电化学传感研究……………………………… 37
基于碳氮高聚物的大环金属配合物光催化性能研究………………………… 40
过渡金属 - 联咪唑修饰的 Preyssler 型多酸的合成、表征及其
　与酶相互作用研究………………………………………………………… 43
Kuramoto 模型中一级相变的研究 ………………………………………… 45
一类广义多项式零点计算方法的设计与实现………………………………… 47
新型氮化碳基有机光催化剂的制备及性质研究……………………………… 50

一种多功能摆教学设备的设计与实现……………………………… 52
青鱼干扰素基因的克隆及其功能初探………………………………… 54
基于光纤结构的液体折射率传感器研究……………………………… 56
目标加工方式在不同标记类型下对多目标追踪任务的影响………… 58
基于二维码的遥感影像数据版权保护软件…………………………… 61
以葡萄糖为前驱体制备高石墨化多孔碳材料及其在电化学中的应用… 63

第二部分 人文社科类

研发投资对高科技企业的价值提升研究……………………………… 66
自创商誉、并购商誉与公司绩效的相关性研究………………………… 69
国有集团企业资本配置效率与投资效率研究………………………… 72
网购消费者的信息搜索模式研究……………………………………… 77
智障人群服装结构的适性研究与调查………………………………… 79
屋顶花园景观模块创新设计…………………………………………… 81
农村金融与基层创业发展研究——以河北省为例…………………… 83
传统年画的动画创作与创新应用研究………………………………… 85
加速人口老龄化背景下我国养老机构品牌建设研究
——以大连地区调查为例……………………………………………… 87
基于互联网金融理财产品的大数据分析对个人理财投资倾向的研究
——以陆金所平台为例………………………………………………… 89
基于经济数学模型对均衡状态下房屋价格及其影响因素的研究……… 92
基于海量网络数据的教育公平舆情分析技术研究…………………… 94
Match——为你匹配最合适的合作伙伴和实习岗位 ………………… 96
情绪与反刻板印象材料对大学生内隐家庭性别角色刻板印象的
交互影响………………………………………………………………… 99
农村留守家庭中“逆向监护”现象的现状调查与研究

——以安徽省淮南市孔店乡为例…………………………………… 101
宅基地的流转及退出与“空心村”治理的关系的研究
——以山东省为例……………………………………………… 103
农民住房财产权抵押贷款意愿及其影响因素研究
——基于山东省潍坊市、安徽省安庆市、黑龙江省
肇东市的调研…………………………………………………… 106
“骑行厦门”——厦门公共自行车系统运作情况调查及相关研究…… 108
基于大数据技术的吉林市共享单车发展前景研究………………… 111
基于旅游者空间行为特征的景区公厕优化配置——以鼓浪屿为例…… 114
数字环境下母婴健康信息嵌入式服务研究………………………… 117
中国与东南亚制造业的产业竞争力比较研究
——基于贸易附加值的角度…………………………………… 119
“中南象征”创意文化设计………………………………………… 123
“互联网 +”你的潜力几何：基于实证调查的初中生信息技术
素养测评模型构建与提升路径研究…………………………… 125
多民族亲社会偏好项目…………………………………………… 127
铝编生产新工艺…………………………………………………… 130
重建家园——农村留守儿童的社会工作干预……………………… 132

第三部分 农业与医药科学类

北纬 45° 水蜜桃大田栽培与盆栽营销 ……………………………… 136
芹菜发育过程中木质素咖啡碱 - 辅酶 A-O- 甲基转移酶基因的
克隆与表达分析………………………………………………… 138
月季切花染色技术研究…………………………………………… 140
土壤的理化性质对镉在土壤 - 水稻系统中迁移转化的影响 ………… 142
小型家用太阳能旋转蔬菜塔研究…………………………………… 144

草鱼 *ghrelin* 基因真核表达质粒的制备及对草鱼摄食和生长的
影响…… 148
青大豆（毛豆）脱荚机的研究…… 150
紫薯花青素的分离纯化及抗氧化活性研究…… 152
成人额中缝变异人类学考察与临床意义研究…… 154
紫外线灭活仙台病毒 Tianjin 株抗乳腺癌作用机制的研究 …… 156
ICA 干预 hUMSCs 对慢性肝损伤影响的研究 …… 158
基于 3D 打印技术研制个性化危险穴位人体针灸模型 …… 160
微型电子针灸铜人——声光电全方位显示经络腧穴学习
及遥控系统…… 162
黑果枸杞泡腾剂（颗粒、片）的制备及质量评价研究…… 164
胸主动脉血流动力学的有限元模拟…… 166
多功能、一体化急救包的研发与实践…… 168
TRPV1 在反复热性惊厥小鼠行为学改变中的作用研究 …… 170
牡荆素对新生大鼠缺氧缺血性脑损伤保护机制的研究…… 172
胃癌基质细胞自噬水平与 Caveolin-1 表达之间关系
及意义的研究…… 174
转盘法推广优化降压方案的创新设计…… 176
葛根素对 ES-CMs 增殖能力的影响 …… 178
基于 3D 打印技术的新型多用途肝癌模型制作 …… 180
超声诊断颞下颌关节盘移位的诊断性试验及系统评价…… 182
先天性牙发育不全致病机制研究…… 184

第四部分 工程与技术科学类

液态金属（镓铟合金）的电浸润性质研究…… 188
Kinect 景深图像增强处理 …… 190
节能车的整车性能优化…… 192

履带三棱柱机器人…………………………………………………………… 194
仿沙漠甲虫式水汽收集器…………………………………………………… 196
自适应混控仿人灵巧手……………………………………………………… 199
配电线路绝缘修复机器人…………………………………………………… 201
核电管材的热机循环变形测试技术………………………………………… 203
海上钻井平台高盐生活污水高效处理装置………………………………… 206
细菌纤维素复合水凝胶医用材料的研究…………………………………… 208
智能呼吸背心的关键技术研发……………………………………………… 210
便携式滚齿机——齿轮范成法实验台……………………………………… 213
教学型模块化小型五轴联动数控机床……………………………………… 215
机坪管路气塞形成及消除模拟试验系统的设计与搭建…………………… 218
超磁致伸缩与磁流变液复合阻尼关键技术研究…………………………… 222
基于信息融合技术的电主轴热敏感点识别理论研究……………………… 224
基于双目视觉技术的植株茎秆动态自动捕获技术研究…………………… 226
亚麻籽胶对糯米淀粉糊化和老化特性的影响……………………………… 228
丝杆移动型爬杆机器人……………………………………………………… 230
并联臂 3D 打印机 ………………………………………………………… 232
基于工业物联网的石油采集控制平台研发………………………………… 233
碟形水下滑翔器的研究与制作……………………………………………… 235
可远程控制的 WiFi 智能插座设计 ……………………………………… 237
燕翔赛车干式油底壳润滑系统设计………………………………………… 239
移动终端在农业物联网工程中的应用研究………………………………… 241
新型顶部旋转建筑设计及其抗震性能的研究……………………………… 243
面向知识图谱的命名实体关系抽取………………………………………… 245
柔性电子皮肤操控的智能机械臂…………………………………………… 247
基于化学反应网络的 DNA 电路实现方法学研究 ………………………… 250
新型非规则可展张拉整体的折叠控制模式、数值模拟及实现…………… 252

基于光电引导的智能车…………………………………………………… 254
基于深度学习的在线植物识别系统……………………………………… 256
磁耦合谐振式无线充电系统设计………………………………………… 258
生物质基 N-Fe_3O_4@CNT 复合材料的可控制备和高效降解
有机污染物的研究…………………………………………………… 261
基于 Kinect 的多维度仿真体感漫游 ………………………………… 263
精确抛射机构的研究与设计……………………………………………… 265
护理专家…………………………………………………………………… 267
海参捕捞机器人…………………………………………………………… 269
高能摩擦制动器的设计机理及控制策略研究…………………………… 272
组合电容式风光互补驱鸟器研究………………………………………… 276
全自动智能铺路机………………………………………………………… 278
一种新型盾构管道清淤车………………………………………………… 281
基于 BCU 的面向大众公寓的智能总管系统 …………………………… 283
镍钛形状记忆合金自修复金属复合材料的实验研究…………………… 285
无人机激光续航…………………………………………………………… 288
海洋数据处理与可视化的设计与实现…………………………………… 290
基于安卓、蓝牙、微信的体温连续监测守护系统……………………… 292
箭载准零刚度隔振器的研究设计………………………………………… 295
多关节攀爬机器人 RollingClimber 的开发与应用 …………………… 296
高压静电纺柔性锂离子电池负极复合材料……………………………… 299
基于 2FSK 调制的无线携能通信演示系统 …………………………… 301
基于多物理场优化的功率半导体模块封装集成………………………… 304
基于钙钛矿结构的光电材料及器件研究………………………………… 308
简易搜救无人机…………………………………………………………… 310
新型铝蜂窝夹层板成型机设计…………………………………………… 312
基于树莓派的交互式语音步态平台……………………………………… 314
新型脚踏式代步车………………………………………………………… 316

稳态控制系统…… 318
静电纺 PAN 空气过滤膜材料的研发 …… 320
智能安全滚轮排插的研发…… 322
BIM 技术与施工工艺 …… 324
吸盘式机械手四自由度机构设计…… 326
履带式双人休闲运动车…… 328
我国长江中下游地区梅雨季节室内热湿环境研究…… 330
VEX 机器人结构搭建及性能分析 …… 332
3DOM−Fe^{3+} 掺杂 TiO_2 光催化材料的制备及其性能的研究 …… 334
粉末微滴喷射 3D 打印机的研究与实践 …… 336

第一部分

自然科学类

氟代 BDOPV 系列小分子排列的精细调控

项目名称： 氟代 BDOPV 系列小分子排列的精细调控

项目所属一级学科： 化学

项目成员： 俞之幂

指导教师： 裴坚，教授，化学

王婕妤，副教授，化学

起止时间： 2014—2016 年

推荐学校： 北京大学

1. 项目简介

有机材料中分子排列形式会极大地影响材料中的电子耦合程度，从而影响电荷传输性质。有机半导体材料常用于有机电子学器件，如有机发光二极管（OLEDs）、有机光伏电池（OPVs）、有机场效应晶体管（OFETs）等。从分子层面上说，电荷传输一般取决于两个重要因素：① 电子耦合；② 分子重组能。其中电子耦合程度由电荷转移积分的大小来反映，它的本质可以理解为分子间 π–π 作用的强弱，所以为了得到更高的转移积分，需要追求分子排列的紧密型（即分子间 π–π 距离尽量小）和较大的 π–π 重叠度。目前已有一些研究分子排列方面的工作，比如增大 π 平面以尽量增加可能的 π–π 重叠度，在分子骨架上引入卤素原子以增加非共价相互作用（比如 S—S 和 N—H···π 相互作用），或者是在某些特定位置引入大位阻基团。然而对于分子的化学调控常常导致分子排列的巨大变化，所以要找到一个合适的体系去研究分子排列的精细调控及分子排列与器件性能的构效关系是非常困难的；当然，这项工作对于今后材料分子的设计乃至器件效率的提高也是非常重要的。

氟原子由于其较强的电负性，经常被引入有机半导体小分子来降低前线轨道的能级，从而获得理想的 n 型有机半导体材料；另一方面，氟原子较强的电负性能够用于分子内氢键作用，从而设计出“锁住”共轭分子平面的材料，以期望获得更好的 π 平面和排列。然而目前对于氟原子在有机半导体小分子中的能级调控程度、分子排列的改变等问题的研究并不多。由笔者所在课题组开发的 BDOPV 有机小分子拥有较低的 LUMO 能级和理想的 HOMO–LUMO 能隙，是非常好的空气稳定的 n 型有机半导体材料。而本项目中，笔者将不同数量的氟原子引入已经研究较为完善的 BDOPV 分子骨架的不同位置，获得了其他四个 n 型小分子：*o*–F_2–BDOPV、*p*–F_2–BDOPV、F_4–BDOPV 和 F_6–BDOPV（图 1，见本文二维码资源）。笔者将使用这五种小分子研究氟原子对于有机半导体小分子排列形式的影响。

2. 创新点描述

本项目中，我们通过调控分子中的静电势分布，成功实现了有机小分子单晶中排列的调控，并得到了一系列迁移率高、空气稳定的n型半导体小分子，分别是BDOPV、*o*–F_2–BDOPV、*p*–F_2–BDOPV、F_4–BDOPV及F_6–BDOPV（图2，见本文二维码资源）。所用具体方法是在BDOPV分子骨架上的不同位置引入不同数量的氟原子，而实现了静电势分布的调控，进而对单晶排列进行有效调控。对于BDOPV和F_6–BDOPV，由于分子骨架周边静电力排斥和大体积烷基链的位阻效应，二者呈现较大位错的一维滑移链的排列形式；对于*p*–F_2–BDOPV和F_4–BDOPV，采取反平行、面对面排列形式时，周边静电势正好正负相对、相吸引，并且完美避开了大位阻烷基链的重叠；而对于*o*–F_2–BDOPV，则处于上述两种排列的过渡区，属于小位错鱼骨状排列。

此外，为实现较高的电子迁移率，我们不仅需要尽量降低分子能级，更需要设计π–π作用更强的分子排列形式。本文中的*p*–F_2–BDOPV和F_4–BDOPV所采取的不同于一般有机半导体小分子的反平行排列形式，保证了较小的相邻分子间位错，减小了π–π距离，保证了较强的π–π作用，从而使得电子迁移率较高。本文得到的五个有机小分子单晶的电子迁移率在n型有机半导体材料领域几乎是目前最高的。

3. 学生感言

我从2014年12月进入裴老师课题组，至今已快两年。师兄师姐的帮助、和谐的实验室氛围、老师们的指导与点拨，无不让我时时感动。人这一生有很多选择，选择并坚持在这个组学习和做科研，不仅仅让我学到很多技能，更让我觉得自己幸运、幸福；这一定是我最正确的选择之一。

2016年9月3日是我们组建组15周年，能和这个大家庭一起度过，是一种完美。愿裴组永远完美下去。

感谢裴坚教授和王婕妤副教授对笔者实验课题上的指导与方向把握；感谢窦锦虎师兄对我实验过程的指导、实验结果的讨论，以及对单晶OFET器件的性能表征；感谢郑雨晴师姐与我讨论实验结果，以及帮助我进行分子的能级、静电势等计算；感谢姚泽凡学长和丁一凡学长对我实验操作的指导和实验上的帮助、讨论；感谢北京大学化学与分子工程学院孙俊良老师对于单晶的解析；感谢北京工业大学赵敏坚博士对于单晶XRD数据收集的帮助；感谢张奇涵老师对我本科生科研的大力支持与帮助！

感谢“国创计划”的资助。

4. 教师感言

有机电子学是现代电子信息产业重要的组成部分。有机半导体材料的构效关系始终是有机电子学研究的重点和热点。俞之綦同学通过氟代 BDOPV 系列分子的设计与合成，研究了晶体排列对有机共轭材料中载流子传输性能的影响。

在“国创计划”的支持下，俞之綦同学出色地完成了设计、合成和化合物性质表征等工作，获得了一系列具有原创性的研究成果，顺利培养出各化合物的单晶，并且系统研究了器件性能，对 BDOPV 分子体系的结构与性能有了更深一步的研究，研究课题取得了优异的结果，并对后续的研究有很好的指导意义。

凝聚态系统中电子的非平庸拓扑性质

项目名称：凝聚态系统中电子的非平庸拓扑性质

项目所属一级学科：物理学

项目成员：宋雪洋

指导教师：王垡，研究员，物理学

起止时间：2015—2016 年

推荐学校：北京大学

1. 项目简介

拓扑描述的是系统的一类整体性质，这类性质在局域的扰动下保持不变。凝聚态中某些电子系统具有非平庸的拓扑性质，进而导致一系列奇特的物质态、输运性质等现象。较为著名的例子包括量子霍尔效应中的量子化的电导和三维拓扑绝缘体中受拓扑保护的表面态等，该类系统因具有物理对称性（时间反演等）而和平庸的真空态得以区别；同时，分数量子霍尔系统等具有内禀非平庸拓扑性质，体现为更为奇特的现象如分数化激发、基态简并等。该项目旨在对凝聚态体系中电子态的拓扑性质进行研究。

本项目运用对称性分析、微扰理论、低能有效场理论、场论、克利福德代数、数值模拟等方法研究无质量狄拉克半金属、重费米子绝缘体、自旋液体、晶格对称性保护且有能隙电子系统的拓扑性质。通过 16 个月左右的学习与科研，我掌握了凝聚态理论研究的一些相关知识，体会到了科研过程中的艰辛和喜悦，对相关领域有了初步了解和兴趣，有一定收获。

主要进行了四个分课题的研究，并完成（与导师、博士后等合作）四篇论文。具体如下：

（1）在王垡导师指导下，研究了三维无质量狄拉克半金属 $ZrTe_5$ 在强磁场中的光电导行为，通过建立理论模型、求解能谱、计算（数值）光电导率，对量子材料中心王楠林老师研究组获得的相关实验数据进行了初步的解释，该工作发表在 2015 年 *Physical Review Letters*。

（2）在王垡导师指导下，辅助量子材料中心张龙研究员研究了重费米子绝缘体 SmB_6 中的量子振荡行为，通过建立理论模型、求解能谱、计算能态密度及比热等参数，对相关实验数据进行了初步的解释，提出这是该材料特殊能带结构的表现，该工作发表在 2016 年 *Physical Review Letters*。

（3）该课题完成于 2016 年 1—4 月，主要进展为寒假于美国科维里理论物理研究所完成。在研究期间，我在该所 Leon Balents 教授和尤亦庄研究员指导下研究了蜂窝晶格 Kitaev 模型中的低能自旋动力学，通过微扰理论、对称性和量纲分析等研究该模型在微扰下的自旋结构因子的低能修正，并以第一作者完成相关论文，发表在 2016 年 *Physical Review Letters*。

（4）该课题主要完成于德国马普固体物理研究所，2016 年 3—9 月，每周投入研究 10 小时左右。我在该所 Andreas Schnyder 研究员指导下研究了有晶体空间对称性的拓扑绝缘体和超导体在相互作用影响下的拓扑等价类，利用量子非线性 sigma 模型研究相互作用对非平庸拓扑物相系统边缘态的影响，进而推得系统的拓扑性质。完成后，以第一作者撰写论文，发表在 2017 年 *Physical Review B*。

2. 创新点描述

运用对称性分析、微扰理论、低能有效场理论、场论、克利福德代数拓展、数值模拟等方法研究无质量狄拉克半金属、重费米子绝缘体、自旋液体、晶格对称性保护且有能隙电子系统的拓扑性质。

对狄拉克半金属在磁场下光电导行为、重费米子绝缘体反常量子振荡的实验现象给予了理论解释，凸显了其中电子态的拓扑性质或实现潜在拓扑物态的可能；研究了自旋液体的低能自旋激发的谱函数，对实验中寻找类似自旋液体的自旋响应行为提供了指导和预言；系统地研究了有相互作用的由晶格空间对称性保护的有能隙电子态拓扑分类性质，拓展并完善了对相互作用电子拓扑物态的认识。

3. 学生感言

我通过第一个分课题的研究，进一步加深了对物理学中对称性作用的体会，也培养了通过理论结果解释实验数据趋势的技能。

通过第二个分课题的研究，我体会了如何将课程中学到的内容（量子振荡）修正并应用于实际材料的研究，并灵活运用所学知识探索新的领域。

通过第三个分课题的研究，我不仅掌握了微扰论、场论、线性响应等相关技术，更对自旋液体中的非平庸拓扑性质加深了认识，体会了演生（emergent）规范场自由度对系统物理性质的影响。

通过第四个分课题的研究，我学习了运用代数理论对哈密顿量等价类空间进行描述，掌握了量子拓扑物相分类的基本思想和方法，体会到数学方法在物理学前沿研究领域的应用。

总结来说，我感受到从事科学研究所需要的强烈的兴趣驱动力和遇到困难不放弃精神的重要性，体会了科研过程中自主探索、解决问题的乐趣，锻炼了自己的创新和批判性思考能力，以及将所学知识灵活运用的技能，激发了对科学的热爱和敬畏，锻炼了与人协同合作的能力。

4. 教师感言

宋雪阳在本科生科研中积极主动，较好地运用所学知识和综合文献内容完成了课题内容。他勤奋学习，刻苦钻研，在科研工作取得傲人的成果，已在国际著名学科刊物发表论文 4 篇（其中以第一作者在物理学领域顶尖期刊 *Physical Review Letters* 发表论文 2 篇，国际著名期刊 *Nano Letters* 第二作者论文 1 篇，*Physical Review Letters* 第二作者论文 1 篇）。

有机 / 无机钙钛矿复合材料光电性能的研究

项目名称： 有机 / 无机钙钛矿复合材料光电性能的研究

项目所属一级学科： 化学

项目成员： 王佶　陈颖祃　卓荦

指导教师： 陈云琳，教授，微纳材料及应用

起止时间： 2015 年 1 月—2016 年 5 月

推荐学校： 北京交通大学

1. 项目简介

硅晶体管制程工艺，从 65 nm、32 nm、22 nm 再到 14 nm，栅极长度越小，制程工艺提升越难，最终会达到物理极限。而石墨烯材料，因为其超强的导电导热性能及其可以通过掺杂等控制导电特性，基于第一性原理计算 MnO_3 超卤素团簇掺杂双层石墨烯（原子结构见本文二维码资源中的图 1）的稳定性和电磁特性，有潜力代替硅用于制造超微型晶体管，从而形成新一轮电子元件革命。因此石墨烯被称作“新材料之王”。

同时，由于石墨烯的电阻率极低，电子迁移速度极快，并且可以有效传导自旋，因此有望成为下一代基于电子自旋的电子元件材料。石墨烯材料在自旋器件中一个有前景的应用是自旋场效应晶体管（spin-FET）。由于自旋场效应管是通过自旋翻转控制电流的，因此器件需要能量很少，速度比普通场效应晶体管（FET）快得多，并且能够具有更高的热力学稳定性和更高的集成密度。通过利用这种自旋器件，可能实现高效率和稳定性的固态量子计算机。MnO_3 掺杂双层石墨烯结构的自旋密度见本篇二维码资源中的图 2，形成能、结合能、总磁矩和 Mn 贡献的磁矩见表 1。

表 1　AB–MnO_3–C1，AB–MnO_3–C2，AA–MnO_3 和 Gr–MnO_3 结构的形成能、结合能、总磁矩和 Mn 贡献的磁矩

材料	E_f /eV		E_b /eV		μ_{tot} /μB		μ_{Mn} /μB	
	PBE	DFT–D2	PBE	DFT–D2	PBE	DFT–D2	PBE	DFT–D2
AB–MnO_3–C1	−2.20	−2.50	−6.97	−7.80	3.22	3.10	3.81	3.63
AB–MnO_3–C2	−2.24	−2.49	−7.01	−7.78	3.21	3.18	3.80	3.68
AA–MnO_3	−2.19	−3.26	−6.97	−8.01	3.24	3.35	3.84	3.81
Gr–MnO_3	−1.42	…	−6.43	…	4.30	…	4.63	…

MnO_3 掺杂双层石墨烯表现出负形成能；作为比较，MnO_3 掺杂单层石墨烯具有更高的负形成能。与 MnO_3 掺杂单层石墨烯比较，MnO_3 掺杂双层石墨烯由于有更高的结合能而具有更高的结构稳定性。电荷从底层石墨烯经过 MnO_3 团簇传递至顶层石墨烯。石墨烯中 C 原子和 O 原子与 Mn 原子的显著 p–d 杂化导致了交换相互作用，造成双层石墨烯的自旋极化。MnO_3 掺杂结构表现出金属性，在自旋场效应晶体管领域有潜在的应用前景。

2. 创新点描述

二维单层原子晶体（如石墨烯、二维硫化物和二维氧化物）因为表现出独特的电子特性并且有潜力应用于下一代电子器件被广泛研究，例如，大的开关比和室温工作能力的纳米晶体管。虽然二维单层原子晶体包含介于金属和半导体间的能带隙，原子和团簇在二维原子晶体中的掺杂仍被广泛研究以发展其他应用，例如，有磁性的二维原子层材料能够应用于自旋器件。

本研究中，使用基于密度泛函理论（DFT）的第一性原理方法确定了 MnO_3 超卤素团簇掺杂双层石墨烯的结构、电子特性和磁学特性。MnO_3 超卤素团簇类似胶水连接两层原子层材料。研究了 MnO_3 超卤素团簇和上下两层 C 原子间的电荷传递与磁耦合，以探索它们在自旋电子学中的新功能材料等潜在应用。

3. 学生感言

在“国创计划”项目中，需要我们去做的绝不仅仅是利用自身所学知识解决问题，而是要自主探索，积极实践和注意协作，要有创新性和勇于创新的勇气，要有坚持不懈的意志和勇于探索的精神，不断攻克难关。“国创计划”项目让我获得了平时学不到的知识，使我的自身能力得到了锻炼和提高。

4. 教师感言

在指导“国创计划”项目的过程中，作为指导教师不仅要引导学生具有创新意识，鼓励他们敢于发表自己的观点，促进学生独立获取知识的能力，培养学生逐步地形成独立工作的能力，而且还要注重培养学生优秀的品格，具有较强的承受挫折的能力、自我心理调整的能力。总之，“国创计划”项目不仅使学生成长了，而且也使老师在教书育人方面获取了更多的经验。

水葫芦基硬碳负极材料制备和储钠性能研究

项目名称：水葫芦基硬碳负极材料制备和储钠性能研究

项目所属一级学科：材料科学

项目成员：朱珈莹　申屠华健

指导教师：时志强，教授，超级电容器、先进能源碳材料

起止时间：2016 年 6 月—2017 年 6 月

推荐学校：天津工业大学

1. 项目简介

水葫芦作为观赏植物引入我国栽培，由于其繁殖的速度过快，造成河道堵塞，并形成水体恶性循环。如果将其应用于钠电池负极材料的制备中，则不仅探究了水葫芦本身的微观结构，还更进一步挖掘了其综合利用价值，既解决了环境污染的问题，也提供了一定的能源补给。

实验以水葫芦叶柄膨大部分为原料，经干燥脱水、高温碳化，制备出钠离子电池所需负极原料，研究水葫芦基硬碳负极本身特有的结构属性，开发出有应用潜力的高性能钠离子电池负极材料，最终解决水葫芦的绿色高效资源化利用问题。实验利用扫描电镜（SEM）、透射电镜（TEM）、X 射线衍射（XRD）、拉曼光谱测试水葫芦本身的结构和性能。利用恒电流充放电测试、交流阻抗测试和循环伏安测试，探究其储电量和电化学性能表征。通过对水葫芦基硬碳负极的结构调控及与储钠性能的综合测试与分析，探索将其应用于高性能钠离子电池负极材料的可能性与可行性，为最终实现水葫芦的绿色和高效资源化利用提供实验依据。

最后在水葫芦生物质碳材料进行的交流阻抗、循环伏安测试及恒流充放电测试中发现，经过 1000℃碳化的碳材料具有较低的电化学反应内阻，且容量较高，具有较好的电化学储能性能。如图 1—图 3 所示为水葫芦纵切、横切的内部结构及高温碳化后内部结构的 SEM 电镜图片。

图 1 为纵切水葫芦中间部位，泡状结构组织相互结合紧密 ，单个类椭圆形状的泡状结构具有一定的厚度和体积，此为气腔。气腔形成了发达的海绵组织，促使了水葫芦的叶柄部分成膨大状。外表皮层不具有气腔。

图 2 为横切水葫芦边缘部位，观察到水葫芦植株自身特有的密集且发达的输送水分和养分的通道。

图 3 为水葫芦高温碳化后的结构，可看出其经过高温碳化后原先气腔形成的发

达的海绵组织遭到了破坏，变成了四周凸起的片层状结构。

图 1　水葫芦纵切内部结构
注：10 kV 加速电压；放大 600 倍；比例尺 50 μm

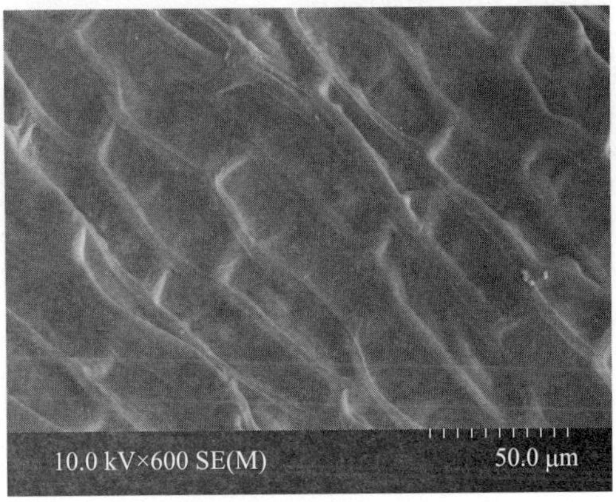

图 2　水葫芦横切内部结构
注：10 kV 加速电压；放大 600 倍；比例尺 50 μm

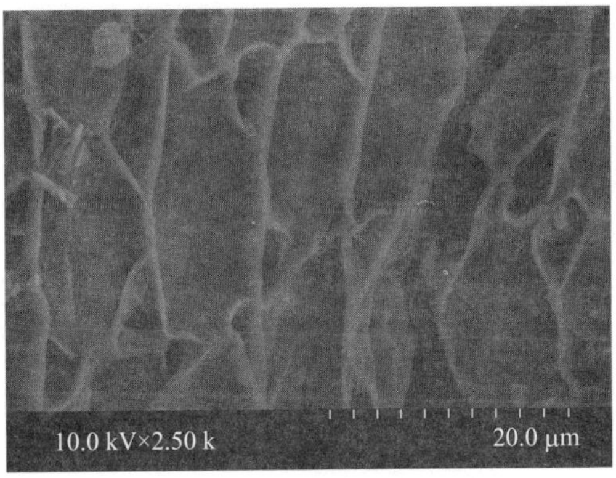

图 3　水葫芦高温碳化后结构
注：10 kV 加速电压；放大 2500 倍；比例尺 20 μm

2. 创新点描述

（1）利用植物作为原料实现生物质能间接转化为电能，提高了水葫芦的绿色高效资源化利用。大大减缓治水压力、解决环境污染的同时，增加水葫芦的高附加值应用途径。

（2）采用了干燥、高温碳化的方法制备钠锂离子负极材料，并通过调控其碳层间距的结构从而提高钠离子电池的容量，从而确定适宜钠离子储存的微结构特征，使得钠离子在负极材料中的嵌入、脱出及储存更加容易，为新型钠离子电池负极材料开发提供借鉴。

3. 学生感言

在“国创计划”项目研究中，经过老师和学长学姐的指导，我增长了化学和材料专业的知识，提高了对实验室仪器设备的操作能力；通过和同组成员一起查阅资料、研究课题，我提高了沟通协作能力。总之，该课题对于提升自己的能力和培养专业技能都有很大的帮助。

4. 教师感言

两位同学选取“生态杀手”——水葫芦作为研究对象，创意非常好，契合了绿色环保、锂与钠资源利用、新能源材料开发等多个主题。项目系统研究了水葫芦不同部位的原生结构及不同温度碳化水葫芦的结构变化，并将其应用于锂离子和钠离子电池负极材料，获得良好的电化学性能。通过本项目，很好地将课堂上所学的专业理论知识，结合新能源热点，运用到锂离子和钠离子电池负极材料的研究中，激发了学生对专业的热爱，提高了学生的科研参与度和创新实践度。

磁致伸缩绝对测量演示仪的设计和制作

项目名称： 磁致伸缩绝对测量演示仪的设计和制作

项目所属一级学科： 物理学

项目成员： 刘鹏辉　刘世宇　路曜闻　唐文静　解成楠

指导教师： 周严，副教授，磁性材料与器件

刘跃，副教授，电子与测量技术

起止时间： 2015—2017 年

推荐学校： 天津商业大学

1. 项目简介

磁致伸缩材料既是重要的能量转换材料，又是重要的信息转换材料。由于磁致伸缩材料可实现电磁能与机械能或声能的相互转换，因此已在换能器研制、海洋探测与开发、机器人关键部件应用等高新技术领域具有广泛的应用。而磁致伸缩系数是磁致伸缩材料最重要的性能指标，它是一个相对量，反映不出材料长度变化的绝对值。研究磁致伸缩材料的基础工作就是磁致伸缩性能的测量，即磁致伸缩系数随外加磁场变化关系的测量。所以，磁致伸缩的系数的测量对磁致伸缩物质（或材料）的实验和使用是很有必要的。

由于磁致伸缩效应很小，并不直观，因此学生需要相关演示设备进行辅助学习。然而，目前市场上磁致伸缩测试仪器主要用于科研，一般体积较大、操作复杂，不便应用于本科教学。

本项目基于迈克尔逊干涉仪原理，设计制作了体积较小、便于带入课堂的静态磁致伸缩动态演示仪。该仪器具有体积小、成本低、演示效果显著等优势，既可用于课堂上磁致伸缩效应的演示，又可用于学生较高层次的创新实验中；既可作为磁致伸缩系数测量仪器，又可以作为物理实验或物理教学演示仪器，具有结构精巧、使用方便、功能齐全的特点，填补目前市场空白，具有良好的使用效果和应用前景。

磁致伸缩动态演示仪面板结构见图 1。

2. 创新点描述

（1）可视化　本项目通过可视化的条纹变化对微小形变进行演示，具有现象直观的优点。

（2）精度高　设计研制的磁致伸缩绝对测量演示仪具有测量精度高的优点（约为 0.3 μm），既适用于教学演示，又可用于部分科研测量。

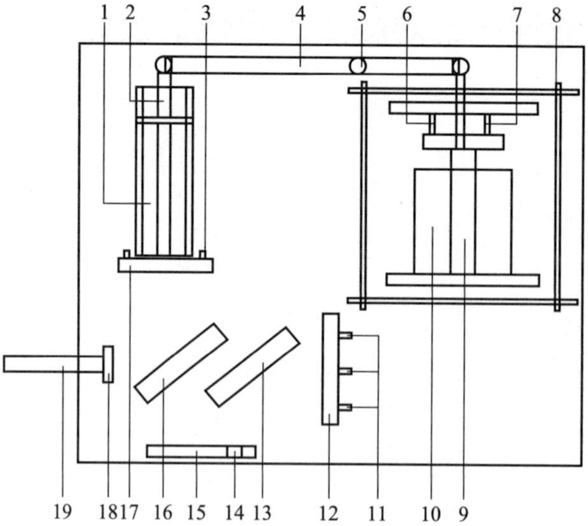

图 1　磁致伸缩动态演示仪面板结构图

1—导轨；2—弹簧；3—平面镜调节旋钮；4—杠杆；5—支点；6—弹簧；7—弹簧；8—固定支架；9—磁致伸缩棒；10—线圈；11—平面镜调节旋钮；12—平面镜；13—补偿板；14—光敏二极管；15—观察屏；16—分光板；17—平面镜；18—扩束镜；19—激光源

（3）便携性好　该仪器可弥补目前教学演示中存在的部件零散、核心部件易损的不足，具有结构紧凑、方便携带的优点，利于课堂教学演示，将填补目前该领域的市场空白，具有重要的实用价值。

3. 学生感言

通过这个科研项目，我们在各个方面得到了锻炼，例如，分析和解决问题的能力得到提高，动手实践能力得到锻炼，团队协作意识有所增强，以及掌握了科学研究的方法和流程。感谢各位老师对我们的帮助和教导，这对我们以后的学习生活起到了很大的作用。

4. 教师感言

通过这个科研项目，学生在很多方面都得到锻炼。例如，增强了学生的独立思考和解决问题的能力，同时，由于项目本身具有很强的应用价值，因此在项目开展过程中，加深了学生对所学理论知识的理解，使学生更加热爱自己的专业，并有效地增强了学生的创新能力。

概率统计模拟演示实验的研究与软件开发

项目名称： 概率统计模拟演示实验的研究与软件开发

项目所属一级学科： 统计学

项目成员： 沈照童　吴雪　李洁　张宇琼　孙艳　蒋雪南

指导教师： 安建业，教授，应用统计与数据分析

起止时间： 2014—2016 年

推荐学校： 天津商业大学

1. 项目简介

本项目针按照“利于学习、便于操作、着眼于实效”的设计理念，对概率统计课程中重要的概念、原理、定理，利用 Visual Basic 软件研制了随机数据发生器、高尔顿钉板、蒙特卡洛方法、常见随机变量的概率分布图形、二维正态分布随机变量的联合密度函数、中心极限定理共六个模拟演示实验。这些演示实验具有如下特点：

第一，实验形象、直观。通过研制模拟演示实验，化抽象为形象、笼统为直观。一方面，使用者可以清楚地看到高尔顿钉板实验中小球的下落过程、蒲丰投针实验中针随机投在平行线上的过程及二维函数图等；另一方面，使用者可清晰地看到实验演示过程中，一些动态参数数值的变化情况，如定积分计算实验中的投点个数、符合条件的点的频数与频率及高尔顿钉板实验中小球落入各槽的频数等。

第二，脱离 VB 环境。模拟实验可打包成独立文件，在计算机上演示不需 VB 软件载体，方便使用与传送。

第三，参数取值可改变。学生通过改变模拟实验中各种控制参数的取值，如蒙特卡洛模拟演示实验中可输入投币、投点或者投针的个数，从而领略蒙特卡洛方法是一种收敛的概率计算方法。使用者有目的地从不同角度自行研究概率统计课程的真正内涵，将被动地接受变为主动地理解，有利于培养学生的自学能力，具有很强的交互性。

该项目于 2016 年入选第九届全国大学生创新创业年会。项目组成员在 2014 年全国大学生数学建模竞赛中参赛论文国家二等奖，在 2015 年全国大学生市场调查与分析大赛中获天津赛区三等奖，在 2015 年“挑战杯”全国大学生课外学术科技作品竞赛中获天津赛区三等奖。

实验演示界面及项目组成员参加第九届全国大学生创新创业年会图片详见本文二维码资源。

2. 创新点描述

（1）化抽象为形象　这些模拟实验直观、形象地将相应概率统计课程中的概念、原理、定理所表达的数学思想清晰、生动地呈现出来，这既能帮助教师解决讲课时难以描述的问题，又能吸引学生的注意力，提高了学生学习概率统计的兴趣。

（2）化被动为主动　学生通过改变模拟实验中各种控制参数的取值，有目的地从不同角度自行研究这些概念、原理、定理的真正内涵，将被动地接受变为主动地理解，有利于培养学生的自学能力。

（3）实用面广　无论是非数学专业，还是数学专业；无论是本科专业，还是专科专业，教师都可以将这些模拟实验有选择地应用于自己的教学过程中，为自己的教学服务。

3. 学生感言

在与大家携手进行项目研究的这段日子里，我们经历过设计的迷茫，也遇到过编程的挫折；有过气馁，也有过彷徨，但最终我们还是成功地研制了所有的演示实验，出色地完成了既定的任务。这是一次难得的锻炼和成长的经历，我们不仅学到了知识，而且铸就了一种永不言弃的精神。

4. 教师感言

从项目的实施过程中我见证了学生的快速成长，从最初面对问题的束手无策到最后遇到问题的沉着冷静，从研制软件的零基础到熟悉编程的全过程，团队的合力得到了加强，创新能力显著提高。我从他们身上看到了年轻人应有的闪光点。

纳米结构聚苯胺的设计生长与性能研究

项目名称：纳米结构聚苯胺的设计生长与性能研究

项目所属一级学科：化学

项目成员：黄磊

指导教师：邢双喜，副教授，功能纳米材料

起止时间：2014 年 5 月—2015 年 5 月

推荐学校：东北师范大学

1. 项目简介

纳米结构聚苯胺因其优良的特性及诱人的应用前景一直受到人们的广泛关注。在此研究中，我们通过使用对苯二胺作为加速剂、醋酸铜作为氧化剂，制备得到了具有覆盆子状外貌的纳米结构聚苯胺材料。通过研究我们发现，对苯二胺的引入加快了反应速率，促进了成核、生长及苯胺低聚物的自组装速率，最终得到了 Cu（Ⅱ）掺杂的具有良好分散性的纳米结构聚苯胺。覆盆子状聚苯胺的生成过程中可能存在一个动力学的控制过程。由于聚苯胺氧化程度弱，通过进一步氧化或者降低溶液 pH 可使所得纳米结构聚苯胺转化为中空或链状结构。此外，由于其具有氧化还原性质，可以将 Ag（Ⅰ）还原成单质银，达到负载银纳米粒子的目的。

独特的覆盆子状纳米结构使其展现出高的比表面积并且提供一些反应的活性位点。随着 Cu（Ⅱ）的掺杂使表面带正电荷，覆盆子状聚苯胺呈现出了优良的吸附 / 脱附特性，吸附平衡时的吸附量能达到 $265mg \cdot g^{-1}$。研究过程及具体实验数据见本文二维码资源。

这种多功能的纳米结构聚苯胺有希望成为进行能量存储或气体分离的含氮碳材料及用于催化领域的含有金属的纳米复合材料的前体。

2. 创新点描述

将苯胺低聚物引入弱氧化剂氧化苯胺的合成体系中，使较难发生的反应得以进行，由于氧化剂较低的氧化还原电位，使得反应速率相对容易可控，能获得形态良好的聚苯胺纳米材料。一方面，由于产物具有较大的比表面积和较多的表面电荷，使其具有良好的染料吸附 / 脱吸附性能；另一方面，由于其氧化程度较低，有利于进行更进一步的氧化加工处理，可以获得中空纳米结构聚苯胺及金属 / 聚苯胺纳米复合材料。此合成过程中未引入任何模板，能获得分散良好的产物，并且反应条件温和，合成路线简捷，有利于大量制备具备此结构的聚苯胺纳米材料。

3. 学生感言

通过项目的进行，项目成员较好地掌握了相关科研知识，提高了外文文献收集整理及阅读能力，提高了对科研工作的兴趣，增强了自身将所学理论知识转化为实践的能力，为今后从事科研工作打下了坚实的基础。

4. 教师感言

感谢“国创计划”，这个平台为大学生开启了科学研究的大门，这扇大门的打开不仅仅是对一两个同学起到了助力作用，从长远看，会对整个国家未来的科学研究起到重要的推动作用。此作品设计方案合理，路线清晰，实验方法简单，可操作性强，所得产物可以在染料吸附等领域表现出良好的应用前景。

金属硫化物水溶液前体制备 Ag 掺杂 $Zn_xCd_{1-x}S$ 量子点薄膜

项目名称： 金属硫化物水溶液前体制备 Ag 掺杂 $Zn_xCd_{1-x}S$ 量子点薄膜

项目所属一级学科： 化学

项目成员： 蔡新域　柴秋改　周存惠　唐文　袁思成

指导教师： 陈艳艳，副教授，量子点及量子点薄膜

起止时间： 2016—2018 年

推荐学校： 合肥工业大学

1. 项目简介

利用水溶性金属硫化物的沉积制备半导体薄膜是一个绿色且低成本的方法。很难找到一个普适性的水溶液方法来制备多种高质量的金属硫化物的量子点薄膜。如图 1（见本文二维码资源）所示，我们提出使用五种金属硫化物前体，以 $NH_3 \cdot H_2O$（28% ～ 30%）作为溶剂，3- 巯基丙酸作为配体，通过将前驱体溶液旋涂后，在一定温度下旋涂退火，可成功制得发光的 Ag 掺杂 $Zn_xCd_{1-x}S$ 半导体薄膜。薄膜发光可覆盖整个可见光范围。光致发光量子产率可达到 24.6%，在发光透明导电薄膜有很高的应用潜力。

通过改变前体溶液中的 Ag 离子的比例、退火温度及退火时间发现，量子点薄膜的荧光强度发生一系列的变化，并且在掺杂浓度为 1%、退火温度在 260℃，退火时间在 15s 时，得到薄膜的荧光强度最高。

我们制备了不同比例的一系列的 Ag 掺杂的 1% 的发光薄膜，得到不同发光颜色的薄膜。由图 2（见本文二维码资源）可知，薄膜的光学带隙随着 Zn/Cd 的减小而减小。并且，Ag 掺杂 $Zn_xCd_{1-x}S$ 薄膜的发光来自于电子从本体材料 $Zn_xCd_{1-x}S$ 的导带到 Ag 的 d 轨道的跃迁。随着 Zn/Cd 的比例从 10:1 增加到 1:9，Ag 掺杂 $Zn_xCd_{1-x}S$ 发光薄膜的发光范围从 499 nm 到 582 nm 可调。

2. 创新点描述

目前量子点薄膜的制备方式主要有两种，自组装和涂覆量子点溶液。两种方法都需要后续复杂的处理过程，并且荧光效率也会降低。本项目发展了一种通过原位沉积分子前体溶液，经低温退火获得高质量量子点薄膜制备工艺的方法，简称为一步法。本方法具有以下几个特色与优点：

（1）一步法具有操作简单、绿色、重复性高、可大面积生产等优点。制备的量子点薄膜具有高致密性、高稳定性和高附着力，粗糙度仅为 0.8 ～ 0.9 nm。

（2）没有后处理过程，不会降低量子点的荧光量子效率。通过控制原料组成，发光在整个可见光范围内可调，绝对量子效率达 26%。

（3）一步法具有普遍性，可进一步延伸到其他量子点前体溶液的合成，在未来有望成为一种通用的大规模制备量子点薄膜的方法。

3. 学生感言

此次创新实验，让我们体会到，要勤于思考，善于从不同的角度分析问题。每一个课题的研究都是新的问题，没有现成的方案，需要自己去找文献查资料，去抓住问题的本质，并寻找出规律。同时，在“国创计划”项目的过程中，非常感谢老师的悉心教导与鼓励！

4. 教师感言

“国创计划”项目已经开展了一年，我指导的五名同学对于实验表现出了极高的热情。“国创计划”项目培养了同学们勤于思考、独立动手的能力，实验结果也有了初步的进展。我作为教师深刻地体会到了国家对于培养学生创新思维和创新意识所做出的努力！

大肠杆菌糖基化对 HNP-1 表达的作用机制

项目名称： 大肠杆菌糖基化对 HNP-1 表达的作用机制

项目所属一级学科： 生物学

项目成员： 王安鸿　李倩　王渊

指导教师： 武军驻，教授，生物化学与分子生物学

起止时间： 2015 年 6 月—2017 年 3 月

推荐学校： 武汉大学

1. 项目简介

α-防御素-1（*α*-defensin-1，HNP-1）具有广泛的抗菌谱和极强的抗菌活性，因其特殊的抗微生物机理（破坏细胞膜或病毒外壳）使得微生物难以产生抗性突变。HNP-1 对革兰氏阳性菌和革兰氏阴性菌及腺病毒、流感病毒、艾滋病毒等均有很强的杀伤活性。此外，越来越多的研究表明，防御素在调节生物体的内源性免疫和获得性免疫等方面也起着重要作用。因此，它有可能成为新一代“超级”抗生素，避免产生耐药性的问题。然而天然获取 HNP-1 的量极其有限，而化学合成 HNP-1 则由于其分子内含有 3 对二硫键，难以保证多肽折叠时它们的正确配对，从而影响其生物活性。为使 HNP-1 大量表达，我们建立了 HNP-1 的原核表达体系。把 HNP-1 克隆到 pET-28a（+）载体上，转入到大肠杆菌 BL21（DE3）中，通过质谱检测和蛋白质印迹法（Western blotting），确认在大肠杆菌中有成熟 HNP-1 的生成。有趣的是，发现在大肠杆菌中的成熟 HNP-1 也具有糖基化修饰。然而，大肠杆菌中糖基化修饰对 HNP-1 表达的作用机制尚不清楚。因此，我们计划敲除相关的糖基化基因（*wecA* 基因），并再诱导敲除相关糖基化基因的大肠杆菌表达 HNP-1，检测糖基化对 HNP -1 表达的影响，揭示大肠杆菌中的糖基化修饰对 HNP-1 表达的作用机制，获得大量表达的菌株。

2. 创新点描述

我们建立了 HNP-1 的原核表达体系。把 HNP-1 克隆到 pET-28a（+）载体上，转入到大肠杆菌 BL21（DE3）中，通过质谱检测和蛋白质免疫印迹，确认在大肠杆菌中有成熟 HNP-1 的生成。有趣的是，发现在大肠杆菌中的成熟 HNP-1 也具有糖基化修饰，这是首次在原核表达体系中发现 HNP-1 的糖基化修饰的作用；于是我们课题组创造性地提出了以改造宿主大肠杆菌（敲除大肠杆菌相关的糖基化基因）来使 HNP-1 大量表达的策略。

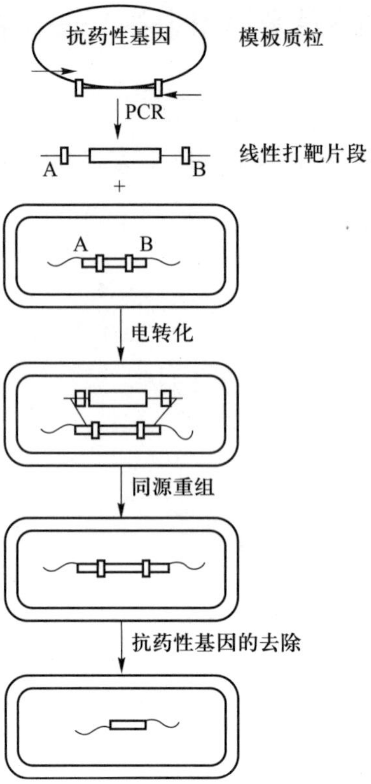

图 1　Red 重组过程

图 2　实验流程

3. 学生感言

从最初进实验室的懵懂到项目完成，两年的时间里，我们学会了很多东西，也锻炼了自己各方面的能力。在老师的悉心指导下，我们逐渐掌握了相关的实验技能，学会了查找并阅读文献，提高了分析问题的能力。在团队分工合作之下，完成了实验。虽然中途一度受挫，但我们始终坚持，一点点分析原因，改善方法，完善相关条件，最终圆满结题。这离不开武军驻教授耐心的指导，感谢武老师带我们走入科研的殿堂！

铝阳极氧化膜组成结构与绝缘耐压性能相关性研究

项目名称：铝阳极氧化膜组成结构与绝缘耐压性能相关性研究

项目所属一级学科：化学

项目成员：李瑞　黄健婷

指导教师：周海晖，教授，纳米材料合成与应用

起止时间：2012 — 2014 年

推荐学校：湖南大学

1. 项目简介

本项目首次以铝在硫酸介质中的阳极氧化为例，系统探讨了阳极氧化的电流密度、硫酸浓度、介质温度、时间（氧化膜厚度）及铝阳极氧化阻挡层厚度和后续处理（沸水与常温封孔）等工艺条件对铝氧化膜的绝缘耐压性能的影响，并将其应用于草酸、硫酸 + 草酸、苹果酸 + 磺基水杨酸的阳极氧化体系，获得了耐击穿电压大于 2500V 铝氧化膜的表面处理工艺，极大地改善了铝的耐压性能。现今微电子行业对材料表面性能要求越来越高，此研究成果将进一步扩大铝及其合金材料在电子工业的应用范围（如高绝缘耐压值要求的 LED 基板）。

2. 创新点描述

首次系统研究了铝在硫酸介质中氧化工艺条件（膜组成与结构）对氧化膜在大气条件下耐击穿电压性能的规律（尚未见国内外文献报道这方面的系统研究）。

通过初步选择并改变氧化工艺条件可获得耐击穿电压达 2500V 以上的铝氧化膜制备工艺。

项目主要研究结果是，氧化膜厚度对铝氧化膜绝缘耐压值影响程度较大，阻挡层厚度（回复电压）减小，多孔层厚度（氧化时间）增加均可显著增大绝缘耐压值；介质温度、硫酸浓度和氧化电流密度对铝氧化膜绝缘耐压值影响程度较小，介质温度呈正相关，浓度和电流密度呈负相关；封孔可以显著提高铝氧化膜的绝缘耐压值。相关数据见本篇二维码资源。

3. 学生感言

我在为期两年的“国创计划”项目中，不仅学习了铝阳极氧化的相关知识，掌握了查阅文献资料的能力，还学会了实验操作的相关知识与实验仪器的操作流程，基本具有了独立开展科研工作的能力。当然，更让我受益匪浅的是我在其中学到的

做人的道理。

4. 教师感言

在指导“国创计划”项目两年时间里，李瑞和黄健婷两位同学认真查阅资料，独立开展科研工作，系统研究了铝在硫酸介质和草酸介质中阳极氧化工艺条件及后处理工艺。在项目研究过程中，师生相互探讨学术问题，互相促进，是我科研教学的一次很好的经历。

纳米材料电化学制备技术

项目名称：纳米材料电化学制备技术

所属学科：化学

项目成员：刘秀　王玉梅

指导教师：李永军，副教授，纳米材料合成与应用

起止年份：2012—2014 年

推荐学校：湖南大学

1. 项目简介

当前燃料电池催化剂是限制燃料电池市场化和民用化的瓶颈。这主要是由于燃料电池催化剂中贵金属 Pt 资源匮乏；且易于在催化反应过程中中毒，稳定性差。“基于 Pt 金属的非碳负载的纳米催化剂研究”的应用前景在于燃料电池催化剂的设计，在保持良好的导电性的基础上，做到纳米催化剂在电极表面上均匀分散，就不需要掺杂碳，因而避免了在催化过程中碳腐蚀问题。“液液界面自组装技术”能够均匀地制备纳米粒子单层膜，而且方法简单，可以做到任意大小的纳米粒子单层膜，我们的研究通过采用该技术组装 Pt 纳米粒子和基于 Pt 的复合纳米粒子，并用于电催化研究。

2. 创新点描述

（1）创新的技术手段

◆采用了“液液界面自组装技术”

◆使用 PVP 作为保护剂

（2）优化的制备选择

◆电泳沉积法的大规模使用

◆利用不同浓度和沸点的醇分散 Pt 纳米粒子

Pt 纳米粒子尺寸随 PVP–Pt 物质的量之比的变化见表 1，随反应步长、醇浓度和电解时间的变化见图 1– 图 3（本文二维码资源）。

表 1　Pt 纳米粒子尺寸随 PVP–Pt 物质的量之比的变化

PVP 的相对分子质量	平均直径 /10^{-9}m	标准偏差 /10^{-9}m
10 000	30.0	2.36
29 000	31.1	2.28
40 000	33.1	3.28
55 000	33.3	1.62
1 300 000	32.5	1.87

3. 学生感言

首先感谢学校和学院给我这样一个机会，为我们提供在校进行科研实践的实验室，同时也非常感谢老师给予我们的指导和帮助。在实验室实践一段时间，我们深刻理解了一个道理：要用心去做事，细节决定成败。

酶催化聚合法用于双酶固定和安培传感

项目名称： 酶催化聚合法用于双酶固定和安培传感

项目所属一级学科： 化学

项目成员： 周紫乐　曾亦强　李霞　胡影梅

指导教师： 谢青季，教授，电化学

起止时间： 2015—2016 年

推荐学校： 湖南师范大学

1. 项目简介

探索了在含 H_2O_2［或尿酸氧化酶（UOx）］的水溶液中，辣根过氧化物酶（HRP）催化多巴胺（DA）聚合，以及在固定单酶 / 双酶和高性能 H_2O_2 和尿酸安培生物传感方面的应用。在含 HRP 和 DA（或外加 UOx）的水溶液中，通过加入氧化剂 H_2O_2，触发酶催化 H_2O_2 氧化 DA 单体进行聚合，制备了相关的聚合物生物纳米复合物（PBCs）。将所制 PBCs 简单地滴涂至镀金的金电极（Auplate/Au）表面，再外裹一层 CS 膜，制得单酶 / 双酶安培生物传感器（图 1，见本文二维码资源）。

通过控制变量法对实验条件进行优化，利用紫外可见光谱、扫描电镜、循环伏安和电化学阻抗谱表征电极修饰膜，实验证明制备的酶电极呈现出很好的稳定性、重现性、抗干扰性，利用分光光度法证明固定化 HRP 的生物活性高。在优化条件下，CS/HRP–PDA/Auplate/Au 单酶电极对 H_2O_2 的检测灵敏度达 450 mA · mM^{-1} · cm^{-2}，LOD 为 0.1 mM，线性范围为 0.001 ～ 1.25 mM。CS/UOx–HRP–PDA/Auplate/Au 双酶电极在 –0.1 V 下，对尿酸的检测灵敏度达 233 mA · mM^{-1} · cm^{-2}，LOD 为 0.1 mM，线性范围为 0.001 ～ 0.4 mM。传感器在实际血清样品中尿酸含量分析时，如表 1 所示，常规光谱方法及我们的传感器同时被用于样品的检测，低于 6% 的相对标准偏差表明了两种方法的良好的一致性和精确性。此外，采用标准加入法进行了回收率实验，回收率结果范围为 95.1% ～ 102.5%。以上结果表明该传感器具有良好准确性及精确度，在实际生理样品分析方面有潜在实用价值。

表 1　实际血清样品尿酸含量分析

	生物传感器 /mM	常规光谱方法 /mM	偏差 /mM
1	199.3	194.1	+5.2
2	245.6	251.7	–6.1
3	321.9	314.8	+7.1
4	198.6	203.5	–4.9
5	310.4	316.3	–5.9

2. 创新点描述

采用 HRP 催化聚合多巴胺单体成膜，固定 HRP 和尿酸氧化酶来制备高性能的 H_2O_2 和尿酸生物传感器，实现低电位下高灵敏的检测尿酸含量。

3. 学生感言

从实验初期预计制备胆固醇传感器到实验失败，再到换检测物质为尿酸最终实验成功，在此期间我们遇到了很多困难和挑战，但是在老师的指导和我们的共同努力下，我们将其一一解决。经过约一年的实验探索，我们整体上熟悉了从查阅文献提取信息、实验操作、后期处理到总结的课题研究过程，也非常真切地感受到了科研过程的严谨性，团队合作的重要性，为我们未来的科研之路打下了坚实的基础，最终实验组四人均选择在化学方面继续深造。

4. 教师感言

团队四人在确立选题后查阅大量相关文献，虚心求教，认真开展相关实验，遇到困难努力找寻解决方法，不抛弃不放弃，一路成长，获益颇多，不论是做事还是做人。希望他们能将这些所获应用于以后的科研工作中，不浮躁，不侥幸，细细雕琢，沉稳扎实，硕果自来。

高校物理实验装置便携化、一体化设计与研究

项目名称： 高校物理实验装置便携化、一体化设计与研究

项目所属一级学科： 物理学

项目成员： 翁创鸿　黄阳灿　罗家健　黄钰淇　林惠敏

指导教师： 於黄忠，副教授，光电材料与器件物理

起止时间： 2017—2019 年

推荐学校： 华南理工大学

1. 项目简介

大学物理是一门理论与实验紧密结合的课程，大学物理实验课程对学生更好地理解大学物理理论知识起着至关重要的作用。但是，在目前的大学物理实验教学中，由于学生人数较多、教学资源有限等原因，多数学校采用轮流式、循环式方式排课，这样的排课方式会导致实验课进度与理论课进度不相匹配，学生在没有学习理论知识的情况下就要完成对应的实验课程，难免不能较好地理解一些较难的知识点，使实验课的效果大打折扣。另外，在理论课堂上，学生对某些知识点不能很好地理解和掌握，如果能够在理论课堂上重现实验过程和现象，就能够帮助学生更加深刻地理解相应的知识点。因此，我们希望能够改进现有的部分大学物理实验装置，使其小型、便携、一体化，设计出满足易于操作、快速演示需求的实验仪器。学生即使在物理实验课中遇到还未习得的理论，仍能通过后来理论课上的演示实验，重温实验内容，更深刻地理解实验和理论知识。

针对大学物理的专题，我们选择了几个比较经典的物理实验：多普勒效应测量声速实验，计算机控制弦音计实验，全息照相实验，光的衍射、偏振光特性研究装置、物质旋光性研究装置的整合。在保持实验现象和原理保持不限的前提下，将实验中较为笨重的仪器装置进行简化及整合，设计出小巧便携的实验装置，用于理论课堂的演示，使学生在理论课堂上能够看到相应的实验现象。

在我们的设想下，如果我们能够成功地将物理实验装置小型化、便携化，老师和学生都将从中受益。老师可以在理论课堂上使用便携实验装置向学生进行演示实验，在条件允许的情况下，学生也可以将实验装置带进宿舍，利用空余时间对实验装置进行更加深入的研究，从而对课本的知识有一个更加深刻的理解。

2. 创新点描述

为物理实验教学与理论教学严重脱节的问题提供了一个新的解决方案，并辅助

实验教学及理论教学，提高课堂效率。

（1）配套系列装置模块化，小型便携。将原来实验中比较笨重的仪器和装置替换成小型的、功能相当的仪器。图 1 和图 2 分别展示了两套实验装置的改进思路。

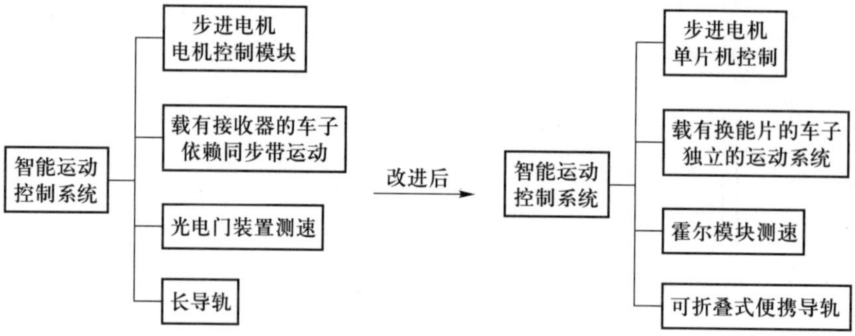

图 1　多普勒效应测定声速装置便携化、小型化方案

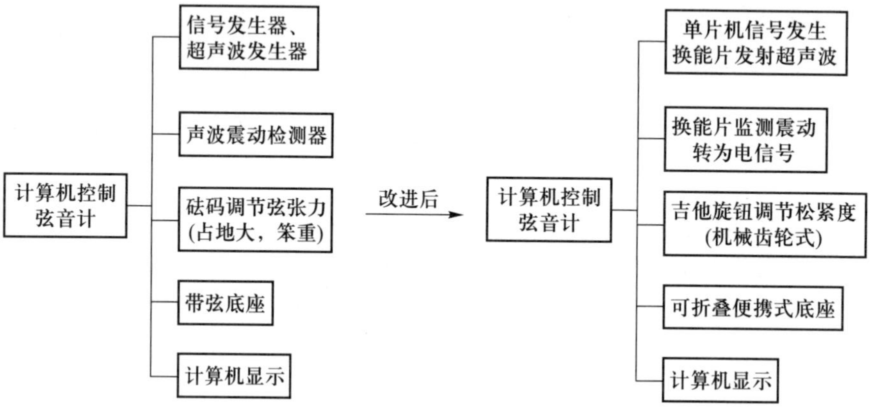

图 2　计算机控制弦音计的便携化、半自动化研究

（2）实验装置操作简单，能够满足理论课堂上快速、准确演示的需求。

（3）不同实验的仪器拼装后可实现一体化，即一个平台可实现多种实验。本项目计划将多个实验仪器整合为一体，实现一个实验箱能进行多种实验演示。

（4）电类实验中，引入单片机系统替代计算机及信号发生源，并实现演示实验半自动化或全自动化，方便理论教学的使用。图 3 展现了如何使用单片机系统对装置进行化简的一个思路。

（5）配套动画分析实验原理、仪器结构、实验操作和实验现象，一方面结合实验原理，剖析仪器立体结构，解析实验步骤，使学生对实验仪器设计、实验方法设计有更全面的认识，辅助物理实验教学，培养学生的实验设计能力；另一方面，利用动画讲解原理、现象，可以把很多理论课上很难讲解的内容生动地表现在屏幕上，辅助理论教学，加深学生对理论的认识。

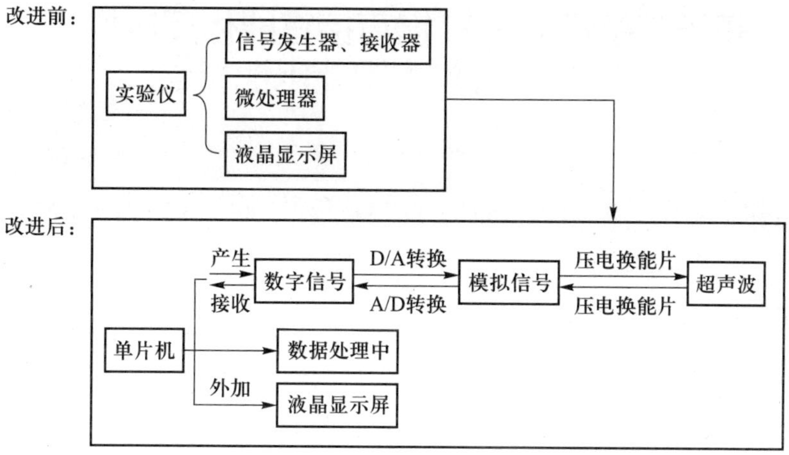

图 3　引入单片机系统对装置进行化简的思路

3. 学生感言

我们项目组的成员希望能够通过这次“国创计划”项目，在完成过程中有所收获，能够把课堂上所学的知识和自学的知识运用到实际项目的研究中，锻炼自己的创新思维和创新能力。尽管我们的项目才刚刚开始，但是我们已经体会到要完成这个项目需要很大的投入和心血，这并没有吓倒我们，反而激起了我们的斗志。相信在大家的努力下，我们一定能够完成好这个项目，并且在这个过程中学有所得。

4. 教师感言

物理实验装置便携化、一体化设计与研究是一项有创新、有难度、同时也很有意义的课题。翁创鸿等几位同学将多普勒效应、全息照相、偏振光特性的研究、计算机弦音计实验内容进行一体化设计，制成便携式教学仪器，同时制作对应的三维动画模型。这大大丰富了教学内容，加强了理论课与实验课的联系。

基于芳杂环 C—H 键直接官能化反应构筑 D-A 聚合物太阳能电池材料

项目名称：基于芳杂环 C—H 键直接官能化反应构筑 D–A 聚合物太阳能电池材料

项目所属一级学科：化学

项目成员：张骆强　佟瑶

指导教师：游劲松，教授，有机光电功能、分子的合成与性能

起止时间：2012—2014 年

推荐学校：四川大学

1. 项目简介

有机太阳能电池成本低，质量轻，材料种类繁多，来源广泛，材料结构和性能易通过简单化学方法进行调换，因而在世界范围内备受关注，得到迅速发展。目前合成有机太阳能电池材料一般采用传统有机合成方法，而这类方法一般步骤冗长，底物需要预活化，产物类型局限。碳氢键在有机化合物中广泛存在，直接通过 C—H 键断裂与重组构筑新的碳碳键或碳杂原子键不仅符合简洁、高效、原子经济性及环境友好原则，也可避免底物预活化过程本身带来的挑战。

本项目原计划采用基于芳杂环 C—H 键直接官能化反应合成 D–A 聚合物有机太阳能电池材料。后来在查阅有机太阳能电池相关资料的过程中我们发现，目前对有机染料敏化太阳能电池的研究正是块热门领域，尤其是对有机染料敏化剂的设计与合成更是吸引化学家们的广泛关注，并且我们也对其产生了浓厚兴趣。结合我们实验室在 C—H 键活化的研究基础，我们拟利用芳杂环 C—H 键直接官能化反应合成新颖高效的有机染料敏化剂。

有机染料敏化剂分子通常采用“给体–π 桥–受体（D–π–A）”的结构。这是因为这种结构具有良好的分子内光电转移（intramolecular charge-transfer, ICT）性质，便于电子与染料的分离。随后一种新型的“D–A–π–A”染料敏化剂结构被提出并发展。在文献调研过程中我们发现，氟代苯并噻二唑骨架在 D–A 型聚合物有机太阳能电池材料中广泛存在，并表现出优异的性能，然而该类骨架还没有在染料敏化太阳能电池中出现（图 1）。我们拟利用芳杂环 C—H 键直接官能化反应设计并合成以氟代苯并噻二唑作为 A 片段的“D–A–π–A”型新染料敏化剂分子，并一步对其相关光电性能进行研究（图 2）。

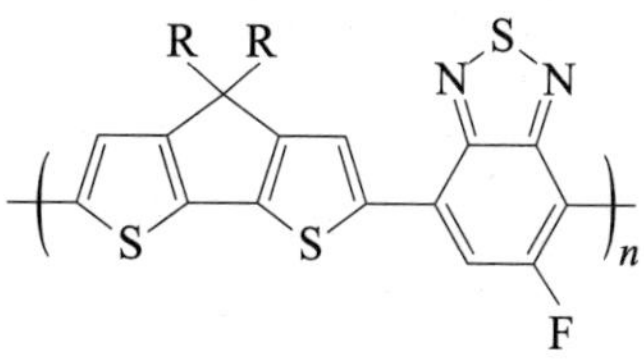

PCE 6.16%
Adv.Funct.Mater,**2011**,21,756

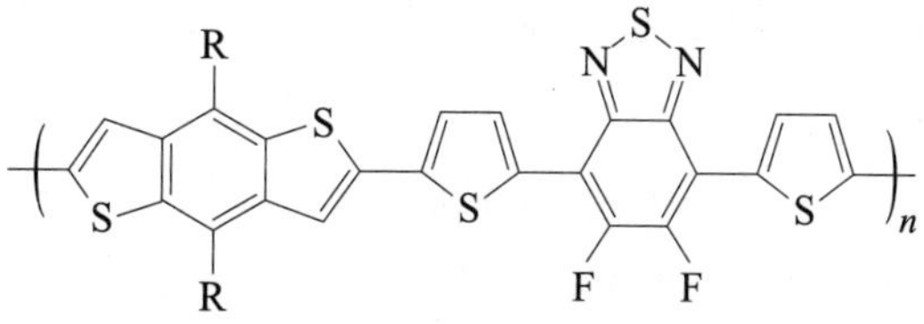

PCE 7.2%
Angew.Chem,.Int.Ed,**2011**,50,2995

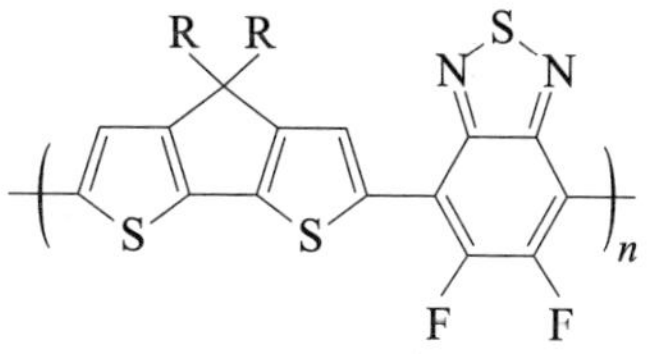

PCE 5.6%

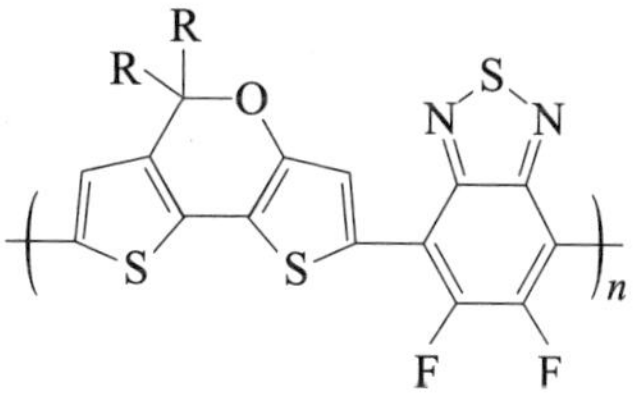

PCE 7.9%

Nat.Commun,**2013**,4,1446

图 1　基于氟代苯并噻二唑骨架的 D–A 聚合物分子

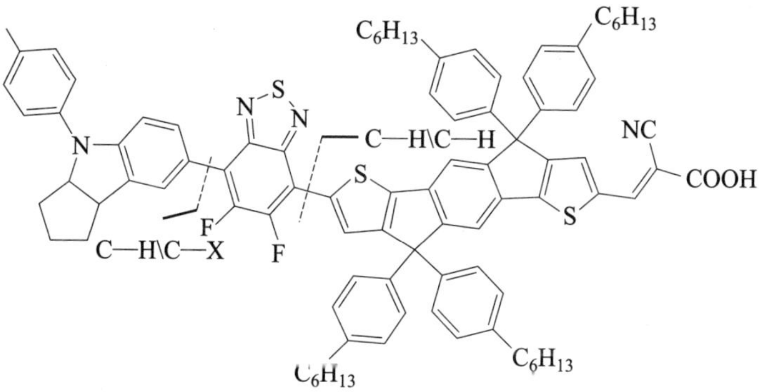

图 2　目标分子逆合成切断

2. 创新点描述

本项目利用 C—H 键活化策略，高效合成新型的“D–A–π–A”型新染料敏化剂分子。相比于传统偶联方式，该方法快捷高效，符合原子经济性、步骤经济性及环境友好原则，同时避免了底物预活化过程本身带来的挑战，是一种绿色的合成方法。此外，我们还首次尝试将氟代苯并噻二唑骨架引入“D–A–π–A”型染料敏化剂分子当中，改善敏化染料的光电性能，以期望得到高性能的有机染料敏化太阳能电池材料。同时，我们还可以根据合成目标分子过程中遇到的一些挑战来发展新的合成方法学，实现材料学与化学的相辅相成。

3. 学生感言

通过大学生创新创业训练计划，我们学到了很多知识和技能。在此过程中不仅熟练掌握了各种基本实验操作，同时也体会颇多。虽然最终该课题由于相似工作已被国外课题组报道以至于未能成文发表，但在此期间，我们还探索了其他有机合成方法学，并发表在 *Chemical Communications* 杂志上。通过这次近两年的科研经历，我们增强了对化学的兴趣，更加坚定了今后成为化学科研工作者的决心。

4. 教师感言

大学生创新创业训练计划这个平台，能够给学生提供一个接触科研，认识科研的机会，让他们初步尝试经历科研过程中的成功与失败，体会其中的喜悦与泪水，这有助于培养学生在科研上的兴趣与积极性，为今后的进一步深造打下坚实的基础。

DMTF1γ 在肿瘤中的功能

项目名称： DMTF1γ 在肿瘤中的功能

项目所属一级学科： 生物学

项目成员： 史珂　徐天琦　胡静茹　李天欣

指导教师： 隋广超，教授，分子生物学

李当当，讲师，肿瘤学

起止时间： 2016 年 5 月—2017 年 5 月

推荐学校： 东北林业大学

1. 项目简介

DMP1（cyclin D-binding myb-like protein 1）又称 DMTF1（cyclin D-binding myb-like transcription factor 1），在其外显子 9 和 10 之间存在选择性拼接，形成三种拼接形式的 α、β 和 γ 异构体，目前已有很多 DMTF1α 生物学功能和分子机制的研究，DMTF1β 的报道很有限，而有关 DMTF1γ 在肿瘤中的功能的研究几乎还是空白，本研究将对 DMTF1γ 在肿瘤细胞内表达的调控、它对细胞增殖的影响及与其他两种 DMTF1 异构体功能和表达上的相互关系等进行研究。对 DMTF1γ 的功能及三种 DMTF1 异构体表达调控和相互作用的研究，将会提升我们对癌症致病机理的认识，为找到治疗癌症的新方法提供理论依据。

在本研究中，我们探索了调控 DMTF1 亚型表达的机制，并表征 DMTF1β 与 DMTF1α 的功能相互作用。我们发现 DMTF1β 和转录物的特定区域可能损害其 mRNA 完整性，从而降低蛋白质表达水平。DMTF1β 和蛋白质与 DMTF1α 相比表现出降低的稳定性，并且所有三种 DMTF1 同种型均位于细胞核中。我们揭示了两个基本残基 K52 和 R53，并在所有的 DMTF1 同种型确定其核定位。重要的是，DMTF1β 都可以与 DMTF1α 结合并拮抗 ARF 启动子的反式激活。与此相一致地，DMTF1β/α 的比例与乳腺癌患者的不良预后显著相关，表明 DMTF1β 和同种型在乳腺癌发展中的致癌作用。

DMTF1 三种亚型的结构以及本项目技术路线图见本文二维码资源。

2. 创新点描述

本项目的创新之处在于目前研究领域对于 DMTF1γ 的研究极少，我们的研究揭示了 DMTF1γ 的生物学功能及其表达上的调节机制，加深我们对癌症致病机理的认识，这个项目的研究结果填补了对 DMTF1γ 在肿瘤细胞中生物活性认知上的空白。

利用简单易行的荧光素酶报告实验，检测目的基因对其目标基因启动子转录活性的影响，证实了 DMTF1α 对 ARF 启动子转录起始效率确有促进作用，DMTF1β 通过结合 DMTF1α 从而起到抑制 ARF 启动子的转录起始作用，通过比较 DMTF1α/β 对 ARF 启动子的作用，发现 DMTF1γ 与 DMTF1β 类似，对 ARF 启动子的起始转录也有着抑制作用，从而也可以初步认为 DMTF1γ 可能类似于 DMTF1β，也是一种促癌蛋白。此实验方法也为以后其他研究者对转录因子与启动子结合并且起始转录的影响研究提供了借鉴。

3. 学生感言

在这一年的创新训练中，身为负责人，我体会到了一个实验项目能够顺利进行的艰辛与不易，深知搞科研做学问所需的不仅是知识储备，更需要一种创新的思维，敢于打破常规，敢于尝试。在这次项目的研究过程中，我也成长了许多，不仅是在实验技术与操作方面，更多的是在思维上的收获，这也为我以后从事科学研究打下了良好的基础。感谢老师的指导，感谢实验室带给我的成长与收获！

4. 教师感言

大学生创新创业训练计划项目是提高学生动手创新能力的良好载体，使他们学会使用课程中学到的知识，做到学以致用。遇到问题解决问题，通过团队间的讨论交流，老师的指导，使他们能够开阔视野，积累经验，加强团队意识，有利于在以后的实际工作中能更从容地应对一些科学研究和复杂的工程实际问题。

多级孔结构仿生界面的构建及电化学传感研究

项目名称： 多级孔结构仿生界面的构建及电化学传感研究

项目所属一级学科： 化学

项目成员： 王天奕　周文凤　裴晨刚

指导教师： 薛怀国，教授，生物电化学、功能高分子材料、化学传感器
王赪胤，教授，电化学分析、纳米材料分析、药物分析化学

起止时间： 2015—2016 年

推荐学校： 扬州大学

1. 项目简介

多级结构材料是一类在微观尺度下结构或性质具有多样性的材料，如多级孔道结构的多孔膜。对多级结构材料的研究已经成为当今前沿科学研究领域之一。本研究课题是通过利用嵌段共聚物的微相分离和自组装特性，将含有智能链段的嵌段共聚物制备成具有微纳多级孔道结构的材料，通过原位 AFM、动态光散射、视频接触角测量等一系列科学技术，调查了微孔薄膜材料所具有的可调控表面性质（包括 pH 刺激响应）。图 1（见本文二维码资源）展示了典型的多级孔结构，并将该类材料运用于常规电极的表面修饰，由此制备出一系列微孔膜材料修饰电极，利用聚合物材料上的功能基团，并在其界面通过选择性固定生物蛋白（生物抗体）构建生物微反应器，通过免疫反应，与微孔界面独特的信号放大技术，成功实现了电化学阻抗生物免疫传感器的制备，并建立了全新的具有高选择性和高灵敏度的分析方法（图 2，见本文二维码资源）。

将聚合物材料结合纳米材料形成复合物添加剂，根据该材料在广泛 pH 环境中具有的可逆氧化还原活性和优越的导电性能，将其运用到绿色金属防腐涂料领域，实现了对金属材料的长效绿色防腐，并且取得了令人满意的效果。基于自组装 PS-b-PAA 微孔薄膜结合二氧化铈纳米粒子构建一种阻抗型免疫传感器，该免疫传感器所具有的灵敏度高、操作简便及选择性好等特点，可应用于游离 κ 轻链的测定，并且能对骨髓瘤患者的血清进行测定，其结果可为骨髓瘤临床诊断提供技术参考，具有很高的临床实用价值。

2. 创新点描述

在两亲嵌段共聚物（PS–b–PAA）制备的微米孔薄膜的基础上，调查了纳米级微孔薄膜在不同 pH 水溶液中的形貌变化，发现微孔大小对溶液 pH 有良好可逆的刺激响应，为研制具有灵敏刺激响应的功能化微孔膜材料、可 pH 调控的纳米微孔材料提供依据。

首次构建基于自组装 PS–b–PAA 微孔薄膜结合二氧化铈纳米粒子的阻抗型免疫传感器，用于游离 κ 轻链的测定，可为临床骨髓瘤诊断提供技术参考。

研制出以聚苯胺和纳米碳管为核心的高性能、绿色环保的防腐涂料添加剂，其在广泛 pH 环境中有可逆氧化还原活性及优越导电性。

首次通过激光刻蚀在氧化铟锡导电玻璃上设计三电极传感器芯片，信号稳定，成本低，易批量生产。（申请了中国发明专利）

将手机操控的小型电化学工作站和传感器芯片结合，构建通用仪器检测平台，可用于医疗保健、环境监测等数十种指标检测，可商业推广。

3. 学生感言

我是一名 2013 级应用化学专业的学生，由于考入大学走的是自主招生路线，所以在学校的本科学习期间，我非常注重自己能力的全方面培养。这一方面是为了弥补自己基础知识的短板，更是因为我们都感到随着大学生数量的不断增多，以后的竞争将会越来越激烈。为此，从大学一年级开始，我就尽可能在保证专业课学习稳定的情况下，加入老师的实验组开展科研工作。

但是说起来简单，实施起来还是有很大的难度的。在大一大二期间专业课繁重，基本上每天把所学的知识复习一遍，作业按时写完就已经比较晚了，所以刚开始做实验时其实并不顺利，因为很多实验只要开始了就很难中途暂停。对此，我与指导老师进行了协商，将原实验计划更换为时间连贯性较低的项目，将实验时间集中在周五晚上到周末全天。当然，作为一个新手，我的实验基础技能还是非常匮乏的，从大一开始，我主要是为研究生的实验进行辅助，从洗仪器、配溶液到后来开始独立合成简单的复合物。在这过程中，我非常感谢指导老师的严格要求，正是因为他们，我的实验操作技能有了一个质的提升，这对以后的“国创计划”项目的及时结题打下了坚实的基础。

从 2015 年开始，随着专业课已经修完一半且成绩趋于稳定，在导师的帮助下，我成功申请了 2015 年“国创计划”项目。在接下来整整一年的时间里，我开始在导师和师兄师姐的帮助下开展课题的研究。由于在之前就已经获得了一些科研经验，所以从最早的论文查阅到后来的实验开展基本上并没有遇到太大的困难。当然，最后在写论文的时候依旧遇到了一些挫折，虽然我在大一期间就通过了英语四六级考试，在大二期间考过了雅思，但是 SCI 论文有着专业性很强的写作特点，我的表达依然显得非常稚嫩，很多的专业术语表达依旧不准确。多亏了指导老师的帮忙和语言编辑的修改，文章成功投出，被 SCI 期刊 *Materials* 收录。

在我的观念中，参加“国创计划”是一次不可多得的训练机会。首先，通过科创，我对自己的科研技能有了一个快速系统的提升，将大量的书本上的知识运用到实践当中，这是平时基础化学实验所不能给予的。正因如此，这对我未来研究生期间的深造有着重要意义。其次，在“国创计划”过程中，我懂得了如何带领一个团队去完成一个大型的研究课题，对于团队的合作能力的提升有着非常重要的意义。当然，最重要的是，通过对科研的深入实践及对专业知识的灵活运用，我懂得了自己专业的真正内涵，知道了未来的发展方向。这不能不说是个宝贵的财富。当然，“国创计划”给我带来的还不止这些，由于成果较为丰富，在 2016 年 11 月，我很荣幸地参加了由教育部主办的第九届全国大学生创新创业年会。在那里，我遇到了有着相同理想的来自天涯海角的同学。在学习和参加活动的交流中，我们交流了思想，对未来的发展有了更加明确的方向。与此同时，由于成果比较成熟，我的参展项目从 1871 件作品中脱颖而出被评为 20 个“最佳创意项目”之一，对于我而言是一项不可多得的荣誉。在此之后，我再接再厉，在老师的耐心教导和师兄师姐的帮助下，又接连发表了 3 篇第一作者的 SCI 论文（2 篇一区，1 篇二区）。凭借着这些成果，我很荣幸被澳大利亚悉尼科技大学录取，获得了直接攻读博士学位的机会，我相信，我的人生将因此改写。

回想大学四年，改变我最多的就是参加“国创计划”。在大一期间，我就已经开始合理运用自己的时间，规划每一天的作息，使得效率最大化。大量的文献阅读开阔了我的视野，使我对所学的专业有了更深入的了解，让我懂得了化学材料领域未来的发展方向。所以，我希望“国创计划”在未来能够开展得越来越好，让更多的大学生获得实实在在的好处，学到更多的真本事，也希望扬州大学化学化工学院的本科生科研队伍能够获得更多的成就，朝着美好的未来奋进。最后，感谢一直以来耐心指导我的薛怀国教授与王赪胤教授，以及一直在默默帮助我们的实验室各位师兄师姐，还有学院中支持“国创计划”的各位领导老师，正是他们的有力支持，才有我们如今的辉煌。

“国创计划”是培养未来科研精英的摇篮，在那里我们能够接受到系统、高效、前沿的科研教育，获得普通学生所不具备的科研敏锐性和能力，这对于以后的发展至关重要，是一条年轻科研人才发展的高速公路。

4. 教师感言

科研是培养创新型人才的重要途径，是提高学校师资队伍素质的重要条件。为大学生提供提前接触科研实践的机会，可以激发他们勤学、修德、明辨、笃实的学习热情，激发他们的创新意识和创新能力，提升社会责任感。

基于碳氮高聚物的大环金属配合物光催化性能研究

项目名称： 基于碳氮高聚物的大环金属配合物光催化性能研究

项目所属一级学科： 化学

项目成员： 杨骏骋

指导教师： 王英，教授，聚合物光催化材料

起止时间： 2012— 2013 年

推荐学校： 南京大学

1. 项目简介

随着人类不断开采石油、煤炭、天然气，这些化石能源的储量以极快的速度减少，能源短缺问题将逐渐成为人类面临最大的问题之一。此外，使用化石能源带来的危害也在日益显现，燃烧石油和煤带来的污染问题，将化石能源作为燃料，燃烧生成的 CO_2 带来的温室效应，这一切都使得新能源的开发和使用变得日益迫切。

太阳能作为一种新兴的能源，受到相关领域科学家们的日益重视，将太阳能作为能源，有很多优势：普遍、无害、巨大、长久、安全、可以直接存储或使用，此外，目前太阳能发电厂无须大量的空间，很少的空间就可以了，而不像风能发电等，需要选择合适的地方，需要消耗大量的土地。基于太阳能的很多优点，很多科学家才投身于太阳能开发、利用的研究中。

本项目围绕新兴出现的有机光催化剂 C_3N_4 进行了相关研究，致力于利用太阳能解决能源和环境问题。在项目前期合成出了金属碳氮高分子配合物，其拥有较好的光催化能力，结果发表在 *Advanced Materials Research* 上。项目后期，基于前期研究成果，合成出了一类新型的有机光催化剂，结果发表在 *Chemical Communications* 上。

2. 创新点描述

本项目的目标是合成金属碳氮高聚物配合物并对其光催化性能进行测试。碳氮高聚物（C_3N_4）是 *Nature Materials* 上报道的第一个有可见光响应的有机光催化剂。过去，光催化剂基本都是无机物，如 TiO_2 等。这些无机材料合成麻烦，结构复杂，矿藏有限，价格昂贵，而且基本对可见光都没有响应。C_3N_4 的发现，改变了这一现状，C_3N_4 合成方便，由简单有机物直接焙烧即可得到，所以，价格便宜的同时，也不存在储量问题；此外，这样一种光催化剂无须改性就有可见光催化活性。

3. 学生感言

在本项目的进行过程中，指导老师给予了充分指导。当我们有了一个新的想法时，主动和指导老师进行沟通交流，指导老师对学生的想法进行评价；当我们遇到困难时，指导老师和学生一起讨论解决方案，利用她的经验给予学生充分的指导。此外，实验室的师兄们也给予了我们很多帮助，包括仪器的选择和仪器的使用，以及数据的分析。

在项目开始前和执行前期，我们合成出了铁－碳氮高分子配合物（Fe–CNP），并通过红外（FTIR）、X 射线衍射（XRD）、对比实验和 X 射线荧光（XRF）等分析证实了高分子的结构和配合物的形成，并以甲基橙为模型污染物，测试了 Fe–CNP 的光催化性能，结果表明 Fe–CNP 较 CNP 有更好的光催化性能。通过控制前驱体碳氮高聚物的合成温度，我们进行一系列实验，合成了不同温度下的 CNP 和 Fe–CNP，并对其光催化性能进行测试，结果表明 450℃下合成的 Fe–CNP 有最好的光催化性能。这部分结果发表在 *Advanced Materials Research* 上。

在这一阶段的项目执行期间，我们学会了一些仪器的操作，如紫外－可见分光光度计、紫外－可见固体漫反射分光光度计等，对一些分析方法有了更进一步的了解，如 X 射线衍射、X 射线荧光、原子发射光谱（ICP–AES）、原子吸收光谱（AAS）等。这些方法及相关仪器的了解，使得我们对一些文献的理解更进一步。

项目的后期，基于前期的研究，我们合成了 C_3N_4 氮氧化物（CNPNO），并利用分析仪器证实了其结构，降解结果表明，CNPNO 和 CNP 的光催化性能相比有提升，不过二者性能相近。结合实验室发现的聚酰亚胺（polyimide）高分子光催化剂，我们进一步合成了聚酰亚胺氮氧化物（PINO），研究结果表明，其结构大大提升了光催化剂的光催化性能，紫外－可见光谱、荧光发射光谱、吸附实验及理论计算提出了高分子氮氧化物具有较好光催化性能的原因。

在这一阶段，我们的实验能力得到进一步提升，同时对各种仪器的使用、仪器数据的分析能力也进一步提高，同时还掌握了理论计算，通过理论计算结果解释实验现象。

通过这一年“国创计划”的训练，我们的实验能力有了很大的提升，对理论的理解更进了一步，对光催化这个领域也有了较多的了解。

4. 教师感言

“国创计划”项目让学生经过项目申报、实施及结题等多个环节的训练，完整地完成了一个科研项目，得到了系统和全面的科研训练，并且因为项目实施，在论文、专利、学术会议和竞赛方面都取得了不错的成绩。除此之外，更重要的是他们收获了创新能力和团队精神，体会到成功的喜悦和自信，也就是“科研工作的顶峰体验”。

同时，学生通过在项目中的体验明确自己将来的学术方向。这段非常重要的科研经历，对他们后续从事相关工作具有重要的引导作用。高起点和厚基础必定对他们将来在科研学术道路上有积极的影响。

过渡金属 – 联咪唑修饰的 Preyssler 型多酸的合成、表征及其与酶相互作用研究

项目名称： 过渡金属 – 联咪唑修饰的 Preyssler 型多酸的合成、表征及其与酶相互作用研究

项目所属一级学科： 化学

项目成员： 都京　曹美达　石微

指导教师： 张澜萃，教授，多酸化学

起止时间： 2015—2017 年

推荐学校： 辽宁师范大学

1. 项目简介

多酸是一类结构丰富的无机高分子簇合物，具有特殊的化学、物理性质和高效、低毒的生物活性，可用于药物、蛋白质、酶催化等领域，但多酸作为酶固定化载体未见报道。酶是具有高选择性的催化剂，但由于大多数酶对反应条件要求苛刻，且处于均相催化状态，很难与反应物、产物分离，难于重复利用，研究开发使酶易于分离及活性保持的固载材料极其重要。多酸易被有机阳离子及配阳离子所修饰，因而可调控其水溶性和表面电荷等。本项目旨在利用水热合成法制备新的多酸基无机 – 有机杂化化合物，再将其作为固载辣根过氧化物酶（HRP）的载体，进一步探讨其催化活性。通过大量实验探索，以 Preyssler 型多酸 $[NaP_5W_{30}O_{110}]^{14}$（简写为 P_5W_{30}）为母体，引入具有生物活性的联咪唑（H_2biim）及其配合物，获得了生物相容性好，水溶性小的 4 例多酸基无机 – 有机杂化材料。利用单晶 X 射线衍射等分析手段对其进行了系统表征，并将其用于固定化酶载体；对化合物固定化酶的性质进行了初步的研究，确定了酶的最佳固定条件、最大固载量，其固载量超过了一些文献报道的最大固载量。研究结果显示，过渡金属 – 联咪唑修饰的 Preyssler 型多酸对 HRP 具有很好的固定作用，可作为 HRP 良好的载体，固定化酶可重复使用（图 1，见本文二维码资源），有望成为新的一类适于酶固定化的理想载体。另外研究发现，该类无机 – 有机杂化化合物也是醇酮缩合反应的良好催化剂（图 2，见本文二维码资源）。该工作的开展不但具有重要的理论意义，也具有一定的应用价值。

项目负责人在 Elsevier 出版社旗下期刊 *Inorganic Chemistry Communications* 发表第一作者论文 1 篇，在英国皇家化学会旗下期刊 *RSC Advance* 和 *Dalton Transactions* 上分别发表第二作者论文各 1 篇。第 2 篇第一作者的论文正在整理中，有待发表。

2. 创新点描述

利用水热法合成了 4 例新的基于 Preyssler 型多酸 $[NaP_5W_{30}O_{110}]^{14-}$ 的无机 – 有机杂化晶体化合物 1–4，并首次用于酶 HRP 固定化。该工作创新性强，表现为：（1）因过渡金属 – 联咪唑作为较大的配阳离子很难引入高负电荷的多酸体系形成晶体化合物，合成困难；（2）有关多酸作为固定化酶载体未见相关研究报道，研究课题较新；（3）该固定化载体显示了较好的稳定性和对 HRP 高的负载量，有望进一步应用研究，可将固定化酶应用于生物传感器，对分子识别及酶催化等具有重要的意义。

3. 学生感言

通过大学生创新创业计划项目，我们这些本科生尽早地接触到学校和学院高水平的科研平台，体会科研的过程，感受科研的乐趣，激发并培养我们在校大学生的创新精神和创新意识，让我们体会到创新创业在当今环境下对个人和社会发展的重要性。

4. 教师感言

大学生创新创业训练计划项目的开展，为那些有强烈求知欲望和科研兴趣的同学提供了一个良好的科研平台，这不但有利于培养学生的科研意识和创新精神，提高实验技能，对能早出人才、出高水平人才，提高青年学生的整体素质具有重要的意义。

Kuramoto 模型中一级相变的研究

项目名称： Kuramoto 模型中一级相变的研究

项目所属一级学科： 物理学

项目成员： 邱添　张岳　刘杰

指导教师： 管曙光，教授，理论物理

起止时间： 2014—2015 年

推荐学校： 华东师范大学

1. 项目简介

人类社会已进入网络时代，复杂网络的同步是一种很普遍的现象，其理论研究成果在自然科学和社会科学各领域均得到了广泛的应用。经典 Kuramoto 模型（KM）是同步研究领域最成功的模型，为我们提供了处理同步问题的理论框架。

自从 2011 年西班牙研究小组在无标度网上发现了 KM 一级相变现象以来（图 1，见本文二维码资源），广义 KM 在复杂网络上的爆发式同步一直是非线性领域的研究热点。对于网络上一级相变机制的研究不仅关乎同步学理论的发展，更有助于众多实际问题的解决，比如互联网拥堵、电力网级联失效、人脑神经网络癫痫病等。本项目围绕这一思想，对一系列广义 KM 的爆发式同步进行了理论研究，包括其现象、机制以及一级相变和二级相变之间的转化，讨论了复杂网络拓扑结构、振子本征频率、正负耦合参数及初始条件等因素对模型同步行为的影响，发现了一系列新的同步现象，如朗道阻尼（图 2，见本文二维码资源）、Bellerophon 态（图 3，见本文二维码资源）、多重相变等。研究结果不仅促进了同步学理论的发展，同时也为利用或控制实际网络上的爆发式同步提供了新的分析方法与解决思路。

2. 创新点描述

解释了包含拥护者（conformist）和反对者（contrarian）的频率权重 KM 中朗道阻尼现象 [1]；

用平均场方法、线性稳定性分析法和中心流形约化法研究了频率权重耦合 KM 的相变 [2]；

在本征频率与耦合强度的关联下，给出了所有平稳态的解析解，发现了一类新的微观态——Bellerophon 态，并详细刻画了其性质 [3]；

发现并解释了 C—C 频率权重 KM 中的多重相变现象 [4]；

首次报道了 C—C 经典 KM 中的 Bellerophon 态 [5]。

[1] Tian Qiu, Yue Zhang, Jie Liu, Hongjie Bi, S. Boccaletti, Zonghua Liu, and Shuguang Guan. Landau damping effects in the synchronization of conformist and contrarian oscillators[J]. Sci. Rep. 2015, 5,18235.

[2] Can Xu, Yuting Sun, Jian Gao, Tian Qiu, Zhigang Zheng, and Shuguang Guan. Synchronization of phase oscillators with frequency weighted coupling[J]. Sci. Rep. 2016, 6,21926.

[3] Tian Qiu, S. Boccaletti, Yong Zou, Jie Zhou, and Shuguang Guan. Synchronization and Bellerophon states in conformist and contrarian oscillators[J]. Sci. Rep. 2016, 6,36713.

[4] Tian Qiu, I. Bonamassa, Xue Li, S. Boccaletti, Zonghua Liu, and Shuguang Guan. Rhythmic synchronization of globally coupled oscillators[J]. Phys. Rev. Lett. Submitted.

[5] Tian Qiu, S. Boccaletti, Yong Zou, Jie Zhou, Zonghua Liu, and Shuguang Guan. Synchronization and non-stationary state in coupled conformists and contrarians oscillators[J]. Submitted.

3. 学生感言

科研创新要有扎实的基础知识和清晰的物理图像。特别是对于理论物理的创新，地基的坚实程度决定了楼能盖多高。科研和学习不一样，学习时往往有参考答案，但科研没有。因此科研创新还要敢于尝试、坚持不懈。千淘万漉虽辛苦，吹尽狂沙始到金。

4. 教师感言

本科教学的终极目标是培养学生的自主学习能力和创新思维能力。优质的课程是基础，强烈的兴趣是动力，“国创计划”项目是平台和助力。不拔苗助长，忌眼高手低。薪火相传，不忘初心；砥砺前行，一步一个脚印。问渠那得清如许，为有源头活水来。

一类广义多项式零点计算方法的设计与实现

项目名称： 一类广义多项式零点计算方法的设计与实现

项目所属一级学科： 计算机科学技术

项目成员： 厉劲草

指导教师： 徐鸣，副教授，基础算法及其应用

起止时间： 2016—2017 年

推荐学校： 华东师范大学

1. 项目简介

本项目考虑一类广义多项式——多幂和式——将多项式的指数和系数从整数扩展到实代数数。我们的目标是设计与实现一种隔离算法，将这类函数的正零点隔离成互不相交的区间，并且能达到任意精度。

多幂和式的标准形式如下：

$$f(x)=\beta_0+\beta_1x^{a_1}+\cdots+\beta_nx^{a_n}$$

其中 a_i（$1\leqslant i\leqslant n$）和 β_i（$0\leqslant i\leqslant n$）为实代数数，且 $0<a_1<\cdots<a_n$。简洁起见，我们不失一般性地假设多幂和式包含一个非零常数项，即 $f(x)$ 中 $\beta_0\neq 0$。

首先，我们对多幂和式进行分解，使其零点在分解过程中保持不变，同时又避免重零点出现，得到若干不可约的因子。这一步类似于普通多项式的因式分解，但由于多幂和式的指数是实代数数，无法直接操作，所以我们利用代数方法得到一组基，用于将其转换为可以因式分解的形式。

其次，我们根据线性独立的指数个数将多幂和式分成简单和非简单两类。对于前者，我们基于 Gelfond–Schneider 定理提出一个完备的零点隔离算法，大致思想是根据给定区间的值域的超集和子集来判断是否含零点，然后通过二分法不断缩小区间提升精化；对于后者，它的完备性依赖于 Schanuel 猜想，同样可以运用上述零点隔离算法。

最后，我们在 Maple 平台上实现算法，进行了实验验证，文中列出了十个具有代表性的多幂和式，从时间、算法循环深度等多方面体现了零点隔离算法的有效性。综述以流程图的形式直观地总结了整个算法过程。

我们充分利用了从可解性到已知前沿的数论知识。对于之后的工作，我们将探讨多幂和式不同正零点之间的最小距离，这将衍生出另一种算法。也可以由普通多项式求导而启发出新的零点隔离算法。另外，我们的工作在线性动力系统中也会有

所应用。

相关多幂和式图示见图 1 。

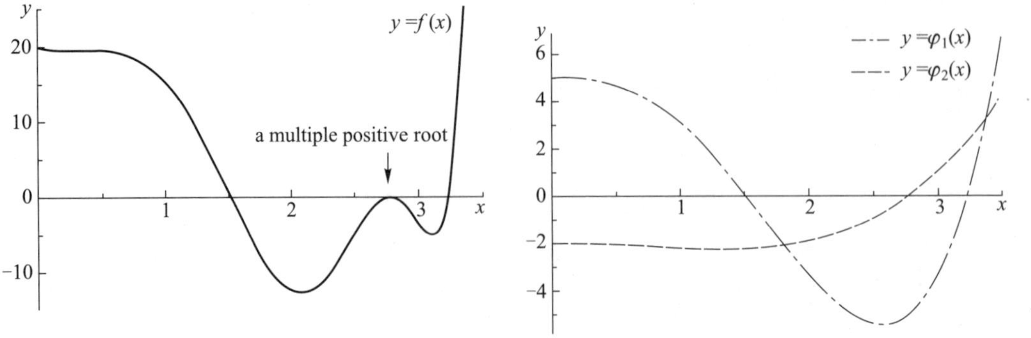

(a) 原始多幂和式　　(b) 两个不可约多幂和式

图 1　多幂和式

2. 创新点描述

单变元非线性方程的求解是符号计算与计算机代数领域的基础研究问题，在物理、经济、控制、系统生物学等诸多领域有着广泛的应用。而多项式方程则是其中最基础的研究对象。由于计算多项式实根的数值方法（如牛顿迭代法）的不完备性，20 世纪 70 年代 Collins 等人对于多项式提出了实根隔离算法（代数算法），之后被广泛应用于各个科学领域。然而，对于更为一般的实函数，由于其性质的复杂性，相关的研究进展十分缓慢。直到近 10 年，对于一些超越函数的实根隔离的研究才有了代表性的进展。

该工作最主要的创新点在于：把 1934 年苏联数学家 Gelfond 在希尔伯特第七问题上的成果首次运用到 poly-power 的零点隔离上，其中部分问题在 Schanuel 猜想成立的条件下得以解决。以下摘自 ISSAC 审稿人评审意见：

I think the main contribution of the paper is the proof that irreducible poly-powers do not have multiple positive roots other than 1. The previously known root isolation algorithms applicable to poly-powers rely on Schanuel's conjecture for proof of termination. The algorithm presented here does not require Schanuel's conjecture for m=2.

3. 学生感言

在研究和论文整理的一年多内，我们接触了研究成果从萌芽到结果的完整历程，从中真正体会了科研工作所需的基本素养——坚持与严谨。一项工作从无到有并不是一蹴而就的，是一个慢慢积累的过程。其间自然无法避免出现难点、困境，都需要我们投入精力。在今后的学习与工作中，我会用严格的标准要求自己，努力地做好每一项任务、每一个细节，为之后的研究道路打下基础。

4. 教师感言

该项目研究一类单变元非线性函数，名叫多幂和式。该文完成了对 poly-power 方程求解，即提出了对 poly-power 零点隔离。该算法是建立在超越数论和代数运算上的（特别是 Gelfond-Schneider 定理和 Schanuel 猜想），并不会由计算误差产生漏根和增根等现象。虽然在一些近年工作中 Schanuel 猜想已被用于求解非线性方程，Gelfond-Schneider 定理在项目中的使用确属新颖和准确的。项目中用简单扩张方法分解 poly-power 也同样有趣。

新型氮化碳基有机光催化剂的制备及性质研究

项目名称： 新型氮化碳基有机光催化剂的制备及性质研究

项目所属一级学科： 材料科学

项目成员： 郝强　郝思濛　牛秀秀

指导教师： 陈代梅，高级实验师，半导体光催化材料

起止时间： 2015—2016 年

推荐学校： 中国地质大学（北京）

1. 项目简介

本课题利用简单的混合及煅烧方法，制备出了两种基于类石墨相氮化碳（g–C_3N_4）的复合光催化剂。利用光电化学、光谱学、电子自旋共振及活性物种捕获等方法，对复合光催化剂传导电子和空穴的能力、自由基及主要活性物种进行了表征，揭示了可见光活性产生的本质及 g–C_3N_4 活性提高的机理。以上的研究工作为设计高活性、可见光响应和高稳定性的光催化材料提供了实验证据和理论基础，为聚合物型光催化剂 g–C_3N_4 及其复合材料的合成及开展深入研究提供了方法参考。

利用共轭分子快速传导电子和空穴的能力，采用简单的高温煅烧还原法在 g–C_3N_4 表面形成 rGO 杂化层，促进光催化剂光生电荷的传输和分离，从而提高光催化效率。效果最好的复合光催化剂 g–C_3N_4/rGO 其在可见光下对罗丹明 B（RhB）和 2,4– 二氯酚（2, 4–DCP）的活性分别比原 g–C_3N_4 提高了 1.52 倍和 1.49 倍。进一步研究发现，杂化光催化剂活性的提高来源于石墨烯的优良导电子性能，由于 π–π 共轭作用，形成更广泛的电子传输通道，促进了光生电子和空穴的分离速率（图 1，见本文二维码资源）。

采用简单的物理混合和高温煅烧方法，得到了 g–C_3N_4/SiO_2 复合光催化剂，效果最好的复合光催化剂 g–C_3N_4/SiO_2 在可见光下对罗丹明 B（RhB）和 2, 4– 二氯酚（2, 4–DCP）的活性分别比原 g–C_3N_4 提高了 4.18 倍和 1.53 倍（图 2，见本文二维码资源）。由于纳米二氧化硅具有小尺寸效应，二氧化硅的加入能够抑制 g–C_3N_4 的团聚，增大复合光催化的比表面积。由于二氧化硅表面的杂质能级与 g–C_3N_4 形成异质结，为电子的迁移提供了路径，能够加速光生电子和空穴的分离，提高光催化活性。

2. 创新点描述

利用石墨烯的优良传导电子性能，以及天然大 π 键，与 C_3N_4 形成 π–π 共轭作用，形成更广泛的电子传输通道，促进了光生电子和空穴的分离速率，降低了价带位置，

提高了光氧化能力。

使用简单的物理混合和高温煅烧方法，得到了 g-C_3N_4/SiO_2 复合光催化剂。首次提出了绝缘体与半导体构筑异质结的概念。

基于以上方法制备的 C_3N_4 基光催化剂均具有廉价易得，活性优良的优点，具有良好的应用前景。

3. 学生感言

大学第二年，我参加了国家级大学生创新创业训练计划。通过在实验室这一年的学习，我掌握了更多的实验技能。对专业的前景也有了更加清晰明朗的认识。以第一作者发表 SCI 论文两篇。科研带给我的快乐和成就感激励着我向前。我爱科研，科研使我快乐。

4. 教师感言

在指导国家级大学生创新创业训练计划项目的过程中，我带着学生们提出问题，思考问题，通过一步步实验，解决问题。在这个过程中，我和学生之间建立了深厚的情谊。看着学生们一点点的进步，我感到无比的欣慰。

一种多功能摆教学设备的设计与实现

项目名称：一种多功能摆教学设备的设计与实现

项目所属一级学科：物理学

项目成员：邢碧倩　郭季羽　石敬宇

指导教师：董爱国，高级实验师，实验物理

起止时间：2016 年 1—12 月

推荐学校：中国地质大学（北京）

1. 项目简介

本装置基于单摆测重力加速度实验，将一个单摆的演示实验扩充至多个单摆为一组、多组摆组、多种摆球（实心金属球和空心金属球）、多种演示功能的多功能演示实验装置。旨在有限空间内，演示单摆、任意摆组、蛇形摆、牛顿摆、共振摆、波形图绘制、纵横波、单片机计时测量重力加速度和磁控电子琴等多种功能演示实验。

本多功能实验演示摆装置设计有摆线控制器，摆线控制器两端各有一个卡槽，中间有一个穿线孔；卡槽分别卡在与其对应的单摆立杆上，通过手旋螺丝将其固定在摆架上。手动拧松手旋螺丝使摆线控制器可以在单摆立杆上上下滑动，从而调节摆长。摆线控制器可置于同一水平线，基于每两个摆线控制器的凹槽可镶嵌放置的“Z”形设计（如图 1）。可将相邻两个摆保持在同一摆长，保证相邻摆长相等的可操作性。

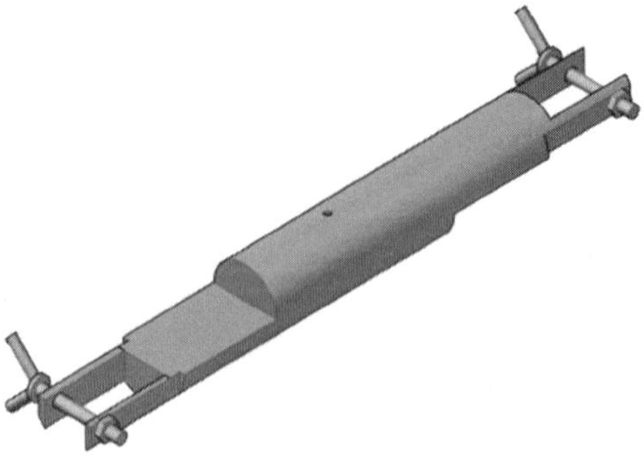

图 1　摆长控制器的三维 CAD 效果图

本装置利用有限的空间和材料、简约的架结构结合多个子设计单元，如摆线控制器、摆球释放装置、牛顿摆组装杆、共振摆组装杆、纵横波演示仪、波形图绘制器和单片机计时器（见图 2）等，构成了多功能摆组（图 3，见本文二维码资源）。

其特点是结构简单，设计巧妙，功能丰富，实现了摆长线性变化及多种摆组功能，具有非常强的独创性与操作性，能够在有限空间内对多种演示实验进行控制演示及研究，作为一款演示仪器，有着极大的应用前景。

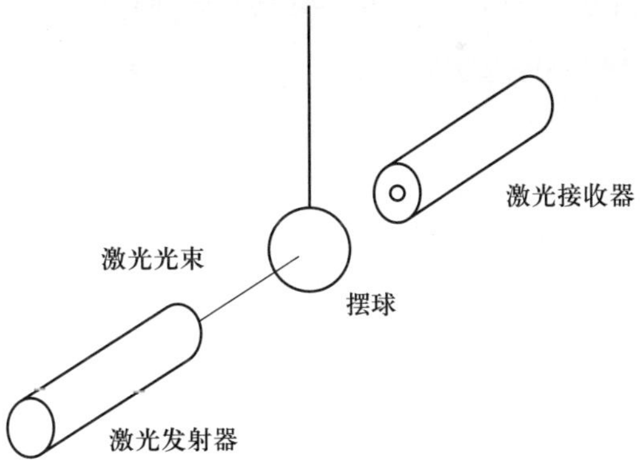

图 2　光电门示意图

2. 创新点描述

目前物理教学过程中用于教学的摆装置只具备单一的功能，结构较为复杂，不可调节且演示效果差。为了解决上述问题，我组提供了一种多功能实验演示摆装置，其摆球可以为不同材质；摆组、牛顿摆、共振摆、蛇形摆的摆线长度和摆球位置均可以自由变更，配合摆架刻度尺可精确控制摆长。摆线控制器不仅可以实现摆长的调节，还可以实现组内小球同时释放；牛顿摆、共振摆、蛇形摆的定量研究及波形图绘制实验仪器是市场上所缺失的，我组所设计的多功能摆可调节牛顿摆摆线长度和摆球数量、共振摆各摆球摆长、蛇形摆各种摆组运动形态，配合摆架刻度尺即可得知摆长具体数值，便于教学研究的进一步深入量化。

3. 学生感言

通过自主钻研，我们成功设计并制作出了满足市场需求的多功能摆装置，其能有效利用空间且在同一仪器内展示多种摆的现象，在设计与加工的过程中，我们根据所要达到的效果充分利用各种实验材料并尝试不同的加工方式，不断改进我们的实验装置，不断拓展其功能使用范围。在这个过程中，每个同学都得到了锻炼。

4. 教师感言

大学生创新创业训练计划项目的实施过程中，学生进行了综合调研、实验设计、设备加工、程序编写、图像处理与信号采集、科技论文撰写等各方面的学习与锻炼，了解了科研创新的过程，科研素质得以全面提升。同时，大学生创新创业训练计划项目也是师生交流的有效平台，能够促进和带动良好学习氛围的形成，对和谐校园、优秀校风的形成起到了较好的促进作用。

青鱼干扰素基因的克隆及其功能初探

项目名称： 青鱼干扰素基因的克隆及其功能初探

项目所属一级学科： 生物学

项目成员： 黄治霖　刘佳辰　孙文政

指导教师： 冯浩，教授，鱼类天然免疫

起止时间： 2014—2015 年

推荐学校： 湖南师范大学

1. 项目简介

干扰素在硬骨鱼类中起到了非常重要的作用，在本项目研究中，我们克隆了青鱼 IFNa（bcIFNa）基因 cDNA 的全长序列，并初步研究了 bcIFNa 基因的功能。bcIFNa 基因的 cDNA 全长 783bp，预测可编码 185 个氨基酸，蛋白相对分子质量为 21.1949kDa，预测其信号肽长度为 26 个氨基酸（图 1，见本文二维码资源）。通过进化树分析发现，bcIFNa 属于硬骨鱼类 I 型干扰素族群，与鸟类和哺乳动物 I 型干扰素亲缘性低。半定量 RT-PCR 分析显示，相对健康的青鱼，在感染了鲤春病毒血症病毒（SVCV）的青鱼各组织（心、肝、脾、鳃、肾、上皮、肌、肠）中，bcIFNa 的 mRNA 水平显著上调，特别是在肝、脾、肾、肌中上调幅度较大（图 2，见本文二维码资源）。以 pcDNA5-FRT/TO 载体为基础构建了表达 bcIFNa 基因的重组质粒 pcDNA5-FRT/TO-HA-bcIFNa 与 pcDNA5-FRT/TO-bcIFNa-HA。通过磷酸钙转染法将该重组质粒转染到 HEK293T 细胞中，免疫印迹检测到 bcIFNa 基因可在 HEK293T 细胞中正常表达，可分泌出胞且存在明显的糖基化修饰。在对抗 SVCV 时，通过测量噬菌斑的直径和数量我们发现，bcIFN 对病毒复制起到了抑制作用并且具有剂量效应。构建糖基化突变体 pcDNA5-FRT/TO-bcIFNa-N38Q-HA 与其野生型载体 pcDNA5-FRT/TO-bcIFNa-HA 并分别转染 HEK293T 细胞，鉴定其糖基化位点为第 38 号位点的天冬酰胺，并通过检测噬菌斑数量，证明其糖基化修饰不影响 bcIFNa 的抗病毒功能（图 3，见本文二维码资源）。

2. 创新点描述

从分子水平探究青鱼的免疫机制和青鱼干扰素基因及蛋白的多项特征。该研究得出的结论初步证明了青鱼干扰素的基因特征和蛋白抗病效应，且具有一定的实践意义和理论价值：生产上，能够帮助刺激干扰素高表达，提高天然免疫信号通路对病原体的应答水平，从而提高青鱼的抗病能力，为鱼病防治起到参考和指导作用；

科研上，开拓青鱼在免疫学方面的研究领域，继续探索干扰素在鱼类免疫系统中的表达作用，为各项基础研究铺垫道路，并且帮助人们更好地认识鱼类乃至哺乳动物的免疫机制。

3. 学生感言

回首本科期间的研究经历，而今身在异国的我不禁感慨，这段珍贵的学习经验对我的创新思维和综合发展有多么重要。感谢冯浩教授的悉心指导，让我有机会接触科研、实践学习并取得一定的成果。我希望我的项目能激励更多的本科生参与科研和创新。

4. 教师感言

该生积极向上，热爱生活、学习和科研，能够在生活上严格要求自己，善于与同学、老师沟通；学习上刻苦认真，态度端正；科研上耐心细致，多想多做。经过一年多的努力，以第一作者在 *Fish & Shellfish Immunology* 杂志上发表文章。希望该生在以后的生活中能够做到勤勤恳恳做事、踏踏实实做人，这样才能在科研道路上越走越远。

基于光纤结构的液体折射率传感器研究

项目名称：基于光纤结构的液体折射率传感器研究

项目所属一级学科：物理学

项目成员：赵娉　严玲怡　杨燕　朱伟

指导教师：唐雄贵，副教授，微纳光子器件

起止时间：2014—2016 年

推荐学校：湖南师范大学

1. 项目简介

折射率是物质的重要光学特性参数，常能反映物质相关物理特性的状态和变化，如浓度、温度等。通过快速、准确测量折射率，可实现对液体相关物理参数的监控。本项目提出一种简便实用的基于光纤结构的折射率传感器，理论上研究了其实现过程物理机制，建立了其数学模型。基于光束传播法（beam propagation method），对其光学性能进行模拟仿真，结果表明其设计方案是可行的。实验制备出了折射率传感器样品，搭建了实验平台，对其性能进行测试，实验结果基本达到预定目标。该传感器具有结构简单、易于实现、费用低廉等特点，在远距离实时监控液体折射率或浓度变化方面具有突出优点，因而在化工生产、医疗制药、环境监测等多个方面具有广阔应用前景。

该液体折射率传感器的工作原理如下：

用于液体折射率测量的光纤传感器的原理图如图 1 所示（见本文二维码资源），该传感器由光源、光探测器、传感头、用于连接的光纤及计算机构成。传感头设计制作完成后，其弯曲半径就确定下来。光源发出的光信号耦合进光纤，然后传输到传感头，再经光纤传输到光电探测器，将光信号转变为电信号，再经计算机进行处理。其光信号在传感头位置的传输过程中，损耗与液体折射率单调变化，根据所测得的光功率，从而获得液体折射率。折射率传感实验系统见图 2（本文二维码资源）。

2. 创新点描述

本项目所提出的折射率传感器，采用弯曲光纤结构，待测液体作为光纤包层，当待测液体折射率发生变化时，光在光纤中传输过程中，其光泄漏损耗随之变化，从而使得输出光功率也随之发生变化。根据液体的折射率与浓度变化曲线，获得液体浓度等参量。液体折射率传感器结构紧凑，易于制作，在实时、远程、低成本检

测方面具有突出优势。

3. 学生感言

此次参加国家大学生创新创业我最大的感触就是不再照本宣科地对着教科书做实验，而是自己设计实验，获得实验数据。实验中发现问题时，根据课本上学到的理论知识尝试解决，多次尝试后解决问题的成就感是平时课堂上体会不到的。

4. 教师感言

学生积极参与国家大学生创新创业计划项目，培养了他们对科学研究的兴趣；在科研过程中，以解决实际问题为导向，引导学生注重分析、解决问题的能力培养，重视实验操作、团体协作意识方面的锻炼，这为学生今后进一步深造打下了良好基础。

目标加工方式在不同标记类型下对多目标追踪任务的影响

项目名称：目标加工方式在不同标记类型下对多目标追踪任务的影响
项目所属一级学科：心理学
项目成员：熊映莹　李敏　段贺兵　山宏岳
指导教师：王艳梅，副教授，情绪与认知
起止时间：2015—2016 年
推荐学校：华东师范大学

1. 项目简介

多目标追踪任务（multiple object tracking， MOT），包括闪烁标记、运动追踪、完成任务三个阶段，经常被用来探究视觉注意系统中，同时对多个动态对象进行持续加工（如图 1）。范式多采用闪烁标记类型，本实验结合实际情况中“数字提示观察目标”，新增数字标记类型，即根据目标数字，寻找对应圆圈，进行追踪（如图 2）。分析两种标记类型：闪烁标记类型简单、直观，为外源注意，认知资源消耗小；而数字、色词标记时，要将数字、色词与圆圈相对应，受意图所控制，为内源注意。通过圆圈、颜色正确率两个因变量指标，考察在不同难度的目标标记类型下（闪烁、数字），平行、顺序两种加工方式对多目标追踪任务的影响。根据内外源标记类型的特征，推测内源更加耗费注意资源，比外源更加困难，因此提出假设：在较难的标记类型下（数字），顺序、平行加工方式才能显示出明显的差异。结果符合假设：标记类型主效应显著，闪烁优于数字；两自变量间存在交互作用，由数字转为闪烁标记，顺序与平行加工之间的正确率差距逐渐缩小（如图 3）。

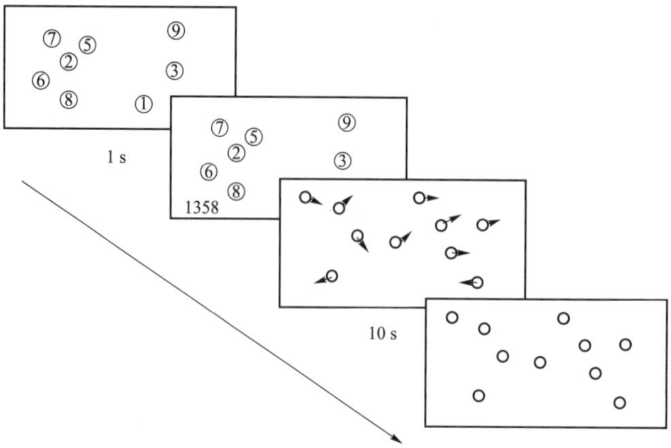

图 1　平行加工的闪烁标记实验程序

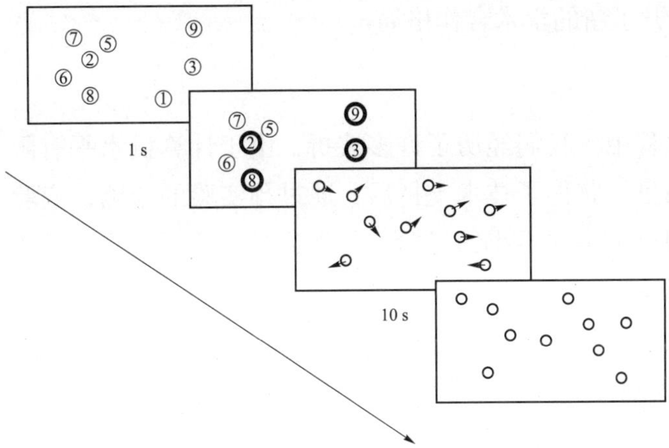

图 2　平行加工的数字标记实验程序

（黑圈表示闪烁标记）

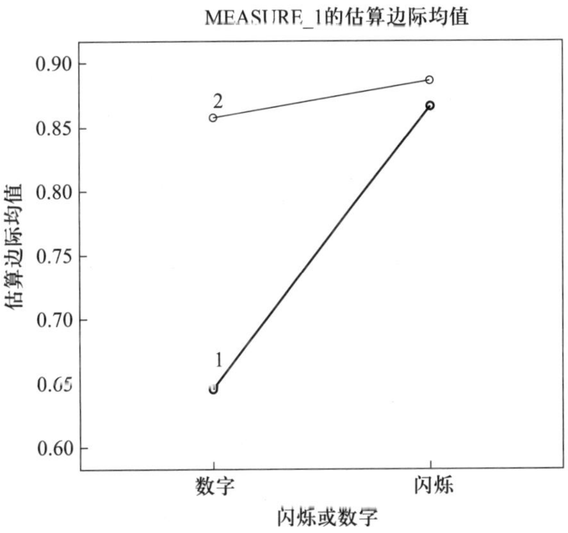

图 3　加工方式 * 标记类型的交互效应（1 为平行、2 为顺序）

2. 创新点描述

以往研究多停留在机制层面，试图探究多目标追踪运动黑箱后面的深层机制，本研究则从实际情况出发，创新地增加数字标记，与现实生活中的游戏聊天界面、足球直播等场景相似，通过数字来指示追踪的目标，针对解决现实问题，具有更好的生态型和经济价值。

此外，本研究由心理学院与软件学院合作完成，强强联手，心理学院的同学在实验设计上提供思路与具体要求，软件学院的同学主要完成程序的编写，另外，在数据处理上，依靠强悍的编程，直接出现正确率，减少了很多烦杂的处理过程，双方互帮互助，打开了新的学术合作格局。

3. 学生感言

项目完成过程中，我们经历了许多波折，由于计算机水平有限，我邀请软件学院的同学加入项目，获得了技术支持后，通过预实验的施测，实验方案一改再改，最终数据的处理也是一项不小的考验。很幸运我坚持了下来，很幸运，我们的项目获得了大家的认可。

学术经历缺乏的我，脚踏实地地迈出每一步，在其中，体会到科研工作需要专心致志，需要一份热爱与执着；而作为第一负责人，我更是体验到团队合作的必要性，与老师沟通交流的重要性。一份好的学术成果背后包含了整个团队的付出与努力，团结一致，静下心做事，及时沟通才能获得一个优秀的成果。

我非常感谢学校能给予我们这个机会，让我们亲自去体验、去实践，并从中获益匪浅。

4. 教师感言

作为指导老师，看着同学们在实验过程中一步步地前进，非常欣慰和感动。学习需要坚持和努力，在每次团队讨论中，同学们都会有所思考，对实验设计加以改善，这是我们课堂上难以达到的教学效果，同学们能够取得很多收获。

基于二维码的遥感影像数据版权保护软件

项目名称：基于二维码的遥感影像数据版权保护软件

项目所属一级学科：地球科学

项目成员：何彦霖　张若琰　张晓鑫

指导教师：朱长青，教授，地理信息安全、空间数据分析与建模、空间数据不确定性

起止时间：2014—2015 年

推荐学校：南京师范大学

1. 项目简介

在数字化和网络化的时代大背景下，地理空间数据的信息安全问题越来越突出，大量遥感影像数据在非授权的情况下被复制、编辑、传播，严重损害了数据生产者的经济利益和共享积极性，如何有效保护遥感影像数据版权是目前亟待解决的问题。

数字水印技术是信息隐藏技术的一个重要分支，是实现数字产品版权保护的有效技术手段。目前常用的水印信息载体存在水印信息容量小、需要附加的转换机制识别水印内容等问题。基于对水印载体的比较分析，本项目选用 QR 码承载水印信息并嵌入遥感影像，QR 码不仅信息容量高，本身具有的纠错编码机制还能提高水印算法的鲁棒性。

遥感影像具有图幅大、经济价值高等特点，目前的遥感影像数字水印算法能够实现抗常规影像处理、抗噪声攻击、抗剪切攻击等，具备较高的鲁棒性，但是缺乏针对遥感影像的特点设计的、同时具备良好的抗裁剪和抗压缩能力的水印算法，基于此，本创新小组针对遥感影像的特征设计了基于 QR 码和分块 DCT 不变量的遥感影像水印算法，不仅能够抗常规图像处理攻击，还能有效抗裁剪攻击和 JPEG 压缩的遥感影像水印算法，并编程实现了遥感影像数字水印软件，软件部分界面如图 1、图 2 所示（见本文二维码资源）。

本项目在朱长青教授的辛勤指导和组员们的共同努力下，获得了颇为丰硕的成果：撰写英文论文“Watermarking Algorithm for Remote Sensing Image Based on QR Code and Block DCT Invariants”，并在 CSIS 2016（International Conference on Computer Science and Information Security）上发言，与参会师生交流科研成果；编程实现了基于 QR 码的遥感影像数字水印软件，获得软件著作权；参与第八届全国大学生创新创业年会展示。

2. 创新点描述

本项目采用的二维码水印打破了传统水印载体的约束，是一种新型、理想的水印载体，提高了水印的鲁棒性。另外，紧密结合遥感影像特点设计的水印算法少之甚少，目前文献中提出的遥感影像数字水印算法往往注重抗几何攻击或抗常见图像处理攻击，不能满足遥感影像版权保护的需求，本创新小组针对遥感影像的特点提出了一种抗裁剪、抗压缩、抗复合攻击的遥感影像版权保护的算法，编写了基于二维码的遥感影像数字水印软件，旨在保护具备高商业价值和实用价值的遥感影像版权，避免经济损失。

3. 学生感言

在学习研究的过程中，我们接触了课堂外的新领域，学习了前沿领域的冰山一角，体会到科研的过程是枯燥的，但同时也感受到成果带来的成就感。在设计抗裁剪和抗压缩的水印算法的过程中，实验结果达不到预期的目标就要一次一次地寻找问题所在，一次一次地修改代码，磨砺了本组成员的科研精神和探索精神，让我们对数字水印领域产生浓厚兴趣。最后，我们要感谢一直精心指导我们的朱长青教授、任娜老师及林威博士，他们渊博的专业知识和精益求精的工作作风，对我们产生了深刻的影响，是我们的良师益友，谨以此寥寥数语表达我们的感激之情。

4. 教师感言

本创新项目符合学生的专业方向，培养了学生的动手能力，提升了学生的创新意识，为学生创新实践提供了发展和展示的平台。本创新实践小组师生定期进行阶段性会议，并且让本科生参与到研究生例会当中，在沟通交流中形成了发现问题、分析问题、解决问题的良性循环。本项目小组在初期制定了明确的目标，在师生的配合下基本完成项目目标，这其中需要导师的责任心，以及为学生创造良好的科研学术条件，如访学交流、参加学术年会等，有助于学生为以后的深造打下坚实的基础，迎来更广阔的未来。

以葡萄糖为前驱体制备高石墨化多孔碳材料及其在电化学中的应用

项目名称： 以葡萄糖为前驱体制备高石墨化多孔碳材料及其在电化学中的应用

项目所属一级学科： 化学

项目成员： 刘畅　吴睿　朱慧敏

项目指导老师： 唐亚文，教授，纳米电化学、化学电源、电化学传感器

起止时间： 2014— 2015 年

推荐学校： 南京师范大学

1. 项目简介

碳材料由于具有良好的酸碱稳定性、优异的导电性和高的比表面积而常被用作电催化剂的载体。碳载体对负载的贵金属催化剂的性质如粒子尺寸、形貌、粒径分布、合金化程度、稳定性和分散性等有较大的影响。而且，碳载体也影响负载催化剂在燃料电池中的性能，如质子传输、催化剂层导电性、电化学表面积和金属纳米颗粒的稳定性等。碳载体的性质如表面积、孔、形貌、表面官能团、导电性、防腐性等都必须优化以达到制备高活性催化剂的目的。因此，新型碳载体材料的应用及对载体材料的处理引起了人们极大的兴趣。然而，高导电性、高比表面积和大量的中孔或大孔并存本身存在着矛盾。因此，设计开发性能优异的电催化剂载体是一项极具挑战性的工作。

我们小组利用该糖类分子（壳聚糖、蔗糖、果糖和葡萄糖）为碳源，过渡金属（Fe, Co, Ni）的硝酸盐为金属源和催化剂，以惰性盐（硫酸钠、氯化钠、氯化钾和氯化铯）为模板和分散剂，采用热解法一步制备得到了均匀负载嵌入式镍（或铁或钴）纳米颗粒二维碳纳米片。探究了原料组成和热解条件等对嵌入式纳米过渡金属负载型碳纳米片复合材料的形貌、结构的影响；研究了其直接作为锂离子电池负极材料的性能。利用透射电镜、X 射线衍射等对其结构进行了表征；利用循环伏安法、倍率性能测试等研究了嵌入式纳米颗粒二维碳纳米片的催化性能。二维碳纳米片的电镜照片见本文二维码资源。

2. 创新点描述

研究出一种制备碳材料的新方法：以糖类分子为碳源，镍、铁或钴的硝酸盐为

金属源，以惰性盐为模板和分散剂，采用热解法一步制备得到均匀负载嵌入式过渡金属纳米颗粒的二维碳纳米片。

所述的二维碳纳米片复合材料，由于均匀负载嵌入式金属纳米颗粒，从而能够高效催化锂离子电池反应。

3. 学生感言

这是一次让我得到锻炼得到成长的经历。作为朝气蓬勃的大学生，我们不仅要努力学习，更要懂得如何思考问题、解决问题。同时，还要明白任何工作都不可能是独立完成的，必须发挥互助协作精神。学习中需要同学的帮助，社会工作中需要同事的协助，创新实践更需要成员的合作互助。“国创计划”项目的工作是步入科研工作的一种尝试，经历了本次创新实践后，我们对科研有了基本的认识，掌握了科研的一些基本方法，知道了做任何事情都应该有恒心，尤其是科研，科研是一种严谨细致的工作，坚持到底就是最大的收获。

第二部分

人文社科类

研发投资对高科技企业的价值提升研究

项目名称：研发投资对高科技企业的价值提升研究

项目所属一级学科：管理学

项目成员：冯家丛　尹贺　范馨月

指导教师：李远慧，副教授，财务与会计

起止时间：2016 年 4 月—2017 年 4 月

推荐学校：北京交通大学

1. 项目简介

现代经济增长理论表明，技术进步和知识积累是促进经济增长的重要因素，而研发投资（research and development，简称 R&D）是技术和知识的主要来源。

本文从实证角度出发，在企业的研发投入对企业价值影响研究的基础上，考虑到研发投入的滞后性，即研发的投入与后续产出是否会受到时间因素的影响。我们认为 R&D 投入从新技术的应用、进行营销并获得利润需要经历相当长的一段时间，在回报上存在不确定性，因此我们实证检验了 R&D 对企业价值的滞后性影响并确定其滞后期。之后，我们对各板块之间研发强度对企业价值的促进作用进行分析。对于不同板块之间的研究结构分为两个层次。第一个层次为定性分析其发展趋势，我们通过搜集 2007—2015 年三个板块高科技上市公司披露的研发支出与企业价值的相关数据，运用描述性统计方法，从其绝对值及变化趋势中整体感知三个板块高科技公司的研发投入情况。第二步运用实证检验，通过不同板块之间的两两对比，加入代表板块的虚拟变量及其与研发强度的交乘项，研究不同板块之间研发支出对企业价值促进关系的强弱。接着，我们利用滞后 3 ～ 5 年的数据进行了扩展性检验，最后，为了检验滞后性对板块效应是否有影响，本文进行了补充检验。

实证结果显示，三个板块高科技公司的研发投入规模都逐年上升，但对比来看，创业板研发投入对企业价值的正向促进作用优于中小板，中小板研发投入对企业价值的正向促进作用优于主板。

研究工作汇报图与实证研究设计图分别见图 1 和图 2。

2. 创新点描述

本课题从滞后性和板块效应两个视角进行了研究，而以往的滞后性研究结论不

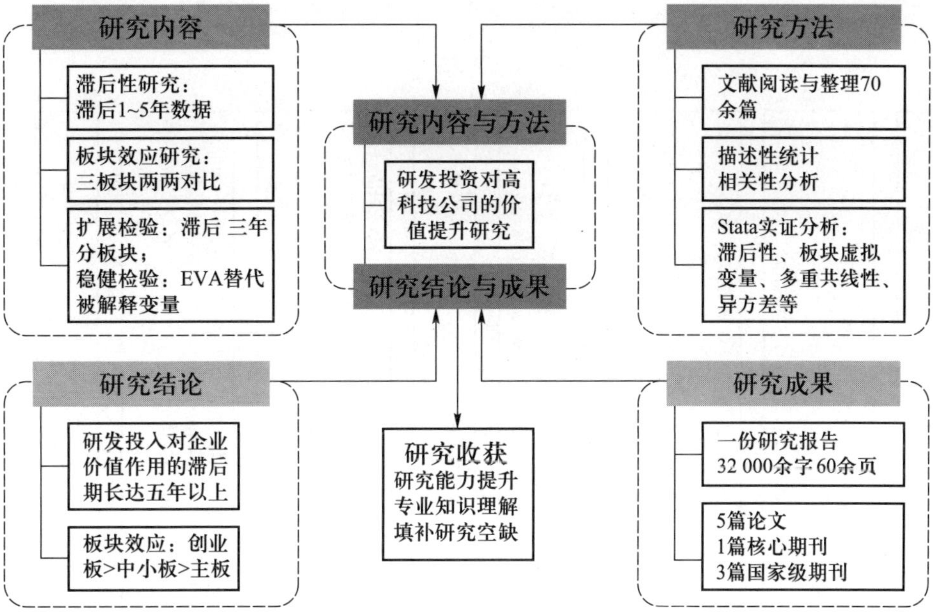

图 1　研究工作汇报图

一致，本课题总结前人研究，克服研究的缺点得出了结论；板块效应则是前人没有研究过的，以往的研究仅仅研究全样本或其中一个板块，没有同时对主板、中小板、创业板三个板块进行对比研究的；另外，该研究对企业合理分配研发资金具有重要的理论意义：滞后性及研发资金的滚动效应对于企业在不同年度合理分配研发资金有重要的意义，板块效应对于目前我国科技强国战略、研发投入企业占比较高的情况下合理分配不同板块的研发资金也有一定的价值。

3. 学生感言

通过“国创计划”，我们得到了有效的科研训练，科研能力大大提升。这不仅为我们大学毕业设计、科研竞赛打下了坚实的基础，更让我们形成了不断思考、敢于创新的习惯，让我们不管是在学习还是工作中都保持着良好的状态。

4. 教师感言

在整个项目指导过程中，看着学生从零科研基础到能够处理复杂的科研问题并撰写发表学术论文，对她们是一次巨大的锻炼和考验，多少次的头脑风暴，多少次的难题攻关，老师和学生们一起携手坚持，最终取得了丰硕的成果，我坚信“国创计划”的磨炼，为她们以后攀登科学高峰奠定了坚实的基础。

研究假设
(1) 假设1：我国高科技上市公司研发投入对企业价值的影响有滞后性。
(2) 假设2：创业板研发投入对企业价值的正向促进作用优于中小板，中小板研发投入对企业价值的正向促进作用优于主板。
变量选取
(1) 3个被解释变量：ROAratio、TobinQ、Stockprice
(2) 1个解释变量：Rdinc
(3) 3个板块虚拟变量：ifzbzxb、ifzxbzb、ifzbcyb、ifcybzb、ifzxbcyb、ifcybzxb
(4) 13个控制变量：Big3、incgrow、Progrow、assgrow、Intcovr、asdeb、Payturn、receturn、Assturn、opcash、Intanginc、intangass
数据处理
(1) 原始数据提取：以2007—2015年间A股高科技上市公司为研究对象，研究投入数据来自同花顺数据库，其余财务数据从CSMAR数据库查找。
(2) 数据预处理：① 剔除金融、保险类公司观测值 ② 剔除ST公司 ③ 剔除在样本区间内相关数据缺失的公司观测值。
最终得到能够合理代表我国高新技术企业研发投资现状的有效样本7712个。
(3) 描述性统计与相关性分析。
模型构建
(1) 模型1：$wROA_t=\beta_1+\beta_2 wrdinc_{(t-n)}+\beta_3 wbig3_t+\beta_4 wassgrow_t+\beta_5 wintcover_t+\beta_6 wpayturnover_t+\beta_7 wopcash_t+\beta_8 wintanginc_t$
(2) 模型2：$wTobinQ_t=\beta_1+\beta_2 wrdinc_{(t-n)}+\beta_3 wincgrow_t+\beta_4 wassgrow_t+\beta_5 wintcover_t+\beta_6 wrasdeb_t+\beta_7 wopcash_t+\beta_8 wintangass_t$
(3) 模型3：$Inwstockprice_t=\beta_1+\beta_2 wrdinc_{(t-n)}+\beta_3 wbig3_t+\beta_4 wincgrow_t+\beta_5 wassgrow_t+\beta_6 wassturn_t+\beta_7 wopcash_t+\beta_8 wintanginc_t+\beta_9 wrasdeb_t$
滞后性
研发投入的效果在较长时间——五年中逐渐发挥出来，呈现递增趋势，并且都通过了1%的显著性检验。
说明企业的研发费用投入对企业价值有长时间的滞后性，且有较高的持续性。
板块效应
(1) 模型4：$wROA=\beta_1+\beta_2 wrdinc+\beta_3 wbig3+\beta_4 wassgrow+\beta_5 wintcover+\beta_6 wpayturnover+\beta_7 wopcash+\beta_8 wintanginc+\beta_9 ifbk+\beta_{10} ifbkwrdinc$
(2) 模型5：$wtobinq=\beta_1+\beta_2 wrdinc+\beta_3 wincgrow+\beta_4 wassgrow+\beta_5 wintcover+\beta_6 wrasdeb+\beta_7 wopcash+\beta_8 wintangass+\beta_9 ifbk+\beta_{10} ifbkwrdinc$
(3) 模型6：$Inwstockprice=\beta_1+\beta_2 wrdinc+\beta_3 wbig3+\beta_4 wincgrow+\beta_5 wassgrow+\beta_6 wassturn+\beta_7 wopcash+\beta_8 wintanginc+\beta_9 wrasdeb+\beta_{10} ifbk+\beta_{11} ifbkwrdinc$
(4) 板块效应中，中小板>主板；创业板>主板；创业板>中小板。
补充检验
(1) 模型4：$wROA=\beta_1+\beta_2 wrdinc_3+\beta_3 wbig3+\beta_4 wassgrow+\beta_5 wintcover+\beta_6 wpayturnover+\beta_7 wopcash+\beta_8 wintanginc+\beta_9 ifbk+\beta_{10} ifbkwrdinc$
(2) 模型5：$wtobinq=\beta_1+\beta_2 wrdinc_3+\beta_3 wincgrow+\beta_4 wassgrow+\beta_5 wintcover+\beta_6 wrasdeb+\beta_7 wopcash+\beta_8 wintangass+\beta_9 ifbk+\beta_{10} ifbkwrdinc$
(3) 模型6：$Inwstockprice=\beta_1+\beta_2 wrdinc_3+\beta_3 wbig3+\beta_4 wincgrow+\beta_5 wassgrow+\beta_6 wassturn+\beta_7 wopcash+\beta_8 wintanginc+\beta_9 wrasdeb+\beta_{10} ifbk+\beta_{11} ifbkwrdinc$ （结果仍显著）
稳健性检验
方法：将EVA率作为替代变量(结果仍显著)
模型7：$wEVAratio_t=\beta_1+\beta_2 wrdinc+\beta_3 wintcover+\beta_4 receturnover+\beta_5 wassturnover+\beta_6 wopcash+\beta_7 wintangass+\beta_8 wintanginc$

图 2 实证研究设计图

自创商誉、并购商誉与公司绩效的相关性研究

项目名称： 自创商誉、并购商誉与公司绩效的相关性研究

项目所属一级学科： 经济学

项目成员： 李广威　吴思远　孔雪婷

指导教师： 李玉菊，副教授，会计理论

起止时间： 2016—2017 年

推荐学校： 北京交通大学

1. 项目简介

针对目前国际会计准则及各国会计准则规定只对并购商誉进行核算，而对企业价值贡献巨大的自创商誉被排斥在核算体系之外的供需矛盾，我们试图构建起商誉完整的计量体系，并解释商誉与公司绩效的相关性，为投资决策、商誉有关准则制定提供建议。

我们首先对商誉计量模型进行选择与评价，展开直接法（超额盈利法）与间接法（割差法）的权衡。之后我们将基于 BS 期权模型的割差法作为自创商誉计量模型，并进一步剔除市场因素对股价进行修正来改善模型。最后我们选择 2011—2015 年沪深两市 A 股上市公司进行大样本实证分析，展开自创商誉、并购商誉与公司绩效的相关性研究。研究思路与相关模型见图 1。

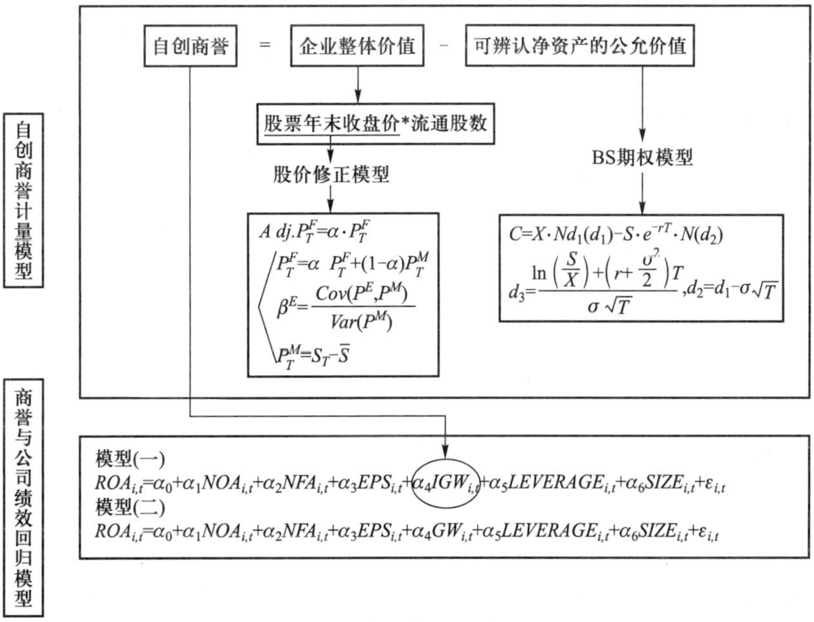

图 1　研究思路与相关模型

项目实证结果如表 1 所示，我们得出下述结论：

（1）两个模型的调整后 R2 分别为 74.30% 和 75.10%, 表明两种商誉的价值均很好地解释了公司业绩的变动情况。

（2）自创商誉确实能够对企业当期业绩起到促进作用。

（3）总资产报酬率 ROA 与并购商誉净额呈负相关的可能原因为：2011 年后，我国并购活动剧增，并购商誉的估值存在明显的虚高现象，给上市公司造成了较大财务压力；高估值导致的结果是，企业并购后并不能达到预期的协同效应，商誉的减值更为普遍，给当期的业绩造成负面影响。

表 1　商誉与公司业绩回归结果

变量	自创商誉：模型 1	并购商誉：模型 2
IGW	0.0008**	—
GW	—	−0.0083***
EPS	0.0919***	0.0931***
NFA	−0.0073***	−0.0073***
NOA	−0.0082***	−0.0084***
LEV	−0.0872***	−0.0880***
SIZE	−0.0011***	0.0014***
cons	0.0553***	0.0523***
N	3321	3321
F	1670.06	1600.45
PROB>F	0	0
$Adj.R^2$	74.30%	75.10%

t statistics in parentheses * $P < 0.1$, ** $P < 0.05$, *** $P < 0.01$

2. 创新点描述

（1）构建起自创商誉计量模型并对其合理性进行检验。我们通过基于 BS 期权模型的割差法，以企业市场价值作为企业整体价值，可辨认净资产的公允价值利用 BS 期权模型进行计算。

（2）剔除了以往研究中难以规避的股价市场因素影响。我们将股价的外在形式分解为企业资产自身因素的影响和受市场非理性因素的影响，在不同的市场下，分别剥离股价中的市场因素。

（3）大样本实证对比自创商誉、并购商誉与公司绩效的相关性。我们从 2011—2015 年 5 年全体沪深 A 股公司中筛选出 3321 个披露商誉的样本。对并购商誉与自创商誉的相关性进行了实证检验。

（4）对商誉相关会计准则的完善提出建议。我们试图发现自创商誉、并购商誉对企业绩效的贡献，研究成果将深化理论界对商誉纳入会计核算体系必要性和可能性的认识，为完善相关会计准则提供理论依据。

3. 学生感言

通过“国创计划”，我们学会了文献检索、大数据批量处理、VBA 编程语言，学会了如何表达思想和观点，学会了如何与老师更好地沟通和交流。更重要、更有意义的是，除知识以外，我们收获了在困难面前不抛弃不放弃、互相打气鼓励的战友和可爱可敬、严谨负责的老师。

“国创计划”让我们懂得了坚持的意义，也让我们成就了自己。

4. 教师感言

通过指导“国创计划”项目，我见证了学生们的创新潜能、对科学研究的热爱、坚忍不拔的意志品质、对困难的无所畏惧，我为他们感到自豪和骄傲。“国创计划”让我能够有机会带领他们在知识的海洋里遨游，去直面会计学的难题，去领略科学研究的快乐。

国有集团企业资本配置效率与投资效率研究

项目名称：国有集团企业资本配置效率与投资效率研究

项目所属一级学科：管理学

项目成员：刘英慧　李鹤　余姗

指导教师：马忠，教授，财务与会计理论与实务、财务会计与公司治理

起止时间：2016 年 3 月—2017 年 4 月

推荐学校：北京交通大学

1. 项目简介

（1）项目介绍

本项目以 2015 年 9 月中共中央、国务院下发的《关于深化国企改革的指导意见》中，国有集团企业资本优化配置和投资效率为主线，以管资本为主推进国有资产监管机构职能转变，强化监督防止国有资产流失，分国资运营平台与整体上市、资本配置和投资效率三大部分研究国有集团企业资本优化配置和投资效率这一核心问题。

在国资运营平台与整体上市部分，重点研究国有集团企业资本证券化和混合所有制改革；在资本配置部分，重点探索资本配置多元化及通过配置效率研究资本配置的优劣；在投资效率部分，针对国有企业创新、研发投入实证检验国有控股上市公司的投资效率与影响因素，关注影响企业投资效率的几大因素和高效投资所创造的价值。项目基于 Jeffrey Wurgler 提出的资本配置模型和 Richardson 模型，通过对国有企业集团整体上市进行案例研究，对国有企业集团内部资产配置效率进行实证研究及对国有企业集团投资效率研究的实证研究，总结得出有价值的结论。

（2）项目背景

党的十八大及十八届三中、四中全会针对深化国有企业改革，要求到 2020 年，在国有企业改革重要领域和关键环节取得决定性成果，国有企业公司制改革基本完成，国有资本配置效率显著提高，形成更加符合我国基本经济制度和社会主义市场经济发展要求的国有资产管理体制、现代企业制度、市场化经营机制。以管资本为主，推进国有资产监管机构职能转变、改革国有资本授权经营体制、推动国有资本合理流动优化配置和经营性国有资产集中统一监管。

这一改革思路凸显了国有企业集团企业资本配置方式的改变，并且突出了国有企业通过资本配置实现完善国有资产管理体制的改革宗旨。

（3）项目研究框架

本项目的核心问题是国有集团企业资本配置效率和投资效率，目前我国国有企业资本运行效率低下，国有资产流失严重，企业内部管理混乱、内部资本市场作用不明显。针对以上问题，我们通过对国有企业改革中的一个方向——国有资本整体上市，研究国有集团企业在这一过程中体现的模式和采取的路径，追踪国改过程中的资本配置和投资效率问题，找出企业投资效率和资本配置效率最大化的模型，为国企改革提供方向意见（见图 1 、图 2）。

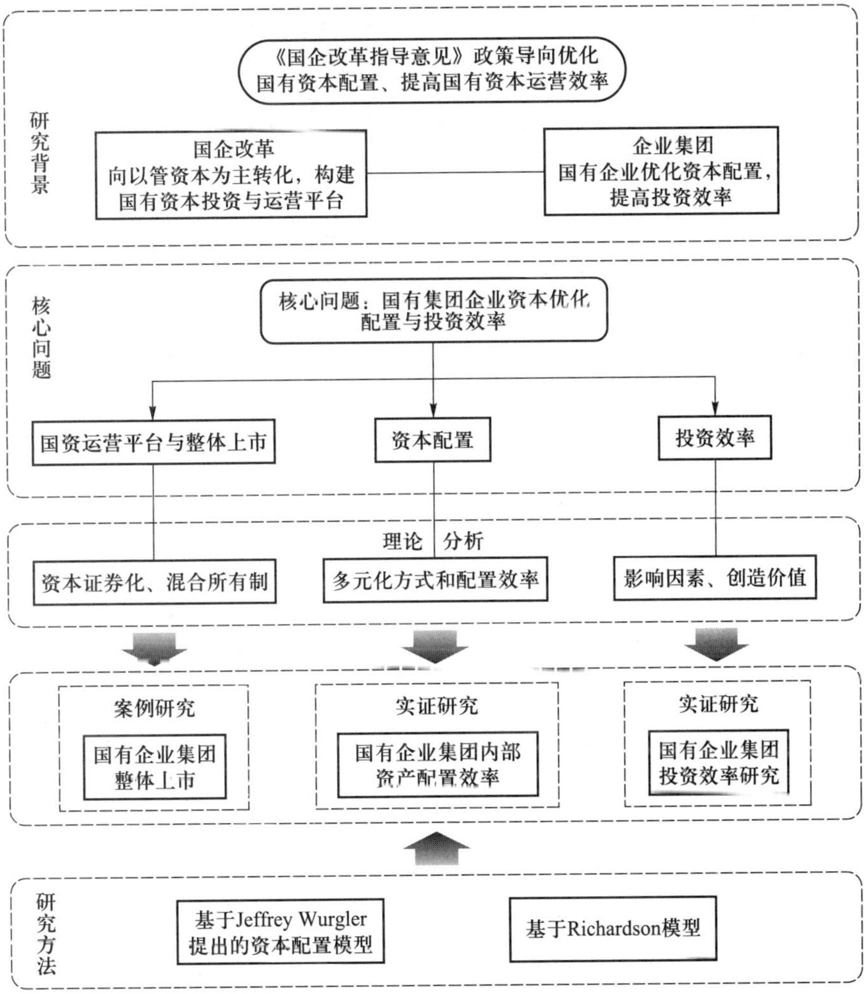

图 1　研究框架

（4）项目成果

完成并发表论文六篇，如表 1。

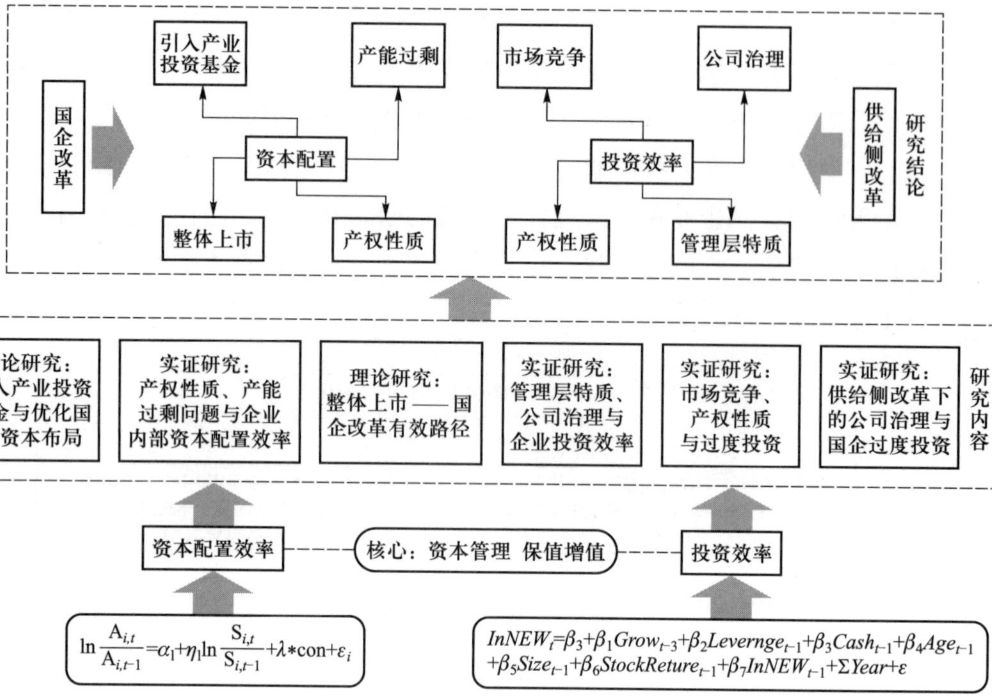

图 2　论文框架

表 1　发 表 论 文

论文题目	发表期刊	期刊级别
产权性质、产能过剩问题与企业内部资本配置效率	经济师	中文核心期刊（2000）、RCCSE 中国核心学术期刊
整体上市——国企改革有效路径	科学与财富	维普网、万方数据库、知网数据库收录
引入产业投资基金与优化国有资本布局	全国商情	维普网、万方数据库、知网数据库收录
供给侧改革下的公司治理与国企过度投资	现代国企研究	CSSCI 数据库全文收录期刊、中国核心期刊（遴选）数据库收录期刊
市场竞争、产权性质与过度投资	现代商业	经济类核心期刊、维普网、万方数据库、知网数据库收录
管理层特质、公司治理与企业投资效率	经营者	中国核心期刊（遴选）数据库收录期刊

2. 创新点描述

项目研究的创新性在于构建国企改组整体上市过程中资本配置和投资效率模型，通过案例和实证分析，利用 Jeffrey Wurgler 提出的资本配置模型和 Richardson 模型对企业集团资本配置效率和投资效率进行衡量，从资本配置和研发投入切入，扩展性提出国有控股上市公司投资效率影响因素，总结国有集团企业组建国有资本投资、运营平台与资本配置能力。

创新点一：案例分析针对国有集团企业组建国有资本投资与运营平台、整体上市对优化国有资本配置的影响。

国有企业改革是一个长久的过程，其中包含很多不确定性。国有资本配置的最优方案需要大量的案例分析来得出相应结论。本项目基于对国有企业上市的案例分析，研读以往研究结论并在此基础上提出新的想法，进而总结国有集团企业组建国有资本投资、运营平台与资本的配置能力。

创新点二：从产业配置角度实证检验国有控股上市公司资本配置效率。

产业配置是国有控股上市资本配置的重要组成部分，高效的产业配置能提高国有控股上市公司的资本配置效率，本项目以产业配置角度，基于 Jeffrey Wurgler 提出的资本配置模型，综合运用数据，以当前上市的国有企业的资本配置状况为研究视角，了解企业集团的资本配置效率现状及可能的改进方向，实证检验公司的资本配置效率。

创新点三：从资本配置角度揭示国有控股上市公司投资效率影响因素。

国有控股上市公司的投资效率一直是一个受关注的话题，想要真正提高投资回报率，还是要从源头入手，本项目首先从资本配置入手，通过模型分析，构建资本配置对投资效率的影响模型，再以此为切入点，案例和实证相结合，系统分析罗列投资效率影响因素，为管理层均衡资源提高效率提供意见。

本项目的研究可以分为三个阶段：文献学习和数据收集，首先通过对以往的研究报告和研究成果的学习，找出已有的对研究有利的成果和以往不足，为独立研究找出重点；模型带入和系统分析，然后通过收集的数据，利用 Jeffrey Wurgler 提出的资本配置模型和投资效率 Richardson 模型进行带入分析，绘制因素表找出资本配置和投资效率内在联系；结论成果展示，最后我们将通过论文形式，对研究成果进行披露，并通过投稿，将研究成果为更多人所用。

3. 学生感言

项目硕果累累，能力迅速提升，在老师的指导下，在自身的努力下，小组成员均获得了理想的结果。

（1）感谢国家提供平台

2007 年，教育部启动国家级大学生创新性实验计划，并于 2012 年在全国推广实施大学生创新创业训练计划。十年来，“国创计划”发展成为高校培养大学生创新创业能力的重要载体，在激发学生的创新思维和创新意识中发挥了重大作用。

我非常荣幸能够参与到国创计划当中，在这样的一个平台上，不但努力提升自身实力，完善研究设计，还力争上游，创新能力迅速提升。

（2）感谢老师的指导

能够得到马老师的指导，实为本科四年一大幸事。我们的指导老师，系主任马忠教授不仅在学术研究上高瞻远瞩、一丝不苟，生活中也是平易近人、提携后辈，将渊博的学识倾囊相授，每一次与老师的交流都醍醐灌顶，项目能得到认可，马老师的指导必不可少。

（3）自身能力极大提升

从最初 PPT 做得一塌糊涂、文献阅读吃力，到现在阅读大量文献，熟练应用 Office、Stata 等软件，小组成员的能力获得了极大的提升。“国创计划”项目激发了我的创新意识和思维，促使我多方面思考研究问题，从多个角度对研究目标进行解析。在今后的学习中，创新意识必然会成为一种由内而外的特质。

（4）团队协作能力提升

三人行，必有我师。来自不同专业的三个人在不断的磨合中，明确分工，围绕中心，紧跟进度。对项目进度规划周密细致，提高论文质量，协调推进。思想的碰撞更能产生创新，小组成员多次讨论，互相修正，团队工作高效，互相协作，共同摘得胜利果实。

4. 教师感言

项目历时将近一年，进展较为顺利，在项目方案设计和学生在项目实施过程中给予学生大力支持和指导，定期召开例会总结项目阶段进展情况，进行下一步工作安排，并及时对学生在项目实施中遇到的问题进行指导，把握项目总体方向。

总体上，小组成员有以下三点值得在今后的项目研究中继续发扬。

（1）信心十足，学习有热情

三位小组成员积极参与国家组织的大学生创新创业训练计划，主动找到老师，具有做学术研究的积极性和敏锐性。在长达一年的研究中，将阅读文献、借鉴文献、修正研究设计常态化、有序化，以极大的耐心、诚心、决心对待项目。

（2）思维活跃，研究有创新

在给定的题目下，三名小组成员积极思考，定期举行头脑风暴会议，组织阅读中外文献，扩展研究思路，着眼点新颖，方法支撑有理有据，展现出一名优秀研究者应有的素养。

（3）善于学习，方法到位

在学院和学校举行的六次答辩中，开题答辩结果不理想，仅被评为校级。总结教训，是答辩时短时间未向评委老师传达出必要有效的信息。三名同学专程找老师请教如何有效、迅速传达信息。我向其教授 Visio 作图技巧，同学们努力学习。在其后的两次答辩中，都用流程图的方式传达信息，得到了非常好的效果。

与此同时，项目进度平稳有序也是项目能够得到优秀成果的必要保障，在今后的课题研究中，进度把握也是应当得到绝对重视的一点。在本项目中，我感受到与学生的共同成长。

网购消费者的信息搜索模式研究

项目名称：网购消费者的信息搜索模式研究

项目所属一级学科：管理学

项目成员：韩晴　胡慧莹

指导教师：郑春东，副教授，市场营销

起止时间：2012—2013 年

推荐学校：天津大学

1. 项目简介

网络购物作为一个不断增长的零售渠道，因其方便、快捷、低搜索成本等优点得到消费者的广泛认可，逐渐成为普通消费者的一种主要的购物方式。

在传统购物和网络购物中，由于信息的来源、消费者信息的搜索、消费者的评价方式和方法等方面存在巨大的差异，这些区别最终也表现为消费者在这两种环境下行为与决策结果的差异，因此不同于传统的零售商店，网络购物平台及卖家的营销方式也面临着变革。相对于传统购物营销模式比较成熟完善的研究，对于网络购物消费者行为的研究还比较匮乏。信息搜索是购买前消费者行为的关键组成部分，但是目前对消费者信息搜索的研究主要集中在对网络搜索行为的理解上，对网络信息搜索和处理环节还没有作为一个过程被透彻地理解，因此也亟须深入地研究。

根据对国内外关于消费者信息搜索研究的总结，可以发现，绝大多数的研究都集中在信息搜索与处理过程中对于信息搜寻这一方面的研究，对于信息处理还没有大量、全面的研究。与外国信息搜索与处理的研究相比较，可以发现，目前国内对于这方面的研究，大部分是处在对国外文献的阐述、总结或者综述方面，比较缺乏独立的、具体的、新颖的研究内容。面对电子商务的日益发展，为了促进消费者的购买行为决策，对信息搜索与处理的研究就十分紧迫和必要了。为此，本项目以新颖的、独特的视角对消费者网购过程中信息搜索模式进行研究，具有较大的理论和现实意义。部分研究图表见本文二维码资源。

2. 创新点描述

一方面，研究内容的新颖性。本项目研究的内容主要是在网络购物这个特殊情境下的消费者信息搜索模式的研究，相较于以往的大多数集中在传统购物中对消费者信息搜索模式的研究而言，本研究内容具有一定的新颖性。另一方面，研究内容的应用性。首先，本项目的研究成果可以帮助完善消费者行为理论，同时也为网络

购物中新的营销问题的解决提供了理论支持。其次，在电子商务迅猛发展的形势下，目前我国规模以上电子商务平台已有很多，这些 B2B 和 B2C 平台普遍面临着网站设计与优化、信息供给等新的问题，本项目的研究成果对上述问题的解决提供了很好的理论支持，甚至是可以提供对策性的直接支持。此外，对网络环境下消费者信息搜索模式的研究，还可以帮助消费者在面对大量网络信息时，有效地辨别信息的有效性和有用性，提高消费者的购买质量。

3. 学生感言

通过“国创计划”项目训练，我们锻炼了在实际市场经营活动中研究解决问题的能力。这个项目帮助我们将市场营销与消费者行为等相关的专业知识与网络营销的新市场环境相结合，不仅为后续的学术研究积累了丰富的研究方法和研究思路，同时为我们今后在工作发现新问题，创造性地解决问题打下坚实的基础。

4. 教师感言

该项目选题新颖，既是当前市场营销与消费者行为领域的前沿性研究问题，也具有明确的现实需求和广阔的应用前景。项目组成员设计了系统的研究方案，通过实证研究得到有创新性的结论。研究既丰富了网络消费者行为理论，也颇具实践意义，同时提升了项目组成员的学术研究水平和创新能力。

智障人群服装结构的适性研究与调查

项目名称：智障人群服装结构的适性研究与调查

项目所属一级学科：纺织科学技术

项目成员：蒋叶晴　吴延哲　魏雅瞳　李挺

指导教师：王金变，教授，服装结构设计及加工技术

起止时间：2013 年 5 月—2014 年 6 月

推荐学校：天津科技大学

1. 项目简介

本项目是针对智障人群进行的服装创新设计与结构适性调查。创新成果基于正常人体的服装结构，有较强的推广应用价值。学生通过深入天津市塘沽区阳光家园、养老院等护理中心，多次对智障人群的活动特点和护理状况进行了实地考察、体验、调研、采访等。针对园内人群智障程度的不同，有针对性地开展了服装结构的创新设计与开发，特别是在服装的自穿脱、护理便利、易磨损等结构上设计开发了新产品——便于护理、简易穿脱、适应不同智障人群穿用的新型特征服装。学生亲自动手实践完成全部样衣的设计、裁剪与加工，并结合课堂服装理论对开发的创新产品从结构视角进行了合理性分析与探讨。

项目成果的主要内容：

完成调研报告：全组师生前往阳光家园等护理中心，完成了对相关单位的考察与智障人群生活状况及护理调研，撰写了相关的调研报告。

完成服装设计效果图：结合国内外残障人群服装市场现状和智障人群心理特点及护理人员的劳动作业状况，进行了资料的整理及分析，组员们本着减轻护理人员劳动作业强度和便于智障人群可自行操作或简易穿脱创新服装设计，绘制完成了大量草图，选出 20 款后进行针对性研讨，对服装结构适用性方面开展了较为细致的研究，最终确定了服装设计图稿。

完成实验报告和加工服装样衣：课题组学生从设计到生产全方位地自己动手，加工制作了十款智障人群较适应性的服装。其中两款上衣，两款裤装，围嘴若干，还有过膝便利裙、“枕套裤”、屁帘便裆裤、侧穿式便利上衣等，并让智障者进行了试穿使用。

实地调研和服装设计图见本文二维码资源。

2. 创新点描述

我国面向智障人群开发的服装少之又少，基本上是医院的病号服或常人穿的服装，本项目开发填补了智障人群服装的市场空白。对于其他相关研究也具有一定的参考价值。该创新设计研究提高了在校大学生对正常人体服装结构的进一步深入了解和把控，其中对久卧人群创新设计了便于护理穿脱的无背式服装结构和侧穿侧开式结构上衣；对于失聪人群创新设计了屁帘便裆裤、裆下交叠式“枕套裤”、方便用餐的立体式便利围嘴等；与此同时还大胆地使用了彩色面料，改变了以往为受助者、患者选择面料色彩单一的模式。这些都深受受助者和护理人员的喜爱，这也是以往在智障人群服装或护理服装中很少见到的，是本次服装突破性的设计，在实际试穿和使用中确实也得到了使用方的认可。尤其是对智障人群服装特定部位结构的创新设计具有较强实用性。

3. 学生感言

通过参与并实际完成本项目，我和其他项目成员在确立问题、分析问题、分解问题、解决问题、结论分析等多方面的能力都得到了提升，我们有了创新设计的实际体验，对我们大学生创新设计思维的培养训练具有较大的意义。

4. 教师感言

作为指导教师，看到学生们在与人交往、团结协作、专业水平、创新能力、动手能力等多方面的进步和成长，感到由衷的欣慰。本项目拓展了课堂教学的内容，使学生能够利用专业所学服务于社会，更好地展现了当代大学生“爱国、爱校、爱人”的大爱之心，这也正是他们最大的收获。

屋顶花园景观模块创新设计

项目名称： 屋顶花园景观模块创新设计

项目所属一级学科： 艺术学

项目成员： 张乐　张雨薇　刘存　陈龙　刘乃娟　南娇

指导教师： 王维，讲师，环境设计

刘静宇，讲师，环境设计

起止时间： 2013—2014 年

推荐学校： 天津工业大学

1. 项目简介

屋顶花园景观模块创新设计项目是将传统屋顶花园景观设计及施工模块化，运用雨水过滤收集、太阳能滴灌、太阳能照明的新能源技术，在现有城市建筑顶棚条件下应用的创新型设计，有效地增加了城市绿化率及改善城市空气污染现状；对城市热岛效应及 $PM_{2.5}$ 的颗粒污染有一定的缓解作用，同时对雨水及太阳能的利用有助于形成城市绿肺及海绵城市效应，利于城市的可持续发展。

项目研究目标为：

（1）使传统屋顶花园景观设计与施工形成模块化，形成设计产品，可在工厂生产，现场安装（如图 1，见本文二维码资源）。

（2）通过项目研究使屋顶花园景观模块更为适应现有城市建筑顶棚现状，减少对顶棚操作面的改造。

（3）进行屋顶花园景观模块局部实验，总结安装、维护和对所在地自然环境的适应情况，进而改进设计方案，使之利于大面积推广。

（4）对景观模块的经济性进行分析，完成成本、维护费用、安装费用和对空气环境改善的社会与经济效益的比较。

工作基础：

（1）环境设计专业对传统屋顶花园景观设计知识有比较全面的了解，同时也具备建筑构造相关知识，可以设计出更为合理的模块结构形式（如图 2，见本文二维码资源）。

（2）多利用已有成熟技术，如雨水过滤、太阳能等，使得项目利用推广。

（3）与校内优势专业相结合，如膜过滤技术、LED 技术等，形成专业合力。

在学校内有可以进行项目实践的场地环境，利于项目小范围实验（如图 3，见本

文二维码资源）。通过一段时间的验证，可以有效地实现自我循环，面对低温情况，需配合植物种类对低温的适应性。

2. 创新点描述

（1）将传统的屋顶花园景观设计与施工模块化处理，利于安装与搬运，对原建筑屋顶现状可以充分利用。

（2）针对现有城市建筑情况及气候情况开发屋顶景观模块，利于大面积安装应用，增加城市绿化率，改善城市空气污染的现状。

（3）景观模块采用工厂化生产方式，现场安装方式简单。与原始屋顶花园景观施工方式比更为节约人力物力。

（4）景观模块具有雨水收集过滤系统、太阳能滴灌系统、太阳能照明系统。屋顶花园景观模块具有一定的自动维护功能，大大减少了后期维护费用投入。

3. 学生感言

“屋顶花园景观模块创新设计”项目让我锻炼了自主创新实践的能力，促使我将创新创业思维切实融入自己的学习及工作之中。在完成项目的过程中，我们团队成员之间紧密合作，不计个人付出，积累了宝贵的团队合作经验。

4. 教师感言

通过对“屋顶花园景观模块创新设计”项目的指导，我更深刻地理解了国家“大众创业、万众创新”的政策内涵及意义；积累了大量启发、引导学生用创新思路完成项目的实际经验；同时使我能够将创新思路更好地融入教学过程中，用创新的思维模式去构思教学环节及专业建设发展。

农村金融与基层创业发展研究

——以河北省为例

项目名称： 农村金融与基层创业发展研究——以河北省为例

项目所属一级学科： 管理学

项目成员： 刘慧慧　赵泽菁　王雅　陈曦　于奇慧　邱洋

指导教师： 段洪波，副教授，财务管理与创业管理

起止时间： 2016—2017 年

推荐学校： 河北大学

1. 项目简介

现阶段深化我国农村金融服务改革是提高建设中国特色社会主义新农村的基本要求。同时，我国实行创新驱动发展战略，党和国家提出“大众创业，万众创新”的口号。基层创业的需求日益增加，农民对金融服务也有了新的认识，对金融产品的要求也更加广泛，有利于农村金融的进一步发展；同时农村金融的发展也对基层创业有促进作用。在这样的背景下，国家又出台“精准扶贫”的政策。因此，研究农村金融和基层创业发展的现状，发现问题，提出建议，不仅可以充分发挥两者的双向促进作用，带来一定的社会效益和经济效益。同时，对于探索一条精准扶贫的道路具有启示意义。

本研究小组主要以河北省为例进行调研，主要选择河北省北高庄村、曲寨村、芦新村、槐底村、陌南村等地进行深入研究。主要采用调查问卷和实地访谈两种方法搜集河北农村金融机构和政府部门对创业项目的相关统计数据及乡镇企业财务报表数据，并进行分类统计处理。了解河北省基层创业和农村金融发展的现状，并结合相关理论进行分析，发现存在的问题，并针对问题提出合理化建议。促进农村金融和基层创业发展进而会带来一系列的社会效益、经济效益。同时，将间接反映河北省农村扶贫计划的现有成果及前进步伐，对于河北省落实精准扶贫政策，探索扶贫道路具有指导及助推作用。

2. 创新点描述

（1）前沿性与探索性　将农村金融、基层创业和精准扶贫三个热点话题相结合体现前沿性。通过研究现状，发现问题，提出建议，同时对探索精准扶贫道路有启示作用，体现了探索性。

（2）实用性与指导性 通过调研农村金融和基层创业的现状，发现问题并给出相应实用性对策指导经济实践，促进农村金融和基层创业发展，进而会带来一系列的社会效益、经济效益。同时，将间接反映河北省农村扶贫计划的现有成果及前进步伐，对于河北省落实精准扶贫政策，探索扶贫道路具有指导及助推作用。

3. 学生感言

回想一年来团队参加项目的经历，从开始对项目内容的理解认识到项目计划的讨论和确定，从对项目的整体把握到研究重点的确定，并制订详细的调研方案和调研计划，对调研数据进行整理总结，整个研究过程中我们不仅学到了许多专业和课外知识，更重要的是锻炼了自己的思维能力、团队协作能力、实践能力。而且也学到了坚持不懈、善于思考、积极总结的精神。

4. 教师感言

在项目实施过程中，小组成员能够充分应用查找资料、实地采访、实地观察、调查问卷等多种研究方法进行研究，并取得了一定成果。虽然在一些方面仍有所欠缺，但是在项目进行过程中整个小组表现出了很强的自主性、探索性、实践性和协作性和创新性，充分发挥了主观能动性，运用所学的知识，使自己得到锻炼和提高。

传统年画的动画创作与创新应用研究

项目名称：传统年画的动画创作与创新应用研究

项目所属一级学科：艺术学

项目成员：涂圆圆　卫旖柔　侯婧怡

指导教师：杨建军，讲师，三维动画应用

起止时间：2017—2018 年

推荐学校：辽宁师范大学

1. 项目简介

年画自古以来就在中国民间广为流传，年画的构图形式、造型特点、色彩搭配等曾对中国动画产生了深远的影响。20 世纪中叶，中国动画融合年画的艺术特色，创造出“中国学派”的动画风格曾风靡一时。

（1）基于中国动画的现状和传统年画传承发展的迫切需求　本项目以“继承”和“创新”两个关键词为指导方针，致力于创作出符合当代社会主义价值观的、具有民族文化元素的动画。随着时代的洪流不断涌动，许多极具艺术价值的民间艺术逐渐消逝，年画也一样难逃厄运。传统年画的传承正迫在眉睫，中国动画的发展亦不容乐观，当下中国动画与传统年画的结合已是大势所趋。

（2）传统年画与中国动画的融合　年画蕴含着丰富的中国特色，更在世界文化遗产中独树一帜。年画的色彩具有极强的装饰风格，饱含着意念的内蕴，将这种色彩运用到动画角色的造型中，能够更加准确地定位动画的风格和体系，使动画造型更加生动多姿，从而带动整部影片的情调。由此可见年画与动画相结合不仅能使中国传统文化重获新生，更能使中国动画具备自己独特的特点。

（3）传统年画在中国动画中的创新应用研究策略　将传统年画中对称的结构、夸张的造型及丰富的色彩等重要的具有中华民族性特征的符号在动画创作中与现代科学技术进行碰撞和创造。例如，角色造型上，本项目设计男孩（金童）的穿着是中国传统的肚兜，造型整体润憨态可掬；女孩（玉女）的红袄上添加了黄色的中国传统印花图案（设计图见本文二维码资源）。像这样将这种传统的民族符号运用到中国动画的创作之中，使传统文化焕发往日光彩，从而达到在为中国动画添加民族特色的同时实现民族文化的传承与再创造。

2. 创新点描述

（1）研究观点的创新　本项目注重中国动画的发展与民族文化的传承，两方面同时进行，认为民族文化是中国动画必不可少的精髓，将中国年画这种具备强烈民族色彩的画作与中国动画进行融合，巧妙地在动画创作中完成中国文化的传播，构建独特的本土文化传播形式。在开拓传统民间文化传播道路的同时，为中国国产动画注入民族文化的内涵。

（2）研究内容的创新　本项目大胆地将传统年画的元素与符号运用到动画创作之中，为动画角色附着上符号化的民族图案，增强动画角色的艺术表现力。在构图中借用年画饱满对称的构图，平衡画面整体的关系。在色彩搭配上大胆借鉴年画的主观装饰色，借助色彩的变化带动观众的情绪。将年画的特点运用到动画的创作中的研究内容具有创新性。

3. 学生感言

将民族文化植根于大学生的创作中，以创新性思维和实际实践进行动画创作研究，带动大学生创新文化的发展，将传统文化灵活运用在动画创作中，以此为中国动画的发展提供创新性策略与开拓性道路。相信在所有成员努力下，能借助动画的传播价值将传统年画推向更广阔的平台，让其重新焕发往日光彩。

4. 教师感言

基于传统文化传播的角度将中国动画与传统年画进行结合与研究，具有重要的现实意义和理论价值。将中国动画的发展与民族文化相结合，具有重要研究性意义。项目能够与教学紧密结合，具有较强的可操作性与创新性。项目把传统文化与中国动画相结合，发展中国动画的同时又能将传统文化发扬光大，具有较强的成效性和研究价值。

加速人口老龄化背景下我国养老机构品牌建设研究

——以大连地区调查为例

项目名称： 加速人口老龄化背景下我国养老机构品牌建设研究
——以大连地区调查为例

项目所属一级学科： 管理学

项目成员： 房芬　郑婷婷　马淑瑶　郭婧　杨孝笑

指导教师： 班晓娜，副教授，养老保障

起止时间： 2015—2016 年

推荐学校： 辽宁师范大学

1. 项目简介

本项目旨在从城市老年人养老服务需求与养老机构服务供给角度，以养老服务评估为出发点，进行大连市实际调研，结合考察国外在发展机构养老品牌解决城市老年人养老的经验，提出发展养老机构服务业解决城市老年人养老问题的可行性建议。

该项目以大连市地区为例，采用随机抽样的问卷调查方式，对老龄人口的养老需求进行了调查。项目研究发现，在需求方面，老年人对养老机构的了解程度和信任程度低；养老机构供给方面，不仅在数量和质量上未能满足老年群体的需求，而且在老年人群中的口碑较差，养老机构品牌建设意识薄弱。需求和供给双方出现的问题信息不对称问题，进一步反映出养老机构的品牌化建设及养老机构分类信息网站的构建已经成为促进养老机构发展的必然趋势，加之养老产业“触网”也是政府工作报告中“互联网 +”发展的题中之意。

为此，该项目针对目前我国养老机构网站发展的现实情况和出现的具体问题，并结合本项目在大连市所做的问卷调查进行研究分析和访谈的结果，为更好地满足老年人获取全面专业的养老机构信息的需求，为养老机构发展品牌建设，推动养老机构在电子商务领域开拓新的发展模式，项目成员共同努力，设计养老机构信息分类网站，致力于为大连市老年人更有效便捷地获取养老机构的各类信息，以促进老年人加入养老机构养老的网络平台。该项目形成了“心有所院”养老机构分类信息网的设计。

2. 创新点描述

在社会的发展和时代的进步下，当居家养老不再成为主流，机构养老的需求也

会越来越大。在养老需求的基础上，借助第三方信息发布平台，着力打造大连市市区养老机构品牌的发展，将成为养老服务产业发展新的增长点。转变机构养老的发展需要转变传统养老机构的运营方式、管理模式，在提高自身服务质量的同时，顺应互联网和电子商务发展的潮流，养老模式的电商化将会是机构养老发展的新方向。

3. 学生感言

国家大学生创新创业训练计划是一个神奇的平台、一个和我们共同成长的科创平台。与“国创计划”结缘还是在我大二的时候，以小组成员的身份参加 2011 级学长的创新项目，幸运的是 2015 年我作为负责人的项目立项。从申报、立项、项目开展到项目延伸（参赛），这一路走来我们始于“国创”，学于“国创”，也成长于“国创”。很庆幸大学阶段有这么一次难忘的经历。感谢辛勤指导我们的班晓娜老师！感谢我们的团队小伙伴！我们一起思考参赛作品、想创意，一起熬夜写数万字的报告，一起构建我们的网站。这段经历让我们对自己、对学术、对创新、对科研劳动有了更为深刻的理解与认知。

4. 教师感言

从 2013 年开始，我连续五年指导本科生“国创计划”项目。在指导本科生学术训练过程中，我形成了本科生科研能力与创新实践能力培养模式体系。从科研能力到创新实践能力再到就业考研的延伸，“国创计划”项目给我和我的学生们搭建了一个学术平台和实践平台。可以说，我与学生们一起在这个平台上成长，我们会一直走下去，为国家培养更多有创新能力、有开拓精神的栋梁之材！

基于互联网金融理财产品的大数据分析对个人理财投资倾向的研究

——以陆金所平台为例

项目名称： 基于互联网金融理财产品的大数据分析对个人理财投资倾向的研究——以陆金所平台为例

所属一级学科名称： 统计学

项目成员： 张彤　陈磊　赵金亮　谷帅　玄东方

指导教师： 姜元政，高级实验师，高等代数、数学初等教育
雷鸣，副教授，高等数学、线性代数、概率论与数理统计学

起止时间： 2016—2017 年

推荐学校： 北华大学

1. 项目简介

本项目旨在利用大数据分析互联网金融理财产品（以某平台的活期、定期、P2P理财产品为例）对个人理财投资倾向的影响及变化趋势，挖掘最前沿理财观念，推动个人理财市场的发展规模进一步扩大。同时建立互联网理财产品投资数学模型，指导个人理财投资者正确认识理财和正确理财，最大限度地规避理财风险，做出科学的投资计划，实现收益最大化。

通过对调查问卷整理后的数据、某某农商行和某某所平台的理财客户数据，我们利用统计学方法如列连表分析、描述性统计分析、相关分析（表 1）和多元回归分析等，研究个人理财投资行为对个人理财投资组合的影响。

表 1　相 关 分 析

相关性								
Pearson 相关性 投资行为	行为态度（投资意愿）	感知有用性	兼容性	主观规范	隐私风险	财务风险	感知促成条件	感知易用性
1.00	0.89	0.85	0.69	0.84	–0.32	–0.28	0.72	0.76

比如通过相关分析得出：行为态度对其投资组合具有显著性影响，且显著性较强。感知易用性、主观规范、感知促成条件、感知有用性、兼容性与个人理财投资意愿呈正相关关系，是直接影响个人理财投资者投资行为的主要因素。隐私风险和财务风险对个人理财投资者投资行为具有显著的负相关关系。

从之前的分析中我们总结规律，假设给定个人初始的投资资金 D，我们可以用随机微分方程

$$dy=[\gamma y+x(\mu-\gamma)+H-c]dt+D'\cdot\sigma dB,\ y_0=D$$

即个人资金变化过程，其中风险资产价格的动态过程为

$$\frac{dP_{it}}{P_{it}}=\mu_i(s,t)\,dt+\sigma_i(s,t)\,dB,\ i=1,2,3,\cdots,n$$

此时，个人投资组合决策可以表示为

$$\int_0^T|[x(t)]_2|\,dt<\infty$$

其中 x 为个休投资者投资在风险产品的金额数量，$(x_0, x_n)'\epsilon=\Pi$。由此可以得出投资者使用资金

$$M=\{(c_t, x_t)|(c_t, x_t)\in M, y(t)>0\}$$

其中 $y(t)$ 为初始财富，达到资产配置最佳组合：

$$\sup_{(c_t,x_t)\in M} E_0\left[\int_0^T U_1(c,x)ds+U_2(y_T)\right]$$

$$dy=[\gamma y+x(\mu-\gamma)+H-c]dt+x'\cdot\sigma dB,\ y(t)>0$$

上述推导中字母含义见表 2。

表2 字母含义

字母	含义	字母	含义
D	初始资金	s	经济中的 m 个过程变量
y	资金变化量	x	个体的非负率
U_1	本期其中投资效用函数	π	N+1 个金融资产的金额向量
U_2	本期期末投资效用函数	H	个人收入
M	投资策略集	P	风险资产价格
δ	随机过程波动率	T	投资期限
B	布朗运动		

2. 创新点描述

（1）利用爬虫技术定向抓取针对投资者投资活动数据。

（2）利用互联网理财投资产品大数据分析，建立数学模型。

（3）分析个人理财投资行为对个人理财投资组合影响的研究。

创新点：创立了互联网金融个人理财产品投资数学模型，解决了个人资产配置最佳组合问题。

3. 学生感言

能够参加大学生创新项目我们非常开心，我们突破了已有的知识，敢于尝试新的东西，我们在创新的过程中成长。在这种团队合作中，我们真正认识到团队合作

的重要性，也明白团队力量是无穷大的。在这个过程中我们收获了知识和友谊，对当代的大学生的成长起到非常深远的理想及启迪。

4. 教师感言

看到项目组学生们热情洋溢，劲头十足，积极讨论遇到的问题，我很欣慰。最令人感动的是，学生们不怕苦，走进相应的机构进行深入考查，即使多次被拒，也不气馁，功夫不负有心人，还是取得了大量的现实数据。通过查阅资料，咨询老师、专家，攻克一个个难关，突破自己的知识界限，最终很好地完成了此项目。

基于经济数学模型对均衡状态下房屋价格及其影响因素的研究

项目名称：基于经济数学模型对均衡状态下房屋价格及其影响因素的研究

所属一级学科名称：统计学

项目成员：吴昌耀　吴旭　韩王雪婷

指导教师：刘钰靖，讲师，概率统计

起止时间：2016—2018 年

推荐学校：北华大学

1. 项目简介

21 世纪是我国城市化和房地产业快速发展的新的历史时期。当前，房地产业已经成为拉动国民经济增长的支柱产业，“十一五”期间，全国竣工面积接近 13 亿平方米，建筑保有量和新建规模居于世界前列。至 2006 年年底，城镇居民人均住房建筑面积超过 27 平方米，比 2000 年提高了 7 平方米，已经达到了世界中高收入人群的居住水平。但与此同时，我国房地产业在快速发展中出现了房价飞速上涨、住房超前消费、非理性消费、投资性住房需求旺盛、城市居民购房压力加大、环境污染、生态环境破坏严重等诸多问题。这些问题关系到房地产市场的可持续发展，也关系到社会的和谐与稳定，关系到城市居民住房消费可持续发展。

房价受各种因素的影响而发生变动，要掌握房价的运动规律，必须弄清影响房价的因素。根据各种影响房价因素自身的性质，可以将其分为经济因素、社会因素、行政政治因素、房地产的内在因素和环境因素。我们通过问卷的形式采集了吉林市和长春市关于这五大影响因素的数据（见本文二维码资源），再通过知网、中国统计年鉴等网络平台搜集补充我们所需要数据。利用数据，我们建立了房价关于五大类影响因素的数学模型，并对其进行有效性检验。

经济模型主要用来研究经济现象间互相依存的数量关系，其目的是为了反映经济现象的内部联系及其运动过程，帮助人们进行经济分析和经济预测，解决现实的经济问题。

数学模型是近些年发展起来的新学科，是数学理论与实际问题相结合的一门科学。它将现实问题归结为相应的数学问题，并在此基础上利用数学的概念、方法和理论进行深入的分析和研究，从而从定性或定量的角度来刻画实际问题，并为解决现实问题提供精确的数据或可靠的指导。

本项目旨在构造经济模型与数学模型对房屋均衡价格及其影响因素进行研究，可以提供一个确切的数学模型计算合适的房屋价格。

2. 创新点描述

（1）从房价的五大类影响因素中筛选出了影响程度大的影响因子并对其进行数据化处理。

（2）利用多元回归分析法建立数学模型，并通过相关系数检验和方差分析确定模型。

（3）通过问卷的形式收集到更客观、全面的数据，使建立的模型更加有效，更具有现实意义。同时收集到了具有实际意义的房屋供给量和需求量。

（4）在问卷中，我们设置了多方面的问题，并将长春市与吉林市两个地区的问卷数据进行对比，可以更加清晰地观察在不同地区建立的“房价—影响因素”模型之间的异同点。在同一个地区内，通过问卷收集到更加具体的小区位置，可以对模型再进行更细致的研究和优化。

（5）本项目结合采用了均衡分析法、逐步回归分析法、方差分析法、相关系数检验法，得到的模型不仅拥有很好的理论支撑，也能更准确解释各类因素对房价的影响。

（6）筛选出了对房价影响程度较高、具有实际意义并便于评估分级的影响因子。

（7）建立了一套影响因子的数据化评估方案。

3. 学生感言

这个创新项目研究给了我很大的帮助，使我学会了做事情要持之以恒，坚持不懈，一刻也不能放松，同时也要积极加强团队的合作，只有这样我们才会取得最后的成功。在创作的过程中我们进行了大量的调查，这考验了我们的毅力，增强了我们的团队合作能力，也让我们明白坚持才是成功的关键。

4. 教师感言

大学生创新训练是教学活动的进一步深入，不但有助于学生更加了解课本内容，而且在参与项目的过程中更会学习到很多书本上没有的内容，更有利于全面提高学生的专业素养和多方面的能力。就本课题来讲，学生需要做项目申报前期调研、项目实施过程中问卷调查及模型建设，最终给出评估方案，进行项目验收。通过训练，学生的创新能力和实践能力得到了提高。

基于海量网络数据的教育公平舆情分析技术研究

项目名称：基于海量网络数据的教育公平舆情分析技术研究

项目所属一级学科：计算机科学技术

项目成员：樊艳　汪诚愚

指导教师：何晓丰，教授，数据挖掘与机器学习

起止时间：2015—2016 年

推荐学校：华东师范大学

1. 项目简介

教育公平是社会公平在教育领域的延展和体现，它是我国最基本的教育政策，也是最大的社会公平。了解社会各方对教育公平相关现状和政策的认识和看法，对于教育决策者和教育工作者进行科学决策和科学管理，具有十分重要的作用。本项目从教育公平大数据的主题出发，搜集和教育公平相关的网络大数据，利用数据挖掘和信息检索的算法，分析我国当前教育公平的现状。

本项目的实施分为三个模块：网络文本数据采集、文本数据处理和分析（实现针对高维数据的文档去重算法、提出基于海量文档的聚类算法等）、搭建教育舆情可视化系统。为了自动采集教育公平大数据，本项目组首先利用增量分布式爬虫从各大门户网站抓取海量教育主题的新闻文档，并利用分布式计算技术，设计基于 MapReduce 计算框架的局部敏感哈希算法，过滤相似度较高的文档。本项目提出了一种综合考虑主题和时间相似性的新闻文档聚类算法，从剩余文档中准确识别处于不同发展阶段的教育公平相关的热点舆情事件和话题。最后，项目组搭建了教育舆情事件的可视化平台，利用词云和知识图谱的表现形式直观地展示了热点事件所涉及的实体及其关联关系，并以时间轴的方式重现事件的发展过程。

除了一整套海量网络数据的获取与处理系统，以及开发的可视化平台，本项目的研究成果也被一并写入了《2014 年中国教育网络舆情分析报告》，目前已由华东师范大学出版社出版。项目组提出的基于海量文档的聚类与事件检测算法也被整理为论文“Event Phase Extraction and Summarization”，发表于 2016 年举办的 Web 信息系统工程国际会议（WISE 2016）上。相关研究成果展示见本文二维码资源。

2. 创新点描述

本项目的创新点可总结为应用领域和技术两个方面。

应用领域的创新在于紧跟社会关注焦点，将数据科学的技术应用于教育舆情分

析，促进交叉学科的研究，探索大数据时代下的应用空间。同时做到产学结合，积极将项目研究成果转化为出版物和学术论文，一方面为政府决策人员和教育工作者提供舆论参考，另一方面与同行科研人员一起探讨数据科学如何更好地服务传统学科。

技术的创新点主要在于，考虑到数据驱动的应用所带来的数据量规模庞大但质量低、数据产生速度快、数据源丰富等问题，项目组从海量数据的获取和存储、异质数据源的融合、低质数据的分析与挖掘等角度考虑，结合中文语言的灵活性改进传统自然语言处理技术，针对新闻数据的时效性和话题性创新聚类算法。

3. 学生感言

完成一个交叉学科的项目并不容易，我们除了攻克数据处理的技术难题，还需要与可视化组、教育系的老师和同学沟通。特别感谢何晓丰老师、王长波老师和朱益明老师的指导和建议，感谢所有参与项目的同学给予的帮助与支持。

4. 教师感言

感谢学校为学生们提供了一次自主创新、深入研究课题的机会。该项目创新价值高，项目组成员时间进度安排得当，顺利达到了预期目标。在项目实施的过程中，学生们不仅增强了自主思考的能力，丰富了解决问题的经验，还同时提高了科研能力。

Match——为你匹配最合适的合作伙伴和实习岗位

项目名称： Match——为你匹配最合适的合作伙伴和实习岗位

项目所属一级学科： 计算机科学技术

项目成员： 胡铭　杨东春　何琦雯　杨蓉　唐家蕙

指导教师： 杜育根，副教授，管理信息系统、电子商务、软件可靠性、软件可信、SOA、模型驱动

起止时间： 2016 年 4 月—2017 年 3 月

推荐学校： 华东师范大学

1. 项目简介

本项目主要对成绩模块、项目模块及论文模块进行了研究，并根据不同的模块进行了不同的算法设计，相比于传统的评价方式产生了一定的突破。

（1）实习模块

① 浏览、发布项目信息　授权用户可以在实习板块发布官方实习消息，未授权用户可以在发布非官方实习消息，经由授权用户认证为官方实习消息，通过页面上方的搜索框可以搜索职位名，搜索栏下方设置了放企业招聘广告的位置，界面如图 1（见本文二维码资源）。

② 查看职位具体信息，投递、收藏职位功能　职位信息包括地区、实习天数、实习补贴、职位描述、截止日期和公司地址，如果感兴趣可点击“我要投递”按钮，会弹出学生和这个职位的匹配程度，点击后，学生的简历就会自动投递到人力专员的客户端，也可以点击“收藏职位”，在“我”里查看收藏的职位。另外，点击公司名可以查看公司的详细信息，包括正在招聘的职位。

③ 简历打分功能　学生可以在“我”里完善自己的简历，后台可以根据学生的项目经历、获奖经历等进行排名（rank 函数），为学生的各个方面的能力值打分，后台数据库存储了国家论文的分类标准，当学生填写已发表的论文时后台会给学生加分。

④ 学生与职位的匹配程度　根据数学模型，可计算职位要求与课程的相关程度，再从数据库获取学生在该课程上的分数，再根据学生的项目经历、获奖经历等进行排名（rank 函数），最后得出学生与该职位的匹配程度，数学模型参考公式 1；当用户投递某一职位时，会提示用户与这个职位的匹配程度。

$$\frac{\Sigma \mathrm{GPA} * \mathrm{rank} * (1-a\Delta t^{b})}{\Sigma \mathrm{GPA} * 4.0 * (1-a\Delta t^{b})} \qquad \text{（公式 1）}$$

⑤ 用户权限　用户权限分为一般用户和授权用户，一般用户只能浏览招聘信息，而授权用户可以管理招聘信息，每个用户登录时间可以持续 3 天，否则要重新登录。

（2）项目模块

① 浏览、发布项目信息　学生可以在校园项目板块里发布招人信息，项目分为科研项目、商业项目和个人项目，用户可以通过筛选来查看项目消息，页面上的项目信息包括发布人、发布时间、标题、简介、项目分类，参考图 2（见本文二维码资源）。

② 项目详细信息、参加项目　学生可以在校园项目模块发布招人信息，也可以点击查看招人要求，觉得合适的话点击“我想加入”按钮就会弹出项目负责人的手机号和邮箱，学生需要主动联系项目负责人以加入项目。

2. 创新点描述

（1）招聘信息来源安全。招聘者和应聘方必须通过认证。学生通过与数据库信息绑定进行验证，对私密信息（如密码）进行加密。

（2）能强调每个学生的优势，通过算法可以得到学生的强项，并推荐给企业；

（3）企业人力专员可以自己评定每个职位所需能力的比重，例如，在招聘产品经理时，人力专员可以将对英语和需求分析的要求调高，算法会通过学生的成绩给出合适的结果。

（4）提供简历打分功能，用户在填写课程成绩、项目经验和发表过的文章时，数据库会获取数据加权给简历打分，让每份简历对不同的岗位分数都不同。

（5）邀请学长学姐、企业相关人员分享经验，免去线下场地、人员召集问题。提供问答区。同时让想争取内推的学生找到途径。

（6）用户注册选择擅长标签，用户名前挂着标签，一目了然，更有针对性。

（7）学校学院有许多科创项目、课程题目，可根据标签寻找队友。

（8）可以交给辅导员或者相关人员管理权限。

3. 学生感言

做项目是一个成长的过程，会遇到挫折，也会收获成功的果实。通过这个项目，我们从头到尾体验了 APP 开发的过程，包括需求分析、原型设计、前台后台开发、数据集成、测试等，将课堂上的理论知识运用在实践中，通过实践更具象地掌握无形的知识。同时，我们学会了沟通的技巧，明白了团队合作的重要性。感谢这次经历，让我们收获了知识、能力和友谊，相信这段经历会让我们终身受益。

4. 教师感言

“Match——为你匹配最合适的合作伙伴和实习岗位”项目研发了一款为大学生寻找需要的合作者，以及学生与实习岗位进行匹配的软件，有计算机网站和移动客户端两方面应用。实习模块包括① 实习信息管理，② 职位描述，③ 学生能力评分，④ 职位匹配等。项目模块功能主要是① 学生项目信息管理，② 项目寻人和加入项目等。系统模块主要是用户和权限等系统基础信息的管理。

主要创新点是给出学生能力评价和学生能力与职位自动匹配的方法，有一定的应用价值。

情绪与反刻板印象材料对大学生内隐家庭性别角色刻板印象的交互影响

项目名称： 情绪与反刻板印象材料对大学生内隐家庭性别角色刻板印象的交互影响

项目所属一级学科： 心理学

项目成员： 李奕秋　辛明轩　魏博　高叶淼

指导教师： 王艳梅，副教授，情绪方向

起止时间： 2016—2017 年

推荐学校： 华东师范大学

1. 项目简介

家庭性别角色刻板印象隶属于性别刻板印象，侧重关注家庭中不同性别角色的任务分工。社会上普遍存在的内隐家庭性别角色刻板印象会对大学生自身的认知造成消极影响，阻碍其未来发展。因此本研究旨在探究能够降低内隐家庭性别角色刻板印象的办法，基于反刻板印象材料的有效性及情绪的 AAI 模型提出假设：正负性情绪与反刻板印象材料能够交互影响大学生的内隐家庭性别角色刻板印象，情绪对反刻板印象材料起作用的路径起到调节作用。实验采用 2（被试内变量材料：反刻板印象材料 / 控制材料）×2（被试间变量情绪：积极 / 消极）的混合实验设计，进行内隐联想测验（IAT），记录被试的 IAT 效应值。结果发现材料主效应显著，情绪与材料的交互作用边缘显著，由此证明情绪与反刻板印象材料能够交互影响大学生的内隐家庭性别角色刻板印象（图 1，图 2）。

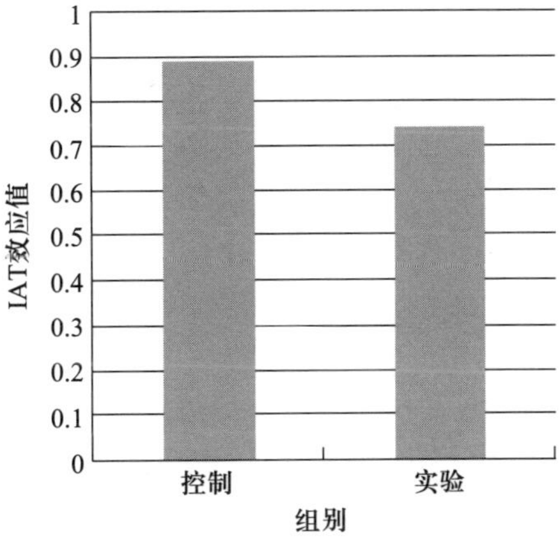

图 1　反刻板印象材料对家庭性别角色刻板印象的影响

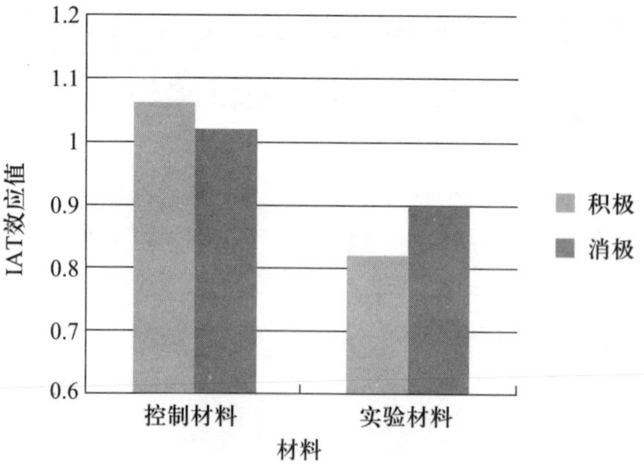

图 2　情绪与反刻板印象材料对家庭性别角色刻板印象的影响

2. 创新点描述

从家庭性别角色的角度来探究情绪和反刻板印象材料对内隐性别刻板印象的交互影响，对缺乏关注的研究领域进行了深入探究。寻找切实有效的方法来减弱大学生的家庭性别角色刻板印象，具有很强的实际意义。通过对减弱大学生家庭性别角色刻板印象方法的探究，有利于促使大学生的自我意识得到开发，自我实现得以进行。

3. 学生感言

这个研究加深了我对科研的印象。我通过实验学习了理论架构、逻辑推导，以及在研究出现比较大的问题时的分析和调整策略。我开始理解，研究是一个艰难而长期、严谨而科学的过程，我们对这个过程负有责任。它不但改变了我的研究观念，还让我对人生有了更深刻的认识。

4. 教师感言

该研究具有较强的理论意义，证明了情绪与反刻板印象材料对内隐家庭性别角色刻板印象的影响，研究设计合理，结果可靠，有助于推动性别刻板印象方面的理论发展。

此外，该研究也具有一定的现实启示，对生活中的性别分工及男女平等都具有参考意义和应用价值。

农村留守家庭中“逆向监护”现象的现状调查与研究

——以安徽省淮南市孔店乡为例

项目名称：农村留守家庭中“逆向监护”现象的现状调查与研究——以安徽省淮南市孔店乡为例

项目所属一级学科：法学

项目成员：王金水　王保添　李然　刘思明　阮秋晨

指导教师：伍进，教授，科学社会学、创新方法

起止时间：2015—2016 年

推荐学校：江南大学

1. 项目简介

“逆向监护”现象是指在农村留守家庭中由于监护人年老、疾病、残疾等其他原因，留守儿童需要经常性或临时性地对其监护人进行照顾的现象。本项目通过实地调查的方式，通过深度访谈存在“逆向监护”现象的留守家庭中的留守儿童及其监护人，完整地把握“逆向监护”现象的现状，并通过科学的方法周密地分析，从深层次把握现象产生的原因，总结和探讨相关对策。

“文理交辉，响应无穷。”本项目在研究的过程当中，注重文理交叉，采用“创新方法”来指导研究的整个过程。“创新方法”是一套系统地激发人们创造性思维及促进人们创新成果产出的方法。研究过程中，利用“创新方法”中的逆向思维法及综摄法来确定选题，使得在研究留守儿童这个老的选题之中有了一个新的角度；在调研分析的过程之中利用 TRIZ 理论对相关的资料进行归类分析；最后采用资源分析法及因果分析法等创新方法进行原因及对策分析。“创新方法”的应用使得整个项目研究变得规范而又富有新意，达到了“响应无穷”的效果。

项目最终研究成果包括：获得第十四届“挑战杯”江苏省大学生课外科技学术作品竞赛二等奖；结项论文发表在 CSSCI 来源期刊《贵州社会科学》；获得第一届全国大学生创新方法应用大赛“创新方法应用优秀学生团队”奖（全国仅 10 个，唯一一个获奖的文科团队）。调研图片及获奖证书见本文二维码资源。

2. 创新点描述

选题上较为创新，以“逆向监护”为关键词在中国知网期刊数据库检索，直接相关的论文数量为 0，前人很少展开针对性的研究，只是在研究留守儿童监护形式上有所涉及，而本项目对此开展针对性的研究。

在研究方法上，项目整个研究过程采取“创新方法”来指导完成研究，将本属于理工科应用较多的创新方法，系统地应用到文科的研究之中，实现了学科界限的突破与跨界创新。

3. 学生感言

参与“国创计划”于我而言更多的是改变。因为“国创”，我从一个对学术研究懵懂无知的本科生变成立志从事科研工作的一分子；因为“国创”，我从一个不善于合作的人变成一个团队的成功的领导者；因为“国创”，我从一个爱钻牛角尖的文科生变成了善于跨界创新的人。感谢“国创计划”给我带来的改变。

4. 教师感言

在指导学生完成“国创计划”项目的过程之中，项目本身的完成固然重要，但令我更加欣慰的是看到学生的成长。调研的时候，他们能够不畏农村生活的艰苦，是一种精神上的成长；论文撰写的时候，他们能做到“一字非工未肯休”，是一种能力上的成长。

宅基地的流转及退出与“空心村”治理的关系的研究

——以山东省为例

项目名称： 宅基地的流转及退出与空心村治理的关系的研究——以山东省为例

项目所属一级学科： 土地资源管理

项目成员： 刘林　郑粟文

指导教师： 陈会广，教授，农业（土地）经济理论与政策、土地法制与法学研究

起止时间： 2016—2017 年

推荐学校： 南京农业大学

1. 项目简介

本研究对当前农村“空心村”问题、“空心村”治理及宅基地流转与退出问题进行细致梳理，讨论在中国工业化、城市化进程中劳动力大量转移背景下的农村空心化现象，探究“空心村”治理与宅基地流转、退出之间存在的关联，并深入基层实地调查，通过调查村庄空心化程度、农民对宅基地流转及退出的意愿、影响意愿的驱动力与阻力因素等进行调研分析。首先通过调研数据的描述性分析得到“空心村”村民宅基地流转及退出意愿的影响因素和对“空心村”成因、危害与治理措施等的认知；基于禹城调研的问卷成果，建立二元 Logistic 方法，根据 Binary Logistic 方法建立考虑多个自变量的多元回归模型，综合考虑对农户宅基地流转及退出意愿存在显著影响的因素；构筑了农户流转意愿与村级宅基地市场发育程度关系的理论框架，设计了基于灰色聚类方法的评价方法，运用方法考量了禹城市 2 镇 4 村的宅基地市场发育程度，评价结果反映在同一区域的不同村庄宅基地市场发育程度仍会存在较大的差异，为政策的差别化制定提供了依据。

基于研究结果提出以下主要建议：建立统筹城乡的公共服务体系及社会保障体系；政策制定与改革措施的推进要充分尊重农民意愿，确立农民主体地位；开展对“空心村”村级市场发育程度的事先评估，因地制宜地开展宅基地制度改革；开展统一规划、统一拆旧、统一管理、统一整合的农村整治“四统一”模式。

研究技术路线见图 1，灰色聚类法的划分标准和计算过程见表 1 和图 2。

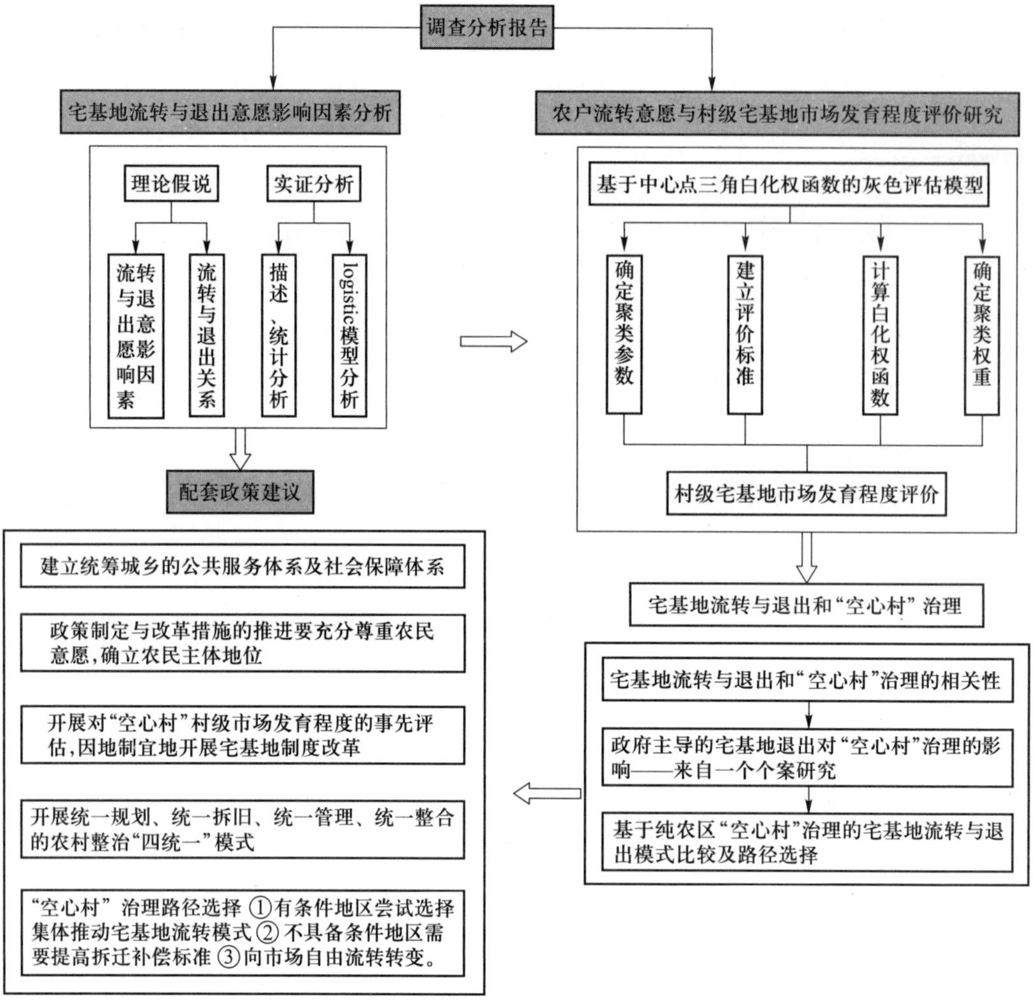

图 1　技术路线图

表 1　灰色聚类划分标准的确定

	向前延拓类	灰类Ⅰ（弱市场）	灰类Ⅱ（转型中期）	灰类Ⅲ（转型后期）	灰类Ⅳ（相对成熟期）	向后延拓类
户均人口数	4.400	4.350	4.280	4.180	4.050	4.000
外出务工人口比重	0.250	0.270	0.290	0.320	0.350	0.360
村庄人均年收入	11250.000	11600.000	12000.000	12250.000	12500.000	13000.000
人均建筑面积	45.000	42.000	40.000	38.000	35.000	32.000
宅基地（房屋）空置率	0.020	0.050	0.080	0.120	0.150	0.180

得到聚类系数矩阵

$$\Sigma=(\sigma_i^k)=\begin{bmatrix}0.000 & 0.000 & 0.126 & 0.715\\0.174 & 0.339 & 0.400 & 0.073\\0.361 & 0.450 & 0.144 & 0.166\\0.520 & 0.235 & 0.026 & 0.000\end{bmatrix}$$

得到聚类权重矩阵为

$$\eta=\begin{bmatrix}0.256 & 0.139 & 0.153 & 0.218 & 0.234\\0.188 & 0.196 & 0.267 & 0.225 & 0.124\\0.163 & 0.221 & 0.165 & 0.242 & 0.209\\0.129 & 0.261 & 0.186 & 0.259 & 0.166\end{bmatrix}$$

图 2　灰色聚类法的计算过程（部分）

2. 创新点描述

（1）视角上　本项目创新性地从农户认知的角度出发，探究宅基地流转与退出对“空心村”治理的影响；通过问卷与走访，考察不同类型“空心村”、不同类型的农户对宅基地流转与退出意愿的影响因素，分析村级宅基地市场所存在的问题，及其对农户的影响，提出针对性、差别化“空心村”治理政策体系。

（2）方法上　运用回归分析法与最大似然值估计法，即通过确定影响宅基地流转及退出意愿各指标的权重大小，探究影响农户对宅基地流转及退出的因素。构筑了农户流转意愿与村级宅基地市场发育程度关系的理论框架，设计了一套基于灰色聚类方法的评价方法，以农户意愿影响因素分析结果作为灰色聚类时的聚类参数，建立灰色白化权函数评估模型，对村级宅基地市场发育程度进行评价，并提出政策建议。

3. 学生感言

为期一年的国家大学生创新创业训练计划项目已经结束。在这短短一年时间里，从课题申请、文献阅读、问卷设计、实地调研、数据分析、论文发表到最后的项目结题，我们已经由当初对学术研究懵懂无知，到如今能够感受学术研究的魅力。寻找合适的数据分析方法并非易事，在指导老师的引导下，我们不断查阅文献学习，最终在选择灰色聚类的方法进行数据的分析与处理。项目的顺利结题是对我们一年学习工作的肯定。

时间总是很短，但未来的路却可以很长，相信我们能够在以后的日子里不断拼搏，勇攀学术高峰。

4. 教师感言

本项目以宅基地的流转及退出与空心村治理的关系为研究对象，具有较高的理论价值和现实指导意义。根据 Binary Logistic 方法建立考虑多个自变量的多元回归模型，分析影响宅基地流转与退出意愿的影响因素。在基础上构筑了农户流转意愿与村级宅基地市场发育程度关系的理论框架，并设计了一套基于灰色聚类方法的评价方法研究二者的关系，在方法上有较大的创新。小组成员在课题过程中态度认真，有创新意识，研究充分且深入，较好地完成了项目任务。

农民住房财产权抵押贷款意愿及其影响因素研究

——基于山东省潍坊市、安徽省安庆市、黑龙江省肇东市的调研

项目名称： 农民住房财产权抵押贷款意愿及其影响因素研究——基于山东省潍坊市、安徽省安庆市、黑龙江省肇东市的调研

项目所属一级学科： 经济学

项目成员： 徐晶　吴浩翔　韩宛陆

指导教师： 郭贯成，教授，土地经济与管理、地价与不动产管理

起止时间： 2015—2016 年

推荐学校： 南京农业大学

1. 项目简介

本课题从农户角度出发，研究不同地区农户参与住房财产权抵押贷款的意愿及其影响因素。通过选取山东省潍坊市、安徽省安庆市、宁夏回族自治区吴忠市和黑龙江省肇东市分别作为我国东部、中部、西部和东北部不同地区的样本点进行实地调研，共发放并回收有效问卷 647 份，运用 Stata 软件建立 logistic 回归模型，从而对不同地区农户参与农民住房财产权抵押贷款的影响因素进行实证分析。根据调研数据的分析，为相关政策提出建议。研究相关图表见本文二维码资源。

通过调查和研究明确：经济发展情况良好、金融借贷宽松且较为普遍的地区的农户参与意愿更强；子女上学或结婚、购置城镇住房及农业生产投入等是农户参与的主要原因；而政策了解程度、贷款经历、近三年资金短缺情况、家庭年收入与支出等因素对农户参与意愿的影响较为显著。

基于研究结果，为了使农民住房财产权抵押贷款的相关政策能够更加完善，相关试点工作能够顺利推行，提出主要建议如下：结合地区实地情况，率先在经济基础良好、农村金融业务发展较为成熟的地区开展相关试点工作；普及农村金融知识，加强农民职业技能培训；完善农民住房财产权抵押贷款相关制度体系，进一步明确抵押贷款的要求和抵押物处置的办法；通过建立风险基金或贴息加强对相关金融机构的支持力度，调动相关金融机构的放贷积极性；加强配套制度建设，完善农村社会保障制度。

2. 创新点描述

（1）选题新颖　深化农村土地制度改革是当下比较热门的话题，而农民住房财产权抵押贷款是近几年国家为赋予农民更多的权利，探索农民增加财产性收入渠道而提出并推行的试点政策，因此该研究方向极具实时性和创新性。通过实地的调查分析也可以为相关政策试点改革提供有效的借鉴和参考。

（2）研究地区具有典型性　本课题调研分别在我国东、中、西及东北部四个区域选取了样本区域作为调研对象进行对比分析。就区域而言，不同地区在政策、经济、区位等方面的差异性对农民对待住房财产权抵押的意愿的影响是研究的一个重点；从全国来看，调研地区涵盖的类型比较全面，能够较好地探讨全国在推行农民住房财产权抵押贷款的可行性和矛盾点。

3. 学生感言

为期一年的科研训练让我对专业学术研究有了更直观深入的了解，在指导老师郭贯成教授的引导和帮助下，从课题的选题、资料搜集整理到问卷的设计、实地的调研再到数据的统计整理、模型建构及分析与结论总结，我经历并克服了许多困难和挫折。这使我不仅体会到了科研的艰辛与不易，更感受到了学术研究的巨大魅力。

4. 教师感言

“国创计划”项目的实施对于本科生了解科研过程、锻炼科研能力具有重要的意义，同时也是一个宝贵的学习机会。学生通过实际参与项目研究的全过程，将所学的专业知识运用到解决现实问题中去，使知识更加灵活化，同时也加深了学生对于专业相关问题的思考。

“骑行厦门”

——厦门公共自行车系统运作情况调查及相关研究

项目名称：“骑行厦门”——厦门公共自行车系统运作情况调查及相关研究

项目所属一级学科：社会学

项目成员：钟雨轩　徐子也　郑岩玲

指导老师：郑雁，助理教授，思想政治教育

起止时间：2016—2017 年

推荐学校：厦门大学

1. 项目简介

环境污染和交通拥堵是当今社会面临的两大难题，而公共自行车系统则是解决这两大难题的“利器”。作为厦门市生态文明建设和缓解“行路难”的重要工程，作为“美丽厦门·共同缔造”战略部署的实践与行动，厦门岛内公共自行车系统也已建成且具备一定的规模。然而，厦门岛内的公共自行车使用情况并未达到预期的效果。本项目旨在了解厦门岛内公共自行车系统的基本运作模式给社会生活带来的便利及存在的不足之处，对厦门岛内公共自行车系统各方面的完善及如何让其更好地与交通系统相结合提出自己的建议。

创新训练过程中，项目成员以“骑行厦门”——厦门公共自行车系统运作情况调查及相关研究为总课题，分别研究了厦门市公共自行车系统运作模式（包括站点设置、运营路线等）及使用普及情况，厦门市交通系统运行情况及较为突出的问题，国内配备公共自行车系统且运作模式较为典型具有研究价值的城市的运作情况、与地方特色的结合程度及优缺点，国外公共自行车系统运作较为成熟的国家在运营该系统方面的特色。又通过纵向和横向调查相结合——纵向调查厦门市公共自行车系统的站点路线规划、设施配备、使用情况、市民使用频率及满意程度等，探讨公共自行车系统与厦门市整体交通系统的关系及可结合之处；横向调查全国各地公共自行车系统典型实施模式，寻找共同点，并相互借鉴发展经验，因地制宜总结出较为适合的模式，以实现对项目进行系统且全面的研究。

项目前期，小组成员通过查找相关网络及书面资料了解公共自行车系统的基本构成、实施历史、应用推广及特色优势。在对公共自行车系统有了初步的认识后，在调研的第二阶段成员们以实地走访的形式调查了厦门岛内及国内条件与厦门相似的城市，包括与厦门一样地处福建省且刚刚开始运行公共自行车系统的泉州市和与

厦门同为沿海旅游城市且公共自行车系统发展较好的深圳市，了解当地公共自行车系统的建设成本、站点设置、借还管理、使用普及率等。2017 年年初，共享单车的兴起为小组研究开拓了新的研究空间，项目成员认为将共享单车与公共自行车相结合对本项目研究意义很大，因此，成员也前往各类共享单车与公共自行车共存的福州市，了解在共享单车的冲击下公共自行车系统的使用情况及二者在社会生活中所呈现的关系。在调研国内公共自行车系统的同时，项目成员也将厦门公共自行车系统与国内外其他配备公共自行车系统的城市典型在各个方面进行分析比较。

结合前期的调研成果，项目成员对厦门岛内及整个城区的公共自行车系统进行优缺点分析，又通过资料搜集、采访、问卷调查等途径，借鉴其他城市的管理及实践经验，最终为厦门市公共自行车系统现存的问题寻找出一些解决措施和改进办法。具体措施包括：尽快整合办卡数据库，统一公共自行车系统；设置专门合理的自行车道；规划发展自行车交通系统；开发引进公共自行车 APP；赔偿费用合理规划；加大宣传力度，解决运营成本问题；取消固定车桩，借鉴共享单车模式；使用 GPS 定位，加强维修监管。调研活动图片见本文二维码资源。

2. 创新点描述

（1）点与面的结合　本项目在研究过程中将注重在了解厦门岛内公共自行车系统的现行实施情况和广泛总结各地公共自行车系统运作模式的经验不足的基础上，着眼于厦门岛内，针对岛内公共自行车系统现存的问题及时提出整改方案。

（2）理论与实践的结合　厦门市岛内公共自行车系统于 2014 年 7 月 25 日正式启动，处于刚起步的不成熟阶段，有很大的发展完善空间。本项目研究有助于方便正在建设中的系统设施更好地服务民众，服务环保事业，缓解交通压力，具有较强的针对性、时效性和较大的现实意义。

3. 学生感言

在项目初期，由于知识方面的欠缺，我们进度较慢。通过询问指导老师、及时调整方案，花一段时间学习相关知识，在这过程中，我们理解到科研最重要的是要抓住项目所要研究的主要问题，再对研究方案做出合乎实际的设计，最后才能取得预期成果。要勤于思考，要善于从不同角度分析问题。在创新方面，首先要确定创新的方向和目标，要始终围绕创新点，不能偏离主题，也不能随意猜测，而要有根据有目的地做出假设，再通过实践去论证自己的猜测。我们小组只有三名成员，而选题相对而言涉及范围较广，因此分配下来每个人的任务都很重。彼此之间相互理解配合和郑老师的耐心指导让我们的创新训练得以顺利进行。

从最初的一个想法，到后来的论文基本框架，再到初具雏形，最后到成果相对完善，每一个用汗水浇灌的日日夜夜都难以忘怀。它不只是一项训练成果，它就像一个崭新的生命，在我们的辛勤培育下发芽、长叶、开花、结果，终于成为我们生活中重要的一部分。我们互相占据着彼此的生命，在彼此的生命中留下自己生存的痕迹。我们造就了它，它也造就了我们。

4. 教师感言

从2013年我开始担任大学生创新训练项目指导教师，至今已经4年。回顾指导学生的点点滴滴，见证着孩子们的成长，倍感欣慰！在创新训练作为大学生必修学分的今天，每个大学生都必须经历创新项目的历练，走出课堂、接触社会，运用所学知识在实践中加以检验，这是既新鲜又有诱惑力的尝试和体验。作为指导教师，从选题、策划、调研到最终实践成果的圆满呈现，事无巨细，都需要悉心指导。

首先，好的选题是成功的一半。在社会实践选题方面，在强调选题意义的同时，也要考虑选题的可行性和创新性。我鼓励学生多看新闻，多了解社会民生热点问题，社会之所需正是我们实践所要解决的问题。学生通过自己调查、研究、思考、筛选出来的选题才更能确保学生实践过程的真心投入与热爱。

其次，选题确定之后的策划是重头戏。策划书撰写得好坏与否直接关系到整个实践的质量高低。作为指导教师要对策划书的每个细节仔细推敲，确保实践方案切实可行，还要准备好备选方案，以应对突发情况。优秀的策划书对后期落地实践调研的顺利开展来说功不可没，同时也能让实践队成员在实践中胸有成竹，随机应变。

再次，在实地调查中，要确定调查走访的对象，协助学生联系调研单位，指导学生设计访谈题目，做好各成员的分工，提醒访谈时的注意事项。最重要的是要确保学生实地调查期间的安全。对于访谈礼仪、访谈重点、访谈时间把握等，也一一给予指导。

最后，如何把前期问卷调查、实地走访获取的宝贵数据和资料，与对调查选题的分析思考及对策建议很好地结合起来，形成一篇高质量的调研报告，实现完美收官，是对实践队成员逻辑思维、文笔功底的一大考验。大部分队员也是第一次撰写调研报告，没有任何经验可谈。作为指导教师，我鼓励学生大胆尝试，详细讲解调研报告写作的基本步骤，提供写作的格式模板，同时把我之前指导的学生获奖调研报告作为范文，让学生学会如何撰写调研报告。可以说，每一篇优秀调研报告的背后，都是无数次润色修改的心血投入。

作为指导教师，我的体会是，只要上面的每一个环节都认真、用心地做好了，那么学生的调研成果的质量就上去了。也许这些工作是辛苦的、琐碎的，但是当我看到这些孩子们从项目中获得的收获与成长时，我觉得这一切付出都是值得的。

基于大数据技术的吉林市共享单车发展前景研究

项目名称： 基于大数据技术的吉林市共享单车发展前景研究

项目所属一级学科： 统计学

项目成员： 韩童　董贺　郑梦茜　白松美

指导教师： 李晶，讲师，概率论与数理统计

谭希丽，教授，应用概率统计

起止时间： 2017—2019 年

推荐学校： 北华大学

1. 项目简介

共享经济作为新的经济模式，正在快速地改变着人们的生产和生活。随着共享单车的全民化，单车对解决群众出行“最后一公里”问题、实践绿色环保理念、增进群众交流等诸多方面产生了深远影响。

中国大城市交通拥堵严重，至今仍未彻底解决，据高德地图联合多家权威机构发布的《2017 年第一季度中国主要城市交通分析报告》显示，共享单车带来绿色出行的同时，对交通拥挤状况也有所缓解。如图 1 所示，共享单车上线后北京、广州、深圳等一线城市的交通拥堵有明显缓解。如图 2 所示，一半以上的共享单车的用户是普通公司职员。随着一线城市共享单车市场逐渐饱和，二三线城市将成为大批共享单车企业下一步进军的重点目标。

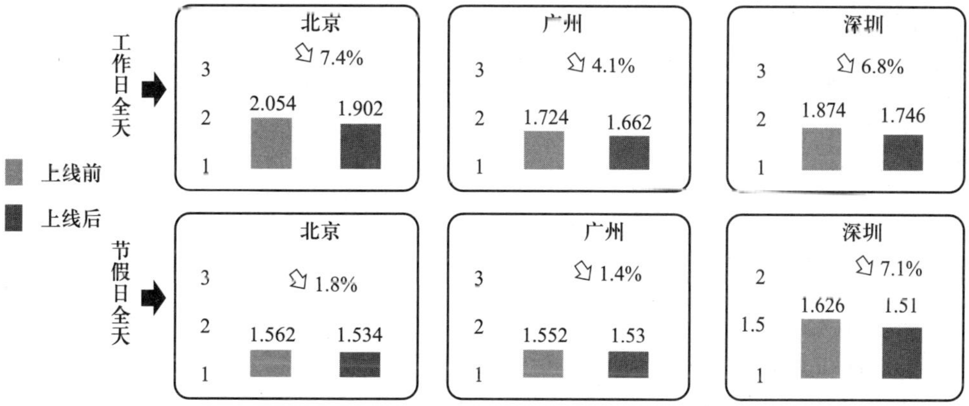

图 1　共享单车上线前后交通流变化

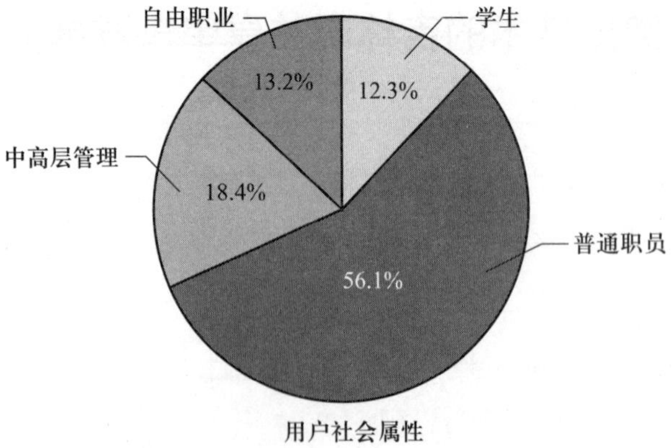

图 2 共享单车用户社会属性
56.1% 的共享单车用户是普通公司职员；18.4% 是中高层管理者；13.2% 是自由职业者；12.3% 是学生

根据交通大数据调查分析得出，影响吉林市交通的主要原因：一方面是机动车数量年平均增长率高达 11.3%，使得整体路网压力过大，另一方面市中心区主干路网交通趋于饱和，吉林大街中段、解放中路等城区主干道交通量饱和度已达到 0.95 以上；除此之外，还有过江桥梁数量不足、市区车位不足及交通法规意识淡薄等。

本项目用共享单车来缓解吉林市交通拥堵问题，并根据共享单车现存的单车本身问题、用户需求问题等提出合理化建议。研究内容主要围绕着“共享单车在吉林市的可实施性”“共享单车在吉林市的选址”“预测共享单车对吉林市道路交通的影响”及“共享单车管理”等问题，利用大数据技术对吉林市共享单车的发展前景进行分析及预测。结论是，共享单车不仅可以降低私家车出行比例，提高车辆的通行率，促进城市交通的健康发展，还能减少二氧化碳排放，利于人们的身心健康，符合目前国内城市的“低碳交通”发展方向。除此之外，改善共享单车现存问题，使共享单车在吉林市拥有更好的发展空间。

2. 创新点描述

随着现代技术不断发展，共享单车越来越大众化，而其对于缓解交通拥堵也起着重要作用，所以我们考虑将共享单车引入吉林市以缓解吉林市的交通拥堵情况。本项目创新之处有以下两个。

一是，我们通过中国知网、万方数据库、中华人民共和国国家统计局及电子数据库收集大量关于吉林市人口密度、年龄、交通流、出行路线等多方面数据，在此基础上运用聚类分析、神经网络、回归分析及方差分析等大数据技术进行时空分布特征分析，使得方案更具有时效性、可靠性和安全性。

二是，在共享单车选址过程中，我们在传统的 TOPSIS 模型基础上考虑了吉林市的地理位置、人口分布情况及共享单车的需求数量等因素，建立新的 TOPSIS 模型进行选址。

3. 学生感言

我们在对吉林市共享单车发展前景的研究中，创建新的 TOPSIS 模型选择单车租赁地址，考虑了吉林市共享单车的需求数量，也学会利用聚类分析、方法分析、神经网络等大数据技术对不同数据进行分析、对比及研究。在此过程中，我们收获颇多，也让自己的知识更加完备、系统。

4. 教师感言

随着改革开放的深入，中国大城市的交通拥堵情况日益严峻，并有向中小型城市蔓延的显著趋势。共享单车作为一种新型的交通出行方式，对城市交通的影响逐渐显现，可以有效缓解交通拥堵现象。该项目选题就是在这个背景下进行的，具有一定的理论性和实用性，为实际应用提供了必要的理论指导和技术支持，具有一定的创新性和可操作性。

基于旅游者空间行为特征的景区公厕优化配置

——以鼓浪屿为例

项目名称： 基于旅游者空间行为特征的景区公厕优化配置
——以鼓浪屿为例
项目所属一级学科： 土木建筑工程
项目成员： 林晓云　江和洲
指导教师： 李渊，副教授，城乡规划新技术与方法、旅游行为
起止时间： 2016—2017 年
推荐学校： 厦门大学

1. 项目简介

（1）项目目的和意义

在“美丽厦门，共同缔造”和鼓浪屿申遗工作持续推进的背景下，鼓浪屿管委会正着力景区整治整合提升，改善景区设施，其中推进景区服务管理硬件建设下的很重要一项就是全面启动景区内公厕维修改造。与此同时，随着旅游业的发展，人们对旅游质量的要求大幅提高。然而，鼓浪屿上日益增加的游客数量和景区公厕的布局不合理、数量少、卫生环境较差等问题的矛盾日益突出，其中一个重要的原因是缺乏游客行为特征的基本分析。本研究从行为视角出发，对鼓浪屿景区公厕的问题进行全面的排查和研究，通过现场观察和问卷调研获得现状公厕的分布特征和旅游者如厕行为特征，利用 GPS（全球定位系统）数据对旅游者空间行为特征进行分析，结合 GIS（地理信息系统）网络分析确定公厕的最优配置。以厦门市鼓浪屿为例，对鼓浪屿景区公厕的问题进行全面的调研分析，通过探索性分析对鼓浪屿公厕的配置和改造提出可行性建议。该研究将同时可能会提升旅游者的旅游体验和提升鼓浪屿旅游品质，如图 1。

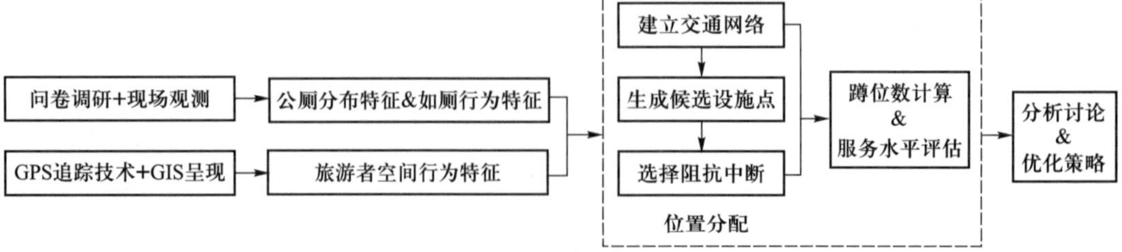

图 1　研究框架

(2) 项目成果的主要内容

① 鼓浪屿空间数据库平台　将鼓浪屿的路网、厕所位置、游客空间分布、厕所属性比（男女厕位比、无障碍厕位比例）等信息建立成一个完善且可随时获取数据的空间数据库平台。

② 鼓浪屿旅游者如厕行为调查　通过发放问卷获取鼓浪屿用厕的男女比例、日平均游玩时间及用厕次数，通过实地观测计数获取男女单次用厕时间。

③ 旅游者 GPS 行为调查　本项目使用 100 台 GPS 个人追踪器，通过随机发放方式，记录旅游者的全程游览轨迹。GPS 调研时间包括工作日（2015 年 2 月 2 日至 5 日）、周末（2014 年 8 月 17 日、2014 年 11 月 30 日）、公共节假日（2014 年 10 月 6 日），共采集了 312 条有效的 GPS 调查数据。利用 GPS 数据对旅游者空间行为特征进行分析，并根据同时在岛 15000 人的观测统计值，将 312 条 GPS 轨迹的分布密度进行放样处理，模拟得到 15000 人在空间的分布点。

④ 结合 GIS 网络分析确定公厕的最优配置　首先，利用 GPS 数据和 GIS 的网络分析进行位置分配，得出各个公厕在一定的阻抗时间内所服务的人口数；其次，计算出各个公厕的理论蹲位数，对各个公厕的现状服务水平和理论服务水平进行评估；最后，对现状公厕服务水平偏离理论服务水平的公厕进行分类，并结合公厕具体情况分析，通过探索性分析分别讨论新建 1 ～ 4 个公厕的情况，对鼓浪屿公厕的配置提出意见。

（3）重要观点或对策建议

实证研究表明：① 在繁华地区可以通过新建公厕有效提升公厕的平均使用效率与平均服务能力，在局部地区可以通过扩大公厕容量使公厕达到理想的使用效率与服务能力；② 鼓浪屿上建议新建的公厕数量为 1 ～ 2 个。

2. 创新点描述

国内外传统的公厕研究没有基于行为特征和人群密度，对公厕的空间分布和需求量研究较为主观，缺乏量化和行为视角的研究作为支撑，对景区公厕的优化配置研究也较为缺乏。

同时，在大数据的背景下，GPS 和 RS（遥感）数据资源越来越可获取，学者们开始借助多源、新型数据来研究旅游者行为特征和游线路行为特点。但目前利用 GPS 数据对景区旅游者基本行为特征的可视化探索较多，但利用 GPS 数据构建旅游者对公厕等公共服务设施的优化选择的模型研究尚不多见。

景区公厕的优化配置需要充分考虑旅游者的行为特征和规律，这也是“智慧景区”和“厕所革命”提出的新要求。本文的创新点就在于以厦门市鼓浪屿为例，通过现场观察和问卷调研获得已有公厕的分布特征及旅游者如厕行为特征，利用 GPS 跟踪设备获得旅游者空间分布特征，结合 GIS 网络分析确定公厕的最优配置。且本文提出的研究方法同样适用于其他城市或景区公共服务设施的合理性和有效性的评价与规划的预案研究，对传统的公共设施布局方法起到了有益补充。

3. 学生感言

参加此次“国创计划”项目，我们收获颇丰。首先，我们的思维更严谨，学到了很多课堂里无法获取的知识，用理论去指导实践；其次，通过对项目的研究，我们更加了解科研，虽然过程漫长，但取得成果后心情无比喜悦。“国创”项目为我们敲开了科研的大门，为今后进行科学研究铺垫道路。

4. 教师感言

该研究的特色体现在综合应用 GIS 技术、GPS 数据等，从定量与定性结合角度分析探索评估现状和提出发展建议，研究思路具有较好的新意。且该项目将研究成果很好地进行总结，再深化，并发表论文，这是教师指导学生创新创业值得推崇的模式。

数字环境下母婴健康信息嵌入式服务研究

项目名称： 数字环境下母婴健康信息嵌入式服务研究

项目所属一级学科： 管理学

项目成员： 桑运鑫　方俊伟　滕文鑫

指导老师： 胡昌平，教授，情报学、信息管理与信息系统

起止时间： 2016 年 5 月—2017 年 9 月

推荐学校： 武汉大学

1. 项目简介

2015 年全面二孩政策的实施及影响成为社会关注焦点。现阶段，全国符合全面两孩政策条件的夫妇约有 9000 万对。实施全面两孩政策，今后几年出生人口总量会有一定程度的增长，最高年份的出生人口预计超过 2000 万人，这是政策调整的预期效应。

在信息经济时代，信息成为人民生产生活的重要因素，孕期健康信息服务的完善更是直接关系到母婴在孕期阶段的身心健康。然而，与激增的母婴人数相对应的是各级医疗卫生机构和第三方服务平台母婴健康信息服务能力的不足甚至缺失。随着经济发展和生活水平的提高，这一问题正逐渐显露出来。母婴健康关系到国家与民族的未来，这一问题正日渐引起人们的注意。

基于此，课题组通过文献研究、问卷调查、深度访谈、实地走访等多种研究方法对湖北、湖南、河南华中三省的医疗卫生机构的母婴健康信息服务实践进行了实地调查，与当地孕产妇进行相关问题的访谈，了解她们的需求及障碍，并采用定量研究与定性研究相结合的社会学分析方法进行数据统计分析，研究影响母婴健康信息需求的一系列因素。

课题组通过分析相关文献和问卷调查数据后得出了当前信息情报领域前沿的嵌入式信息服务所具有的个性化、泛在化的特性使其易于应用于医疗卫生领域，可以有效解决当前母婴健康信息服务所具有的服务质量不高、需求难以得到满足的问题，并结合实际情况提出了引入信息管理学科理论和当前最新技术，构建一个向用户提供完善、快捷、可靠的嵌入式健康信息服务系统方案。

调研活动图片及研究成果应用证明见本文二维码资源。

2. 创新点描述

（1）面向孕产妇群体，提供个性化的全程全时健康信息服务。提升了针对该群体的健康信息服务水平，在传统的线下咨询、线上门户式信息浏览等信息获取方式之上，提出完整的、主动的嵌入式健康信息服务方案。

（2）利用信息整合理论与技术，构建跨信息源整合库，缓解资源庞杂、分散与用户时间、精力有限的矛盾，为嵌入式服务提供资源支撑。

（3）引入信息管理学科理论和当前最新技术，构建一个向用户提供完善、快捷、可靠的嵌入式健康信息服务系统方案；该方案以解决现实问题为切入点，可供实践借鉴。

（4）从用户实际出发，分析用户特征与需求关系，针对不同阶段、不同习惯的用户构建嵌入健康信息服务框架，设计围绕用户的健康信息服务解决策略，提升信息服务水平。

3. 学生感言

这次科研活动，不仅丰富了我们的理论知识，也锻炼了我们的科研能力，同时也使我们对科研工作有了进一步的认识。在实践过程中，不可避免地存在着一些问题，但是通过导师指导和自我钻研，我们提升了深入剖析问题并给予解决方案的能力，培养了我们严谨的治学态度，对我们的影响是深远的。

4. 教师感言

在科研过程中，同学们的积极性很高，思考问题也较为全面，充分体现了大学生应具备的求实创新精神。在本次科研中，学校创造了有利的条件，现代大学教育，要着重于引导年轻人独立思考，培养其勇于创新、敢于创业的精神，使其成为追求真理、全面发展的综合性人才。

中国与东南亚制造业的产业竞争力比较研究

——基于贸易附加值的角度

项目名称：中国与东南亚制造业的产业竞争力比较研究——基于贸易附加值的角度

项目所属一级学科：经济学

项目成员：余柯玮　严浓章　齐炜弘　黄悦凡　曹家齐

指导教师：叶初升，教授，发展经济学、农村贫困与发展

起止时间：2015—2017 年

推荐学校：武汉大学

1. 项目简介

本项目在全球价值链和世界分工的大背景下提出，将修正传统产业竞争力测算方法的不足。利用欧盟投入产出数据库（WIOD）提供的最新世界投入产出表，基于投入产出模型，从产业产出层面测算 1995—2014 年中国制造业出口的国内附加值，并据此计算修正后的中国和东南亚地区各制造业的显示性比较优势指数。此外，还将与传统测算方法的测算结果进行比较，以明晰中国参与全球价值链分工的真实分工地位及其变迁情况。最后，针对机械制造业这一具体行业，对影响中国和印度尼西亚这一制造业细分行业产业竞争力差异的因素进行具体分析。本项目最终得出以下结论：

（1）传统测算显示性比较优势指数的方法低估了我国劳动密集型制造业的产业竞争力，高估了资本密集型和技术密集型制造业的竞争力。其原因可能在于部分制造业细分产业的庞大总产量和出口值拉高了传统显示性比较优势指数。

（2）基于贸易附加值的测算结果，可以发现现阶段中国具有比较优势的产业仍在劳动密集型产业和资源密集型产业之中，但劳动密集型产业的比较优势逐渐丧失。

（3）在对产业竞争力的实证分析中，劳动力、企业数量、来自印尼的中间品具有显著的正效应，资本和税收具有显著的负效应。

（4）中国与东南亚国家之间存在相互合作的巨大空间。对印尼而言，中间品对提高印尼产业制造业竞争力具有显著的正效应；对中国而言，我国制造业竞争力的中间品很可能是印尼农业和矿业的初级产品，而这类资源在我国的消耗量巨大且人均产量较少，进口印尼这些中间产品可能更符合我国比较优势，有助于降低我国制造业竞夺资源的成本，提升竞争力。

本项目的部分研究结果见表 1 和表 2。

表 1　两种方法测算的中国三类制造业的 RCA 指标

		2006	2007	2008	2009	2010	2011
劳动密集型	修正	3.14	3.00	3.09	2.80	2.59	3.16
	传统	2.41	2.33	2.38	2.29	2.20	2.18
资本密集型	修正	0.70	0.67	0.71	0.70	0.69	1.46
	传统	1.54	1.50	1.45	1.46	1.41	1.37
技术密集型	修正	0.48	0.59	0.64	0.64	0.66	1.28
	传统	1.36	1.39	1.40	1.45	1.40	1.37

注：表中结果根据世界投入产出数据，用测算显示性比较优势指数的传统方法和基于贸易附加值的修正方法计算而来。

表 2　基于贸易附加值算法的世界主要经济体的制造业显示性比较优势指数

	经济体类型	国家或地区	2007	2008	2009	2010	2011
劳动密集型制造业	发达国家	英国	0.49	0.49	0.44	0.47	0.22
		美国	0.41	0.42	0.42	0.39	0.31
		德国	0.45	0.47	0.49	0.45	0.48
	新兴工业经济体	日本	0.15	0.15	0.18	0.16	0.14
		韩国	0.04	0.03	0.03	0.03	0.02
		中国台湾	0.02	0.01	0.01	0.01	0.01
	新兴市场经济体（发展中国家）	中国	1.70	1.75	1.59	1.51	2.74
		印度	5.81	5.37	6.86	5.18	5.01
		巴西	1.95	1.56	1.27	1.28	0.82
		俄罗斯	0.31	0.25	0.32	0.31	0.19
		印尼	3.80	3.49	3.16	3.13	1.98
资本密集型制造业	发达国家	英国	0.91	0.93	0.90	0.99	0.62
		美国	0.97	1.12	1.09	1.21	1.02
		德国	0.97	1.05	1.12	1.07	1.49
	新兴工业经济体	日本	0.79	0.87	1.14	1.13	1.26
		韩国	0.12	0.11	0.14	0.14	0.16
		中国台湾	0.02	0.02	0.02	0.03	0.03
	新兴市场经济体（发展中国家）	中国	0.60	0.64	0.63	0.64	1.39
		印度	1.27	1.26	1.07	1.24	1.40
		巴西	2.08	1.97	1.98	2.01	2.39
		俄罗斯	0.87	0.78	0.86	0.85	1.03
		印尼	2.65	2.65	2.44	2.51	2.04

续表

	经济体类型	国家或地区	2007	2008	2009	2010	2011
技术密集型制造业	发达国家	英国	0.94	0.95	0.98	1.01	0.63
		美国	1.27	1.30	1.28	1.23	0.85
		德国	1.90	2.05	2.15	2.09	3.35
	新兴工业经济体	日本	1.51	1.56	1.55	1.54	2.41
		韩国	0.25	0.21	0.27	0.28	0.54
		中国台湾	0.05	0.04	0.04	0.05	0.09
	新兴市场经济体（发展中国家）	中国	1.26	1.35	1.28	1.22	1.69
		印度	0.57	0.67	0.62	0.64	0.78
		巴西	0.77	0.77	0.67	0.64	0.71
		俄罗斯	0.22	0.22	0.21	0.19	0.13
		印尼	0.51	0.52	0.52	0.49	0.31

注：表中结果根据世界投入产出数据，用测算显示性比较优势指数的传统方法和基于贸易附加值的修正方法计算而来。

2. 创新点描述

（1）对显示性比较优势指数进行重新修正。在原有测算方式的基础上，考虑到贸易附加值因素，更新原有显示性比较优势的测算方法。

（2）利用2014年11月才对外发布的世界投入产出数据库最新数据，分别构造中国和东南亚地区的投入产出表模型，定量测算出中国和东南亚地区制造业的贸易附加值。

（3）从研究方法和研究结果两方面，分别对传统测算方法和基于贸易附加值测算方法进行比较分析，正确看待两国或地区在世界贸易格局中的不同定位。

（4）结合装备机械制造业这一细分制造业行业进行相对微观的比较分析，提出影响中国与东南亚地区装备机械制造业产业竞争力差异的相关因素。

3. 学生感言

经历此次国家大学生创新创业训练计划项目，我的收获颇多。首先，在整个项目完成过程中，叶初升老师都给予我们耐心细致的指导，并且启发我们学会培养科研学习习惯和创新思维，对我们之后完成相应的科研学习帮助和影响巨大。其次，我也认识到在科研学习中处理好团队合作的重要性。项目进行中遇到的难点、重点问题都是经过团队成员和导师一同讨论，头脑风暴，最终才得以完成。最后，“国创计划”项目还锻炼了我的组织协调能力，进一步提升了我与他人的沟通表达能力。

4. 教师感言

大学生创新创业训练计划是激发大学生创新意识、培养和锻炼科研思维的重要方式。通过指导“中国与东南亚制造业的产业竞争力比较研究——基于贸易附加值的角度”这一项目，我感受到对于指导老师而言，引导学生打开思维、培养正确的科研学习习惯，是“国创计划”项目中的重要环节和意义所在。该“国创计划”项目正因前期工作准备充分、选题紧跟时事、研究方法较为严谨，项目进展才能较为顺利，并最终以较好成绩顺利完成结项。

“中南象征”创意文化设计

项目名称：“中南象征”创意文化设计

项目所属一级学科： 艺术学

项目成员： 兰恭发　韩璐　吴疆　游学敏　刘静茹

指导教师： 周娉，讲师，数字媒体

罗方禄，辅导员，思想政治教育

起止时间： 2015 年 5 月—2016 年 6 月

推荐学校： 中南大学

1. 项目简介

本项目从 2014 年开始品牌策划，本着要倡导的价值观与生活行为信仰，重构人与物的关系，来沟通大众，引领人们的生活行为方式。做自己独特的文化产品，把产品“活起来”，具有生命和活力。我从小就是很喜欢画画的孩子，每天创作自己的新作品，去畅想未来，画我心中的那幅画。那时我就有了要把有故事，有创意的想法传递给每个爱听的人。随着时间的推移，我考进中南大学自己最喜欢的美术专业，也开始了自己的寻梦之旅。2014 年我成立了艺栖工作室，寓意希望这里可以成为艺术和文化迸发之地。有了团队，我们开始着手，从中南开始做起，起初我们只有一个产品，质量、时间、成本等一系列问题成为我们当时最主要的问题，我们一直在坚持着，当中南有了一定的成果之后．我们把目光转向了长沙市，了解湖南的非物质文化遗产（以下简称“非遗”），拜访非遗传承人，向他们学习非遗知识，把他们的文化和现代的审美及需求进行融合，让更多的人了解和喜欢。

我们一直在坚持着初心，用文化去服务传统产业所创造出来的新价值，艺栖善于将这些智慧给挖掘出来。文化是手段，我们更善于用这种手段与人沟通，讲故事、发现有趣的事，是艺栖的天性。我们向外地游客讲述的不仅是非遗文化，还有湖湘“霸蛮精神”、湖湘的红色文化、长沙的方言，等等。我们之前是这样，现在是这样，之后更是这样，用心去做好每件事，每个产品，这就是艺栖。

部分文化产品图见本文二维码资源。

2. 创新点描述

（1）产品的价值沟通　我们把产品变成了一个个有生命的个体，和 AR 技术相结合，使它因文化变得有了灵魂，有了与人心灵沟通的能力，不单是具有本身的功能价值。我们能做的就是把这种灵魂赋予每个个体，然后向大家讲出这些故事，构

建起一座人与物沟通的桥梁。

（2）产品的传播　利用人们爱听故事的天性，通过互联网媒体进行传播，有微信、微博、各种社交平台，来制造热点话题，真正融入人们的生活中去，让人们感受到文化。

（3）产品的体验　构建全方位、多角度客户体验。从空间体验、时间体验、精神体验等多方位出发，线下和湖南“非遗”传承人建立直接的合作关系，在体验中消费，获得满足感、幸福感。

3. 学生感言

文化是一个国家的灵魂。身为中南人，铭记“知行合一，经世致用”，理论联系实际，学以致用；深深地挖掘中南文化，用我们的才华与创意，打造出一个个文化产品。“一事专注，便是动人”，我们会继续潜心研究，传播城市文化，让更多地人了解中南、了解长沙。

4. 教师感言

项目团队依托城市的文化资源，文化产品通过丰富创意和设计内涵，在传承和弘扬中南文化中发挥着极大的作用，有助于传承城市历史、彰显城市特色、传播城市文化、弘扬城市精神。希望团队继续努力，打造出有影响力的文化品牌，更好地服务城市、服务社会。

“互联网 +”你的潜力几何：基于实证调查的初中生信息技术素养测评模型构建与提升路径研究

项目名称：“互联网 +”你的潜力几何：基于实证调查的初中生信息技术素养测评模型构建与提升路径研究

项目所属一级学科： 教育学

项目成员： 李美仪　赵鑫　宋宇轩

指导教师： 张辉蓉，教授，课程与教学论

起止时间： 2017—2018 年

推荐学校： 西南大学

1. 项目简介

本项目基于国内外信息技术素养的已有研究，针对其存在的不足，厘清其内涵与外延，在国内首次构建出可操作、可检验的初中生信息技术素养测评模型，为科学诊断并提升初中生信息技术素养提供测量工具及数据参考，科学地回答了信息技术素养“是什么”·“从哪些方面评价”“如何计量”“如何提升”等问题。

本项目将量化研究与质性研究方法相结合，注重理论创新也注重实践应用，严格依照社会科学研究方法步步深入：① 经文献研究、政策分析，在专家咨询及重庆市 4 区 13 校 2996 名初中生实地调查基础上选取指标，以探索性因素分析等方法确立并在国内首次初步构建出初中生信息技术素养测评模型；② 运用验证性因素分析验证测评模型，严格依照教育统计的相关指标，确保其科学性；③ 利用该模型在重庆市开展较大规模调查绘制群体画像（即根据群体在某一维度上的不同特征，对群体进行分类，并且比较在其余维度上的差异），并对 4 名有代表性的学生进行个案追踪绘制个体画像（即在已分类的群体中选取具有代表性的个体，对其进行深度访谈）；④ 基于此提出潜力提升路径。值得一提的是，所建模型的测试结果与学生的实际情况基本吻合，得到了学校领导、班主任及学生家长的认同，初步验证了该测评模型的可靠性与可行性。不仅如此，该模型也得到了两区教委与两所中学的重视和认可。由于一直以来都缺乏一个客观、科学的工具来测评学生的信息技术素养水平，有关部门与领导常对学生信息技术素养的培养常感到有心无力，也对本研究成果表示高度重视与关注，认为本研究具有重要的实践价值。

研究思路图与初中生信息技术素养潜力提升路径见本文二维码资源。

2. 创新点描述

本研究实现了以下三点创新。① 概念创新：对信息技术素养进行操作性定义，在厘清信息技术素养内涵外延的基础上，实现概念的从无到有，化抽象为具体；② 工具创新，在国内首次构建可量化、可操作、可检验的信息技术素养测评模型，为科学评估初中生信息技术素养提供测量工具，弥补了该领域定量研究的不足；③ 应用创新，基于测评模型的应用，以发展的眼光，针对调研发现的问题从学校、家庭、个人三个层面提出初中生信息技术素养的提升路径。

3. 学生感言

我们的调研组由六名具有不同学科背景的同学组成，在老师的悉心指导下，从初时磕磕绊绊，过程中不断磨合，到最终默契十足，也逐渐体会到了做研究应有的坚持不懈与脚踏实地，最终圆满完成课题研究。我们也真诚地希望我们所构建的测评模型在为评估初中生信息技术素养提供科学工具的同时，更能为信息技术素养监测制度的形成及提升初中生信息技术素养尽绵薄之力。

4. 教师感言

大学时有机会做一项自己喜欢又有意义的研究是幸福的，确定了就把其他事情都抛开，全心全意专注地去做，带着梦想努力去实现目标，要知道站得高才能望得更远。经得起诱惑，耐得住寂寞，永远是成功道路上的不二法则。放飞你们的梦想，加油吧！

多民族亲社会偏好项目

项目名称：多民族亲社会偏好项目

项目所属一级学科：经济学

项目成员：孙丰伟　王潇潇　杨茂睿

指导教师：马训舟，讲师，行为与实验经济学

起止时间：2015 年 5 月—2016 年 5 月

推荐学校：西南民族大学

1. 项目简介

本项目采用行为与实验经济学的实验室仿真研究方法，用公共品博弈作为启发机制，从文化角度对汉族、藏族、布依族进行了少数民族间亲社会偏好方面的研究。研究表明，重复博弈情况下汉族和布依族的出资额逐渐收敛于零，藏族的出资额总体呈上升趋势，具有很强的互惠偏好。我们通过广义矩估计、区别性检验及因素分析法发现，特定的文化因素和组织结构对不同民族的出资额有显著影响，且影响具有不确定性。实验研究结果：

（1）布依族和汉族的出资额呈下降趋势，而藏族的出资额有所增加。此外，所有民族的猜测值都在逐渐下降（见图 1 和图 2）。从三个民族的出资分布上看既不完全“搭便车”也非完全合作。总样本的出资额并非完全体现下降趋势，不同民族之间趋势具有显著差异。第一轮中不同民族的出资额相近，大致为禀赋的 1/3，这表明了一种合作的倾向。之后，布依族和汉族呈现出总体下降趋势。这种不合作的倾向源自对他族的不信任，而不是出于惩罚。这种不信任导致了人类自我保护的本能，这

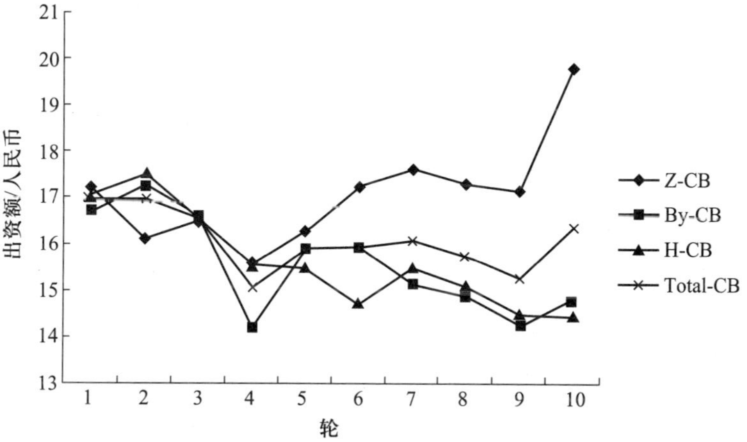

图 1　各民族 10 轮游戏的出资额趋势

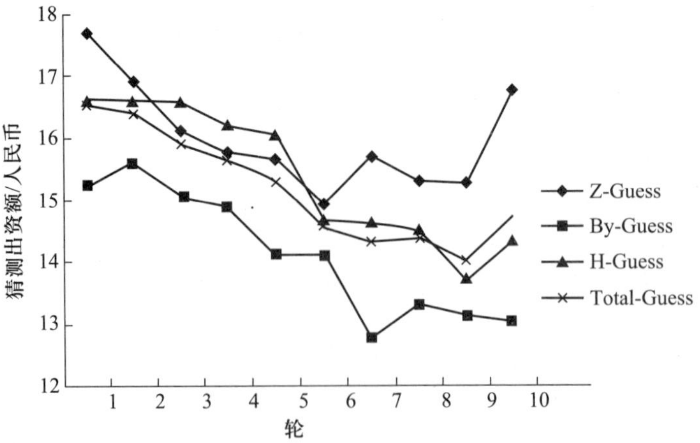

图 2 各民族 10 轮游戏的猜测值的趋势

是“霍布斯丛林”理论下人类的基本行为准则，我们实验中的情景类似于 Hobbes T 和 Jean-Jacques Rousseau 的无正式社会规范机制的情况。然而，即使存在信息反馈，藏族的合作水平大致仍呈增长态势。此外，我们发现出资额最高的合作发生在最后一轮。我们在非正式回访时发现这可能是因为前几轮投资逐渐减少而产生的愧疚促使受试者在最后一轮进行弥补。

（2）民族多样性不一定会减少合作的产生，不论受试者的民族是主要民族还是少数民族，同民族的集中统治降低了所有受试者的出资额，但是没有改变不同组结构下受试者的相对出资额（见表 1）。

表 1 不同组结构下各民族出资额的比较

组结构	GS1 VS. GS2			GS2 VS. GS3			GS3 VS. GS1		
民族	藏族	布依族	汉族	藏族	布依族	汉族	藏族	布依族	汉族
Mann-Whitney 检查	−0.37 (0.70)	−3.70 (0.00)***	1.36 (0.17)	0.36 (0.71)	6.16 (0.00)***	3.01 (0.00)***	−0.02 (0.98)	1.91 (0.05)**	3.94 (0.000)***

注：系数后面的“***”、“**”、“*”分别表示模型在 1%、5% 和 10% 的水平上。

（3）实验观察到所有民族都存在互惠偏好，并且在 GS1 中强于 GS2，藏族强于汉族和布依族。此外，结果显示受试者可能存在互惠偏好以外的其他形式的亲社会偏好，比如条件性偏好，且布依族和藏族比汉族偏好程度更强烈。

2. 创新点描述

Smith 在《国富论》中所提出的“看不见的手”的隐喻反映了追逐自利可以实现公共福利的改善。然而 Smith 并没有进一步论证“社会”可以由追逐自利而得以形成。一百多年后 Simmel 提出重要的社会学疑问：“社会是如何可能的？”，并从社会学视角进行探讨。而本研究从行为经济学的视角，为回答 Simmel 所提出的此社会学疑问，提供更多行为学的案例研究和以此总结出的相关的研究结论作为参考。

3. 学生感言

对行为偏好的掌握是经济政策制定的基石。例如，尤努斯在孟加拉国创建的格莱珉银行，对穷人发放小额贷款而成功盈利的基本信念是对人类的信任。这不仅反映在作为贷款的银行，同样也反映在违约率基本为零的当地借款穷人上，即双方对彼此的信任。因此，我们有理由怀疑未经偏好检验和识别而仅在规范模型的假设上所做出的任何经济政策的合理性和有效性。本研究对目标区域所展开的亲社会偏好分析的结论可为当地政府或相关研究机构的经济决策研究提供有关行为分析的基石。

4. 教师感言

目前经济学所用的教材，其理论来源于新古典经济学，而该流派是基于对理性人假设的基础上展开分析的。通过指导学生进行实验，来让学生理解人的经济行为是否一定符合理性人的假设。同时，这样的成果可以为教学更好地服务，在教学过程中可以批判性地讲授新古典经济学的理论，有助于学生扩展知识面和提高学生的经济学素养。此外，行为与实验经济学是经济学专业一门非常前沿的学科，通过讲授和实践行为与实验经济学，让学生有更多的机会接触经济学的前沿研究，让他们对经济学的发展有更深的了解和认识。

铝编生产新工艺

项目名称：铝编生产新工艺
项目所属一级学科：艺术学
项目成员：郑凯歌　刘玉玲　高婷婷
指导教师：蔡珍珍，助理研究员
起止时间：2016 年 5 月—2017 年 6 月
推荐学校：齐齐哈尔医学院

1. 项目简介

铝编是近年来在我国兴起的一项具有中华民族特色的手工编织工艺。铝编是从我国传统的草编起源，经过原材料的改变，既克服了草编工艺品不易保存，上色较难，成品较小的不足，又继承和发扬了草编工艺的优点，编织工艺品种类五花八门，颜色五颜六色，体积可大可小，精致美观，恢宏大气，保管、携带便利，具有巨大的观赏和收藏价值。

铝编工艺品不仅在国内受到各年龄段群众的欢迎，还因为工艺和中国龙、彩凤、熊猫等产品具有浓厚的民族特色，深受外国友人的喜爱。随着科技的发展，现在简单的工艺部分可以机器加工，复杂部分再进行手工操作，这种半机械化的生产模式在大大提高了产量和质量的同时也保持了手工的原汁原味。团队分为技术部、宣传部、销售部三个部分，技术部主要负责产品设计、模具开发、流水线设计，以及机械加工；宣传部负责人员招聘、广告投放、场地联络、义卖宣传；销售部负责开发市场。

自团队成立以来，开发铝编产品壁挂龙、孙悟空等 20 余件，模具吊脚娃娃、哈雷摩托等 6 件，建立了自行车、机器人、玫瑰花等产品的流水线，使用了绕线机、剪线机、电钻、弹簧机、导管式压力钳、压力锅进行加速生产。申请发明专利两项，实用新型专利三项，并为甘肃患尿毒症的小女孩组织义卖，筹集资金，进入苏州周庄古镇、海南火山口公园、湖南张家界等旅游景点销售，并走进学校，尝试参与儿童手工课，以一种新的手工模式教儿童做铝线手工，锻炼儿童团队合作能力及动手能力。

部分作品图见本文二维码资源。

2. 创新点描述

铝线作为传统手工艺，生产方式为用钳子进行纯手工制作，销售方式为民间艺人摆地摊，由于传统采用师傅带徒弟的方式，使得外行人想进入这个领域并不容易。

我们在工艺设计方面突破传统钳子纯手工的制作方式，开发出利用模具，机械加工进行流水线式的半自动化生产方式，同时改变传统铝方式，进入海南火山口公园、苏州周庄古镇等多家景区，不仅提高了销量，也提高了价格，并利用铝线质地柔软、材料成本低、色彩多样、工艺水平在使用模具后简单易学等优点，在简化工艺后，设计生产出以心理学用康复训练吊脚娃娃模板为代表的一系列心理学用模具，进入学校，帮助学生们增加手工课体验。

3. 学生感言

铝线制作只是一个很小的行业，但我们在创业的过程中，经历了机械加工对传统手工业、电商对坐商的、直播平台对技术领域等的冲击。在这个节奏越来越快的社会，如果不能勇于创新，勇于改变自己，就一定会被对手所淘汰。

4. 教师感言

学生在进行课题活动的过程中，提高了自身的能力，证明自己的价值，但是在活动进行的过程中，学生往往急于求成，缺乏活动概念，这时候就需要教师指出问题，并帮助学生开阔视野，这样才能发挥出指导教师应有的作用。

重建家园——农村留守儿童的社会工作干预

项目名称：重建家园——农村留守儿童的社会工作干预

项目所属一级学科：社会学

项目成员：石万里　刘嘉欣　任倩　杜雪欣　梁若萌

指导老师：宋丽娜，副教授，农村社会调查和农村问题研究

起止时间：2015—2016 年

推荐学校：河南农业大学

1. 项目简介

农村留守儿童问题是我国经济社会发展中的阶段性问题，不仅关系社会福利，更是社会发展和转型中城乡二元割裂，地区发展差距等诸多矛盾的缩影。因此，基于农村留守儿童所出现的问题及当前社会公共服务和理论研究的不足及社会工作干预的缺乏，本项目对这一社会弱势群体进行较为系统的初步探索，将更多的社会性、制度性、政策性因素纳入视野，找到问题症结，解决社会问题。本项目以帮助留守儿童“重建家园”为宗旨，致力于解决农村留守儿童出现的各种问题，以社会工作和底层的视角，通过多种形式的探究，为留守儿童社会工作干预提供经验。留守儿童的家庭结构分类及说明见表 1。

表 1　留守儿童的家庭结构分类及说明

大类	小类	说明
父母一方外出留守儿童	和母亲单独留守	父亲外出流动，儿童与母亲单独留守
	和母亲及祖父母一起留守	父亲外出流动，儿童、母亲与祖父母共同生活在一起
	和父亲单独留守	母亲外出流动，儿童与父亲单独留守
	和父亲及祖父母一起留守	母亲外出流动，儿童、父亲与祖父母共同生活在一起
父母双方外出留守儿童	和祖父母一起留守	父母双方均外出流动，儿童留下来与祖父母及其他亲戚共同生活
	和其他人一起留守	父母双方均外出流动，儿童留下来与（除祖父母以外的）其他亲戚或其他人共同生活
	其他	

本项目通过建立专门服务于留守儿童的社会工作机构，开展丰富的社会工作服

务（常规项目和应急项目）和定期开展大众教育，在对农村留守儿童进行专门服务的同时，也注重对留守儿童的生活环境的改善，并充分发挥使能者的作用，积极争取社会大众的关注和支持，为留守儿童的生活改善提供经济保障。项目前期，我们已通过实地考察、问卷调查和统计分析等方式对留守儿童的生活困境和需解决的问题等基本情况进行掌握，与样本群体进行细致的沟通，了解了他们的想法和对未来的期望，充分收集信息。项目期间，通过获得当地政府部门支持，建立专门服务留守儿童的社会工作机构并招募专业社会工作者按提前制订的规划开展社会工作服务项目，同时开展大众教育，对留守儿童周围人群展开培训，创造良好的生活环境。此外联系相关部门和慈善组织及慈善企业，充分发挥社工使能者作用。

技术路线：

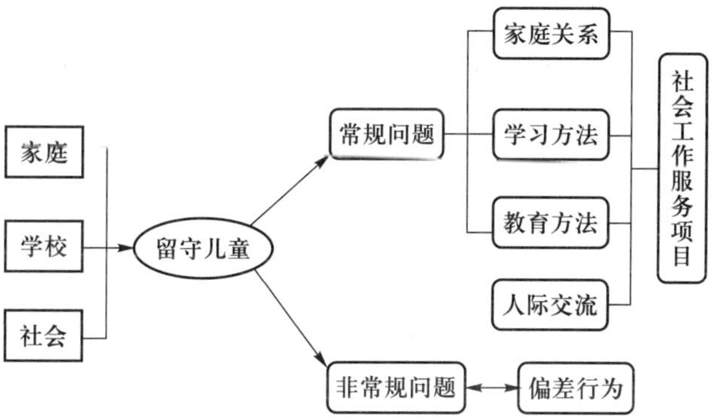

2. 创新点描述

（1）研究视角创新。以社会工作视角，通过专业的社会工作理论分析，找到农村留守儿童的问题症结，进而对农村留守儿童进行及时有效的社会工作干预。

（2）研究方法创新。运用个案工作、小组工作和社区工作的专业社会工作方法，以关爱农村留守儿童为路线，开展多种常规项目和应急项目，结合多部门联合的机制，更加全面有效地进行问题干预。

（3）组织的创新。成立专门服务于留守儿童的社会工作机构，建立留守儿童“关爱记录”，以更加专业的姿态为留守儿童提供服务。

3. 学生感言

通过参与本项目，我的专业知识得到了拓展实践，创新能力得到提高。最重要的是这个项目非常有意义，让我很有成就感，让我力所能及地帮助了别人，为我的大学生活增添了不一样的色彩。

4. 教师感言

连续几年辅导学生参加大学生创新创业训练计划，感触颇深。“国创计划”为大学生创新创业能力的培养提供了一个重要平台，激发了大学生的创新思维和创新意识，尤其是科技发展迅猛的今天，拓宽了学生们的视野，让他们与时代同行、与社会共进。

第三部分

农业与医药科学类

北纬 45° 水蜜桃大田栽培与盆栽营销

项目名称：北纬 45° 水蜜桃大田栽培与盆栽营销

项目所属一级学科：农学

项目成员：陈业雯　姜彤　刘文飞　张思达　李家瑞　陈思涵　张岳　李鑫

指导教师：张有利，副教授，土壤肥料和有机种植技术、特色果蔬品种筛选

起止时间：2015—2016 年

推荐学校：黑龙江八一农垦大学

1. 项目简介

本项目利用当地的耐寒砧木资源，在掌握桃树需肥规律之后，结合聚合链缓释氮肥配制成的有机—无机复合肥的肥料释放规律，进行了精准施肥下的水蜜桃盆栽繁殖，已研究出一种可以在大田越冬的品种。该品种既可大田种植，又可以利用北方地区家庭冬季供暖资源进行盆栽果树的种植，满足了人们家庭布景的需求，达到观赏、品尝、情感寄托的目的，具有广泛的市场前景。2016 年参加第二届中国“互联网 +”大学生创新创业大赛并获得铜奖。

项目在 2014 年启动，2015 年将科研成果向产品生产转化，团队自项目启动起不断地扩大，从生产、销售到公关都在不断地探索。现阶段企业运营状况良好，与黑龙江田力保生物科技、肇源百果园、圆通快递等单位建立了合作，与哈尔滨金龙山旅游区正在进行桃园旅游项目洽谈。公司有专业的技术指导老师、商业指导老师、专业的品牌策划人员及产品包装设计人员，与大庆传媒集团、科技局、农业局等宣传和扶持平台建立了良好的关系。

种植的水蜜桃照片见本篇二维码资源。

2. 创新点描述

培育出可以在北纬 45° 大田越冬的水蜜桃品种。该品种可在北纬 45° 大田种植和室内盆栽种植，综合运用多个核心技术，实现有机种植管理模式，将花期和果期分别控制在“五一”“十一”假期，可实现盆栽水蜜桃花春节开放等特定需求。

3. 学生感言

通过项目，我们体会到了团队的力量和“众人拾柴火焰高”的深刻道理。团队合作中需要我们成员间的不断磨合，学会倾听大家的意见和分享各自的看法，做到

团队成员的相互尊重，开心地交流与合作。在不断的学习和研究中我们认识到了团队精神的重要性，并开始相互理解，共同学习，增进了同学之间的友谊。

4. 教师感言

本项目针对黑龙江省大庆市周边水蜜桃大田种植和盆栽种植的研究，获得抗寒性水蜜桃，并科学合理地进行了推广和种植，研究成果对该地区大田水蜜桃种植和采摘具有重要的指导意义。课题设计合理，选材较为广泛，结题材料的写作思路清晰、结构严谨、写作规范、论证充分有力，结果令人信服。在课题的实施过程中团队成员吃苦耐劳、分工合理、精诚合作，保证了课题的顺利完成。

芹菜发育过程中木质素咖啡碱－辅酶 A-O- 甲基转移酶基因的克隆与表达分析

项目名称： 芹菜发育过程中木质素咖啡碱－辅酶 A-O- 甲基转移酶基因的克隆与表达分析

项目所属一级学科： 农学

项目成员： 苑笑阳　聂力　许珂

指导老师： 熊爱生，教授，蔬菜遗传育种与分子生物学

起止时间： 2015—2016 年

推荐学校： 南京农业大学

1. 项目简介

芹菜发育过程中咖啡碱－辅酶 A-O- 甲基转移酶（CCoAOMT）与木质素合成之间具有密切的关系。本实验以六合黄心芹为试验材料，利用本项目组芹菜转录组数据库，通过 RT-PCR 的方法，克隆获得 AgCCoAOMT 基因。采用生物信息学的方法分析了芹菜 AgCCoAOMT 基因编码氨基酸的组成、物理化学性质、亲 / 疏水性、蛋白质的空间结构等。通过 qRT-PCR，研究了六合黄心芹中 AgCCoAOMT 基因的表达。序列分析显示：六合黄心芹的 AgCCoAOMT 基因长 726 bp，编码氨基酸 242 个，预测其属于疏水性氨基酸，相对分子质量 27.01kDa，理论等电点 pI 为 5.35。AgCCoAOMT 在第 80—180 位有一段蛋白保守结构域，属于 AdoMet_MTase 超级家族。多重比对结果表明：芹菜、茶树、枇杷中 CCoAOMT 氨基酸序列高度保守，同源性达到 91.09%。进化树分析显示：同科植物间进化关系最近，且伞形科、蔷薇科、桑科和桦木科的不同植物各自聚在同一分支。qRT-PCR 结果表明：六合黄心芹 AgCCoAOMT 基因在根、茎、叶柄和叶片中均有表达且存在组织差异性，其中以叶片中相对表达水平最高。六合黄心芹不同生长发育阶段中，叶片中该基因在 45~65 d 的相对表达水平较高。相关研究结果见本文二维码资源，项目组成员第一作者在《植物资源与环境学报》发表研究论文 1 篇。

2. 创新点描述

（1）芹菜的品质与木质素密切相关，对芹菜木质素合成机理的研究，可以为深入研究芹菜发育过程中木质素代谢提供理论依据。

（2）本项目通过对六合黄心芹不同生长发育阶段和不同组织部位的比较分析，结合芹菜木质素合成相关基因的克隆、分析、表达研究，能够获得较为详实的木质素合成基因 CCoAOMT 基因的表达情况。

3. 学生感言

我真正认识到了“纸上得来终觉浅，绝知此事要躬行”的含义。做这个项目几乎把我大学中所学到的所有实验知识融会贯通，让我对分子实验概况有了一个基本的把握。这对于我来说是一个从一无所知到渐渐熟悉的过程，我着实收获很多。

4. 教师感言

苑笑阳同学在校期间思想上积极进步，学习上刻苦努力，先后获得校级奖学金和国家励志奖学金等。该学生在我们课题组期间学习认真，能够主动地积极参与实验，具有很强的动手能力，取得了好的成绩。作为指导老师，我冀望她继续勉力以学，脚踏实地，朝着奋斗的目标努力拼搏，取得更大的成绩。

月季切花染色技术研究

项目名称：月季切花染色技术研究
项目所属一级学科：中医学与中药学
项目成员：韩智豪　唐浚博　孙蕊　王宝丽　王慕颖
指导教师：朱艳，讲师，中药资源
起止时间：2012—2013 年
推荐学校：中国药科大学

1. 项目简介

鲜切月季因其具有多种颜色可供挑选而受到人们喜爱。随着时代进步，人们已不满足于观赏普通月季。近些年，为满足日益庞大的消费需求，市面上出现了人工染色的“蓝色妖姬”等具有独特色彩的月季，具有较高观赏性，虽价格不菲，但仍深受消费者青睐。本项目所研究的七彩月季是每片花瓣都有自己的颜色，且从中心向外呈扇形展开，如同彩虹一样。本项目通过减法混色原理、植物学原理、计算化学方法展开实验，利用蒸腾作用使花瓣上色。本技术选用的食用色素，一方面不会对植物细胞造成伤害，维持花的观赏期；另一方面在染色过程及观赏时确保了无毒无害、健康安全的良好环境。它的新颖独特增加了艺术气息，得到了广大消费者的喜爱，引领着鲜花染色事业的潮流。七彩月季照片见本文二维码资源。

七彩月季色彩艳丽，令人赏心悦目。但鲜花终有凋谢的一天，怎样才能够保持它的美丽呢？永生花将是不错的选择。

本项目团队经过不断的实验与研究，将前期实验产品七彩月季进行永生处理，在保证七彩月季不褪色、不褶皱的前提下，采用高科技手段，经过脱水、脱色、染色、干燥等一系列复杂工序加工成具有持久观赏性的植物制品，最大限度地保持七彩月季的魅力，让七彩月季的美丽得以永生！

七彩永生花无论是色泽、性状、手感几乎与鲜花无异，保持了鲜花的特质，且颜色更为丰富，用途更高，保存时间至少 3 年，是花艺设计、居家装饰、庆典活动最为理想的花卉深加工产品。本项目团队下一步准备结合中药文化背景，加入多种特色中草药，赋予春生、夏长、秋收、冬藏等传统中医药理论，研制出具观赏价值、市场价值兼药用功能于一体的永生花产品。

2. 创新点描述

（1）突破月季切花只有单色染色的限制，对单支月季切花进行多色染色，丰富月季染色领域。

（2）选用食用色素，建立标准化制作流程，确保制作与观赏时无毒无害，健康安全。

（3）七彩永生月季填补了国内永生花市场的空白，推动了干花行业新技术的研发。

3. 学生感言

参加两次“国创计划”项目，作为项目参与人和主持人收获颇丰。从项目整体把握到实验创新点的寻找，月季切花从基础条件探索到优化创意，最后到产品包装参赛等，都有较完整的思路。项目最终获得成功，得到学校的认可，同学的青睐，给每位成员的大学课外生活增添了重要的一笔。

——10 级韩智豪

披着彩虹的外衣，芬芳不减；身着七彩的斑斓，清艳依旧。彩虹玫瑰，绚丽多彩，亭亭玉立，迎风初绽，嫣然含笑，红的似火，橙的如霞……一花一世界，彩虹玫瑰的创意本就是诗与美的缔结。回首彩虹玫瑰的创造历程，传承与创新是我们实验项目发展和演进的共有规律。

——12 级李丞

由旁观者到参与者，由参与者到设计者，由设计者到负责者，一路上的喜怒哀乐，悲欢离合，在最终拿到实验成品，并获得优异成绩，我们团队一一见证。

对于我而言，参与本项目的时间变得屈指可数，但七彩永生花的生命历程，才刚刚开始，它不断吸引着新鲜血液的注入，更不断走进了广大师生与社会人士的瞩目之中。而在实验途中所得到的奉献精神与开阔的思维，也将伴我一生，给我启迪。

——14 级申诚

4. 教师感言

项目实施至今已经五年了，虽然项目主持人不断更替，但“发现美，创造美，提高美的意识形态，让它得到提高与升华”的宗旨一直不变，它将不同专业、不同年级的同学们聚在一起，大家相互学习，取长补短，共同努力。作为老师，通过本项目，提高同学们对科研项目的认知度和亲和力，提高团队的凝聚力，让本项目一代代地传承下去，不断地提高与创新。

土壤的理化性质对镉在土壤－水稻系统中迁移转化的影响

项目名称：土壤的理化性质对镉在土壤－水稻系统中迁移转化的影响

项目所属一级学科：环境科学技术及资源科学技术

项目成员：周雅惠　李淼　郭彬　李政杭

指导教师：侯红波，副教授，土壤

起止时间：2016—2018 年

推荐学校：中南林业科技大学

1. 项目简介

湖南部分重金属污染稻田稻米镉（Cd）来源不明，更有部分样品土壤 Cd 含量与稻米 Cd 含量相近；同一改良控制措施在不同区域土壤中效果不一。究其原因，可能与 Cd 在不同区域土壤－水稻系统中的行为存在差异有关。一方面，Cd 在不同母质土壤存在状态有差异，不同土壤 Cd 的环境容量不同。另一方面，不同成土母质土壤改良控制重点措施与关键技术应该有所不同。因此，如何治理湖南重金属污染稻田，如何控制重金属向水稻转移，如何实现污染耕地的安全利用，必须研究 Cd 在不同成土母质土壤的行为，以及改良控制措施在不同成土母质土壤中的效果。

选取湖南地区两种典型的水稻土，分别是红黄土和紫泥土，采用盆栽试验，外源添加一定浓度梯度的 Cd，种植水稻进行研究，以期探究 Cd 在土壤－水稻系统中迁移转化的机理。初步提出基于食品限量标准的土壤 Cd 安全阈值。

首先是测出土壤 pH、土壤有机质含量、土壤机械组成、土壤阳离子交换量等理化性状，分析两种土壤理化性质；然后研究不同生育期（分蘖盛期、灌浆期、抽穗期、灌浆期）水稻各个部位对于 Cd 迁移、积累差异；最后，建立糙米中 Cd 累积模型，研究两种母质土壤糙米中 Cd 累积特点。

水稻盆栽图及实验技术路线图见本文二维码资源。

2. 创新点描述

本项目采用盆栽试验的方法，通过设立一系列 Cd 浓度梯度，选取两种典型土壤进行盆栽实验，采用淹水灌溉的方式，实时监测水稻不同生育期（分蘖盛期、灌浆期、抽穗期、灌浆期）各部位 Cd 的含量，明确两种水稻土 Cd 的迁移特征，分析差异产生原因，以探究 Cd 在水稻机体内迁移转化的规律，以及糙米中 Cd 的累积模型。找到降低大米中镉含量的途径，初步提出基于食品限量标准的土壤 Cd 安全阈值，最终达到提高土壤环境容量的目的，具有很强的现实意义。

3. 学生感言

创新项目中，我们遇到一些失败，在老师的指导下，我们团队积极地应对失败，请教老师和学长，查阅相关文献。在项目中，我们体会到了创新的乐趣，这个过程培养了我们的合作意识，增强了我们的实践能力。特别感谢在实验过程中给予我们帮助的老师和学长。

4. 教师感言

2015 年，我参与了财政部与农业部重点研发项目“成土母质对稻田土壤重金属积累的影响”的科研工作，由于工作的需要，我选了几名平时在教学中对专业表现出浓厚兴趣的学生参与进来。

学生们除了完成自己的本职工作以外，查阅文献，找到了创新点，申报了创新课题“土壤的理化性质对镉在土壤－水稻系统中迁移转化的影响”，获得了“国创计划”的资助。历时两年的实验已经完成，项目即将结题。学生动手能力、对专业的认知都得到提高。项目负责人也被推免进入湖南大学进一步深造，课题任务也很顺利地完成。在“国创计划”项目实施的过程中，我们真正做到了教学相长。

小型家用太阳能旋转蔬菜塔研究

项目名称：小型家用太阳能旋转蔬菜塔研究

所属一级学科：农学

项目成员：王帅朋　孙亚浩　周丹　李云　郑晓波

指导教师：孙杰，高级工程师，装配式建筑研究

起止时间：2016—2017 年

推荐学校：黄河科技学院

1. 项目简介

本项目研究一种小型家用太阳能旋转蔬菜塔，它能为城市居民提供一种在自己住宅的阳台上利用太阳能进行无土种植有机蔬菜的新方法，实现自种自食的绿色餐饮。它包括太阳能供电装置、无土种植设备、光照与温湿度调节装置、旋转蔬菜塔、自动控制器等，设计图和系统控制原理图如图 1 和图 2 所示。蔬菜塔由五到六层组成，利用太阳能带动蔬菜塔旋转，使每层上不同位置的蔬菜都能得到充分的日照，并利用太阳能为蔬菜泵送营养液和调整各层的温湿度、光照量。蔬菜塔具有绿色、环保、节能、节地、实用等特点，是一种节能环保型光伏产品，应用前景广阔。

根据蔬菜塔的工作原理，研究内容如下：

（1）太阳能供电装置设计。太阳能既要为塔体旋转提供电能也要为蔬菜提供充分的光照量和光照时间，为无土栽培蔬菜泵送营养液，保证蔬菜茁壮成长。见图 3。

（2）旋转蔬菜塔设计。利用太阳能带动蔬菜塔旋转，使每层上不同位置的蔬菜循环得到日照。

（3）无土种植设备设计。无土种植设备既需要利用太阳能实时泵送蔬菜生长需要的营养液，也要与旋转塔体的设计相匹配，使之成为一个有机统一的种植系统。

（4）光照与温湿度调节装置设计。蔬菜要良好生长必须为其提供充分的光照量和光照时间，以及适宜的温湿度，需要设计科学合理的光照与温湿度调节装置。

（5）自动控制器设计。自动控制器控制旋转塔的旋转，保证塔上光照均匀、营养液及时地泵送到种植装置，同时还要控制每天的光照时间、光照量和温湿度，确保蔬菜茁壮生长。

2. 创新点描述

（1）采用太阳能作为电源，性价比较高。它不但绿色、环保、节能，而且安全、

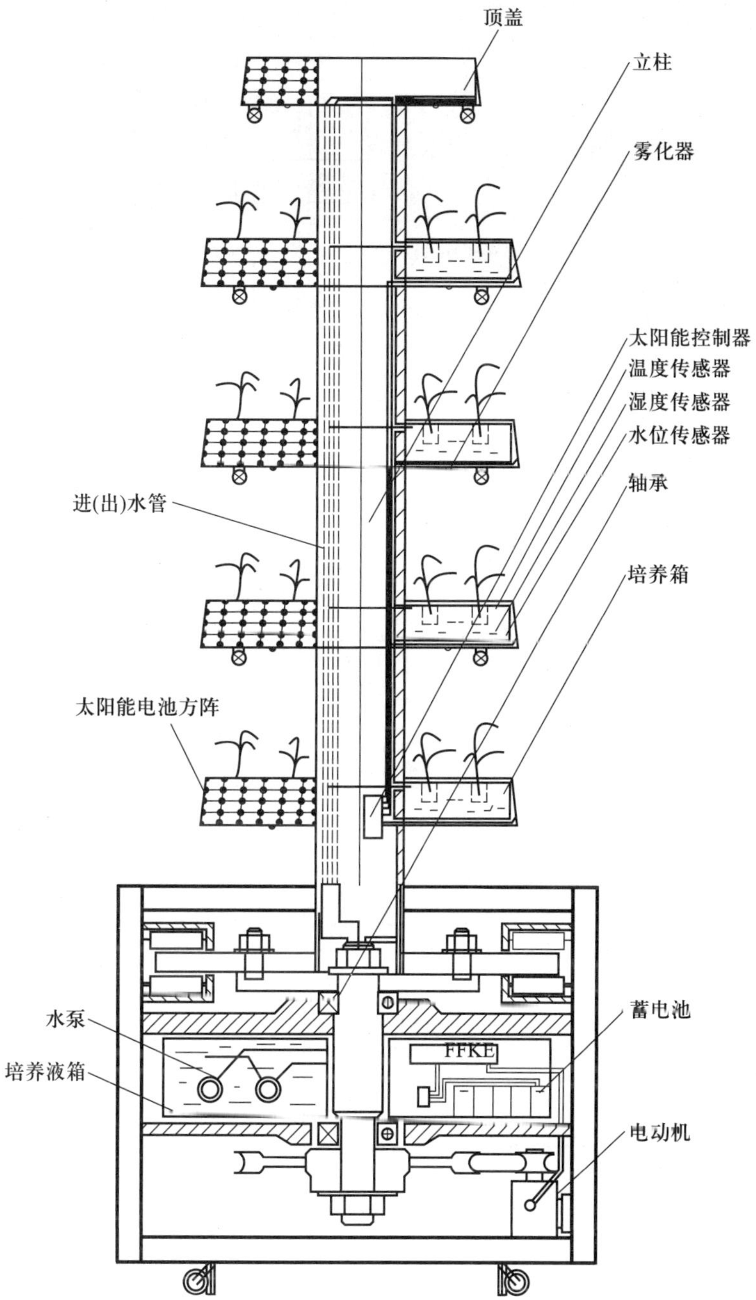

图 1　小型家用太阳能旋转蔬菜塔设计图

实用，是一种节能环保型光伏产品，应用前景广阔。

（2）采用旋转蔬菜塔设计，该方式不仅可以美化家庭生活环境，而且能节约土地，提高种植面积，大幅度提高种植效率。

（3）采用阳台无土栽培和温控光控技术，既能美化家居环境，提高生活质量和健康水平，也能食用有机蔬菜，保证饮食安全。

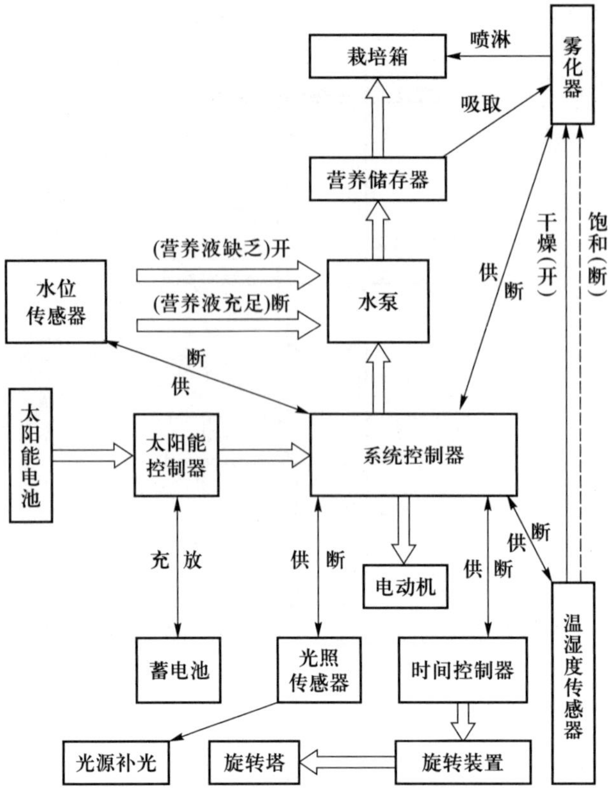

图 2　蔬菜塔系统控制原理图

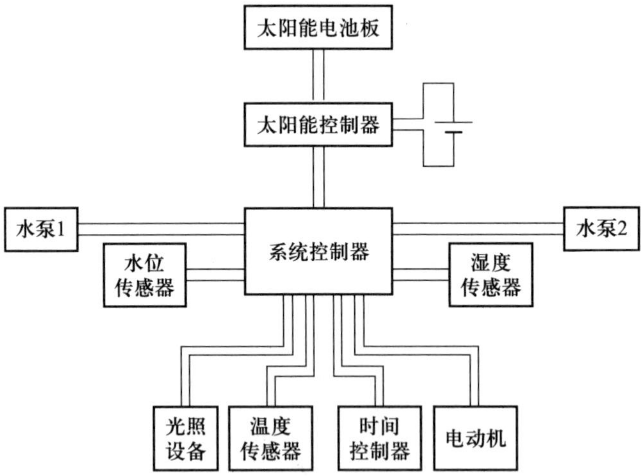

图 3　蔬菜塔系统驱动电路原理图

（4）为城市居民提供一种在自己住宅的阳台上利用太阳能进行无土种植有机蔬菜的新方法，既实现自种自食的绿色餐饮，也能锻炼身体、节约时间，为生活提供方便。

（5）整个装置属于自动化控制，使用方便，易操作，易控制，适合各种人群使用。

3. 学生感言

衷心感谢国家对大学生创新创业的支持。通过“国创计划”项目的实践，我们不仅开发了自身的潜能，提升了自己的知识水平，扩展了知识面，更重要的是掌握了做科研的程序和方法，明白了只有知识与勤劳和坚持的结合才能取得创新和发展的道理。

4. 教师感言

通过“国创计划”项目的实训，学生提升了知识水平、扩展了知识面，初步掌握了做科研的程序和方法，一旦今后工作中遇到难题，会利用学到的创新方法去解决，不至于束手无策。“国创计划”项目提高了学生的工作能力。

草鱼 *ghrelin* 基因真核表达质粒的制备及对草鱼摄食和生长的影响

项目名称： 草鱼 *ghrelin* 基因真核表达质粒的制备及对草鱼摄食和生长的影响

项目所属一级学科： 农学

项目成员： 蔡文静　苏航　熊超　乔扬

指导教师： 袁勇超，副教授，鱼类营养与生理

起止时间： 2012—2014 年

推荐学校： 华中农业大学

1. 项目简介

ghrelin 可以促进饮食，调节体重，参与机体能量平衡的调节，是一种具有非常强烈促摄食功效的脑肠肽。本项目利用克隆技术获得了草鱼 *ghrelin* 基因的 cDNA 序列和 DNA 序列。其开放阅读框编码的 103 个氨基酸的 *ghrelin* 前体肽，经剪切加工后形成含有 19 个氨基酸的成熟肽 [GTS（*O*–*n*–octanoic acid）FLSPAQKPQGRRPPRV]，质谱分析表明草鱼 *ghrelin* 成熟肽的相对分子质量为 2205.57Da。氨基酸序列分析结果显示，草鱼 *ghrelin* 与硬骨鱼类 *ghrelin* 相似度最高，而与其他脊椎动物相似度较低，同时草鱼 *ghrelin* 成熟肽 N 端的活性中心（active core）为鲤科鱼类中常见的 GTSF 形式。草鱼腹腔注射 *ghrelin*（100 ng g–1 BW）后摄食量显著性增加，腹腔内注射 *ghrelin*（100 ng g–1 BW）能显著性提高草鱼垂体 GH mRNA 表达水平及血浆 GH 水平，腹腔注射 *obestatin* 蛋白（25 ng g–1 BW）表现出抑制 *ghrelin* 引起的垂体 GH mRNA 表达水平及血浆 GH 水平变化。同时注射 *ghrelin*（100 ng g–1 BW）与 *obestatin* 蛋白（25 ng g–1 BW）并未引起草鱼摄食量的显著变化。实验结果表明，草鱼 *ghrelin* 能够提高垂体 GH mRNA 表达水平，刺激 GH 释放，促进摄食。腹腔注射 *obestatin* 蛋白部分消除了 *ghrelin* 刺激草鱼摄食的作用，表明 *obestatin* 蛋白可能参与介导 *ghrelin* 对其摄食调节的作用。

ghrelin 的生理功能大部分是通过与其受体 GHS–R 结合而发挥的。因此研究草鱼 *ghrelin* 受体 GHS–R 基因的组织表达及功能，有利于对草鱼食欲调控的内源性因素的深入研究。本项目利用克隆技术获得了草鱼 GHS–R 1a 的编码区序列（CDS 序列）。草鱼 GHS–R 1a 核苷酸序列与其他物种，尤其是硬骨鱼类，显示出了高度的相似性。腹腔注射草鱼 *ghrelin* 蛋白，显著提高垂体中 GHS–R 1a mRNA 表达水平。饥饿处理

引起草鱼脑垂体中 *ghrelin*、GHS–R 1a mRNA 表达水平和血浆中生长激素表达水平显著升高。研究结果表明 GHS–R 1a 在草鱼能量平衡和生长激素释放的过程中可能起重要作用。

该项目已发表 SCI 论文两篇，杂志名为 *Comparative Biochemistry and Physiology Part A: Molecular & Integrative Physiology*（ISSN 1095–6433，影响因子 2.371），项目作品应邀参加第八届全国大学生创业创新训练年会并获优秀论文奖。

2. 创新点描述

ghrelin 可以促进饮食，调节体重，参与机体能量平衡的调节，是一种具有非常强烈促摄食功效的脑肠肽。本项目利用克隆技术获得了草鱼 *ghrelin* 基因的 cDNA 序列和 DNA 序列，体外重组 *ghrelin* 及其可变剪切体 *obestatin* 蛋白。草鱼腹腔注射 *ghrelin*（100 ng g–1 BW）后摄食量显著性增加，腹腔内注射 *ghrelin*（100 ng g–1 BW）能显著性提高草鱼垂体 GH mRNA 表达水平及血浆 GH 水平，腹腔注射 *obestatin* 蛋白（25 ng g–1 BW）表现出抑制 *ghrelin* 引起的垂体 GH mRNA 表达水平及血浆 GH 水平变化。同时注射 *ghrelin*（100 ng g–1 BW）与 *obestatin* 蛋白（25 ng g–1 BW）并未引起草鱼摄食量的显著变化，表明草鱼 *ghrelin* 能够提高垂体 GH mRNA 表达水平，刺激 GH 释放，促进摄食。*obestatin* 蛋白可能参与介导 *ghrelin* 对其摄食调节的作用。*ghrelin* 的生理功能大部分是通过与其受体 GHS–R 结合而发挥的。腹腔注射草鱼 *ghrelin* 蛋白，显著提高垂体中 GHS–R 1a mRNA 表达水平。饥饿处理引起草鱼脑垂体中 *ghrelin*、GHS–R 1a mRNA 表达水平和血浆中生长激素表达水平显著升高，表明 GHS–R 1a 在草鱼能量平衡和生长激素释放的过程中可能起重要作用。

3. 学生感言

参与“国创计划”项目，我更加明确了今后的发展方向，除提高自身专业科研素养外，更多收获的是奉献精神和团队精神。科研总是非线性的，任何事情都不会一帆风顺，这些挫折让我体验到团队合作的重要性。我们在一次次失败中互相帮助，在对方疲惫时互相鼓励，这些都是最让我们团队记忆犹新的。

4. 教师感言

通过指导本科生的科研创新项目，希望不仅激励学生在专业学习上刻苦钻研，更希望能够在其人生的道路上，教会他们明确目标、持之以恒，不要太计较利益得失。人有时候为了追求一个很想要的东西，付出巨大努力，结果却本末倒置，忘了自己要什么。做科研和研究项目过程中总会面临各种挫折，有些人或许会觉得很沮丧。但是要知道，一步登天是不可能的，如果没有这个经历，就不会有后面的过程。唯有坚持和不断努力，才能渐入佳境。

青大豆（毛豆）脱荚机的研究

项目名称： 青大豆（毛豆）脱荚机的研究

项目所属一级学科： 机械工程

项目成员： 吴长征　雷健平　曹文意　周雄峰　潘安达

指导教师： 李小昱，教授，机械电子工程

王为，研究员，机械设计制造及其自动化

起止时间： 2012—2015 年

推荐学校： 华中农业大学

1. 项目简介

针对市场现有青大豆脱荚机伤荚率高、脱荚率低、制作成本高等现状，设计一种新型可调的脱荚机，满足中小型用户的需求。该装置在国内外尚无应用，填补了我国小型豆类作物脱荚装备的空白，获得国家专利 2 项。脱荚机结构图见本文二维码资源。

该装置由差速柔性仿形脱荚装置、风力清选装置和振动筛清选装置等组成。差速柔性仿形脱荚装置实现喂入滚筒与脱荚滚筒的差速，保障豆荚的有效分离；风力清选装置，可实现风力、流量、流速的调节。通过流量与流速的变换，适应不同物料与杂余的有效分离；振动筛清选装置可实现振动筛摆动频率与摆动幅度的调节，完成不同条件下茎秆、果实与杂余的分离。

该项目获得国家专利 2 项（青大豆脱荚分离机构，专利号 ZL 201120309375X；豆类作物脱荚装置，专利号 ZL 201420109741.9）。应邀参加第八届全国大学生创业创新训练年会并获“最佳创意项目奖”和“我最喜爱的项目奖”，获得湖北省大学生机械创新设计大赛一等奖、第八届国际发明展览会银奖、北京发明创新大赛铜奖和武汉发明创新大赛银奖等奖励。

2. 创新点描述

（1）采用了三轴双向可变速减速器，实现了多轴不同向、不同速输出，满足豆类脱荚的机构运动。

（2）发明了差速、柔性、仿形的脱荚装置，解决了青大豆脱荚破损率较高的问题。

（3）设计了风速、流量、叶片角度可调的风选装置，实现不同物料的杂余分离；

（4）设计了振幅、频率等可调的清选装置，实现茎秆与豆荚的清选分离。

3. 学生感言

厚基础、重实践，乘着“国创”之风一步一步笃志前行。为一点一滴的改进而喜悦，为一丝一缕的收获而自豪。认识诲人不倦的良师，结交志同道合的益友。“国创计划”对我们的大学生活产生着积极向上的影响，而那种影响也将一直持续下去。

4. 教师感言

教师要常思为师之道，长存育人之责，发扬“传道、授业、解惑”、不计得失、甘为人梯的精神。着眼于学生创新思维和创新意识的培养、科学方法和科学素质的养成，做学生科技创新活动的良师益友，这才是教师人生不竭的动力和幸福的源泉。

紫薯花青素的分离纯化及抗氧化活性研究

项目名称：紫薯花青素的分离纯化及抗氧化活性研究

项目所属一级学科：食品科学技术学

项目成员：邱宇　余歌

指导教师：张久亮，副教授，膳食活性成分结构与营养健康

起止时间：2013—2015 年

推荐学校：华中农业大学

1. 项目简介

本项目采用 HPLC-DAD 和 HPLC-ESI-MS/MS 技术对紫薯花青素的结构进行解析，鄂薯 8 号中 19 种花青素单体的结构已经鉴定，芍药素-3- 香豆酰 - 对羟基苯甲酰槐糖苷 -5- 葡萄糖苷（peonidin 3-coumaryl-p-hydroxybenzoyl sophoroside-5-glucoside）首次从紫薯中被分离鉴定。在此基础上，本项目研究了富含花青素的紫薯提取物（APSPE）的体外抗氧化活性和体内保肝活性。体外抗氧化活性方面，采用总还原力、清除羟基自由基、清除超氧自由基和 H_2O_2 诱导大鼠红细胞氧化溶血的影响 4 个实验来评价 APSPE 的体外抗氧化作用。结果显示，APSPE 具有良好的体外抗氧化活性。

将 60 只昆明小鼠随机分成 6 组：空白对照组、模型组、阳性对照组（50 mg/kg · bw 水飞蓟素）、低剂量组（100 mg/kg · bw APSPE）、中剂量组（200 mg/kg · bw APSPE）和高剂量组（400 mg/ kg · bw APSPE）。连续灌胃 10 天后，除了空白对照组的小鼠，其他所有小鼠腹腔注射 CCl_4（含量为 0.15%，溶在花生油中，10 mL/kg · bw，i.v.）。注射 CCl_4 12 小时后，测量各组小鼠肝指数、血清中的谷草转氨酶（AST）和谷丙转氨酶（ALT）含量，肝中的谷胱甘肽（GSH）、超氧化物歧化酶（SOD）和丙二醛（MDA）。此外，采用 HE 染色，观察各组小鼠的肝组织病理学形态。研究结果显示，APSPE 具有良好保肝活性。

项目成果发表 SCI 论文两篇：*Journal of Food and Drug Analysis*（刊号 1021-9498，影响因子 3.048）；*Food & Function*（刊号 2042-6496，影响因子 3.247）；中文核心期刊一篇《食品科学》（刊号 1002-6630）。项目作品应邀参加第八届全国大学生创业创新训练年会并获“优秀论文奖”。

2. 创新点描述

本项目采用液质联用技术，对紫薯提取物中的花青素结构进行分析鉴定，共鉴

定出 19 种紫薯花青素结构，并发现一种新结构的花色苷单体。

本项目采用四氯化碳诱导小鼠肝损伤模型，对紫薯花青素提取物的体内保肝活性进行试验，证实紫薯花青素提取物具有良好的保肝活性。

3. 学生感言

“国创计划”，让我喜欢上自己的专业和科研，让我收获了毅力，和导师、同伴一起完成既定目标；让我的能力和思维提升，把问题进行拆分和逻辑组合。这段经历也是我大学生活中浓墨重彩的一笔，它将指引我以后的科研、学习和生活道路，时刻鞭策着我，为成为更好的自己而不断努力。

4. 教师感言

本科生参与科技创新项目，确定目标最关键。俗话说“万事开头难”，确定为什么要在大学期间开展科学研究工作，这是一切创新活动的开始。我经常跟自己的学生说“没有哪个人天生就是赢家，只有比别人先行一步，才能获得更多的成绩”。对每一个创新项目而言，我们首先要明确一个方向和目标，目标是整个项目的核心。在学生创新活动中，作为一名指导老师，我通常会让学生拟定一个预期目标，并在实践过程中，一步一步做出调整与改进；同时在这个过程中培养学生的兴趣和自主思考能力，争取让学生不仅能够完成预设值，还能够挑战自我。学生在创新项目研究过程中，总会遇到很多的困难和挫折，唯有自己一路的坚持和汗水，才能收获属于自己真正的成功。

成人额中缝变异人类学考察与临床意义研究

项目名称： 成人额中缝变异人类学考察与临床意义研究

项目所属一级学科： 基础医学

项目成员： 李春婷　徐湘江　林素华　何英姿　于晋平

指导老师： 吴长初，副教授，体质人类学

起止时间： 2016 年 9 月—2018 年 4 月

推荐学校： 长沙医学院

1. 项目简介

正常人脑颅骨有 8 块，其中额骨属于较大的单一脑颅骨之一。胚胎时期由两个骨化中心成骨，出生后约 3 岁逐步骨化融合并为 1 块。如果成人仍留有一条颅缝，即额中缝变异。由于标本较为少见，目前研究资料不多，项目利用学校现有标本资源，开展额中缝变异体质考察。

“成人额中缝变异人类学考察与临床意义研究”项目，是从 200 件整颅中筛选出的额中缝珍贵标本 12 件。根据观测结果并参考现有资料发现，非测量性观察发现本组额中缝均以完整型为主，出现率为 5.5%，对比陆振山观察的 10% 较低[1]；从额中缝颅型考察发现以中头型为主，占 75%，低于丁士海观察的 82.4%[2]；该批额中缝的类型多以浅锯齿型愈合为主，占 75%，也低于刘庆麟观察的 87.18%[1]；从额中缝前后连接类型观察，以十字形对接关系为主，占 67%，高于丁士海观察的 35.89%[2]。本组对 12 例完整性额中缝其中 9 例的弧长进行了人类学直接测量，获得 9 号最长 136.0 mm，8 号最短为 95.0 mm，平均数为 122.7 mm，较刘庆麟观测的 106.3 mm 略高[3]。项目还特地增加了相邻颅缝的综合考察及 X 射线影像学分析，进一步丰富了项目内涵。考察结论：从额中缝的发生率与形态类型分析，虽然存在一定的数值区别，但因样本较小，尚无显著地域差异，说明额中缝分布可能属随机性。有关额中缝的研究，一直是国内外人类学工作者所关注的问题，该项目的考察，将在探索人类体质演化、临床颅骨外伤影像诊断、手术治疗和法医鉴定等具有重要研究意义。项目发表论文 4 篇，已参加湖南省解剖学会进行交流并在哈尔滨医科大学举行的第四届全国大学生基础医学创新论坛暨实验设计大赛获优胜奖。2015 年 5 月，项目参加第十二届“挑战杯”湖南省大学生课外学术科技作品竞赛获二等奖，充分彰显了项目实施意义。

2. 创新点描述

该项目创新点是，在实施传统的体质考察基础上，还对相邻颅缝实施综合考察，并结合X射线影像学技术进行分析研究，已取得了一定的研究进展。因此，该项目研究既丰富了有关额中缝变异的科学发现，提高大学生研学创新性能力，又能为临床颅骨外伤诊断和法医鉴定提供可靠的国人体质科学资料。

3. 学生感言

大学生创新创业，重在参与，贵在完成，旨在培养大学生的科技研学能力。今能获此良机，来日争取大器早成。团队成员将同心协力，踏踏实实完成项目指标，凝练成果，以我们的实际行动和绩效，感谢领导关心和专家的信任，感谢学校的支持和老师的指导。

4. 教师感言

“成人额中缝变异人类学考察与临床意义”属于传统的研究项目，想不到能列入“国创计划”。作为指导老师，在分享荣誉之际，决不忘责任！一定认真组织学生团队，以科学态度，指导完成项目计划，争取达到项目预期目标，决不辜负学校的支持和学生的期望。

紫外线灭活仙台病毒 Tianjin 株抗乳腺癌作用机制的研究

项目名称： 紫外线灭活仙台病毒 Tianjin 株抗乳腺癌作用机制的研究

项目所属一级学科： 基础医学

项目成员： 韩寒　赵黎青　张明哲　王顺达　李飞　申天宇

指导教师： 石立莹，副教授，病原微生物学

起止时间： 2014— 2016 年

推荐学校： 天津医科大学

1. 项目简介

本项目制备了紫外线灭活、复制缺陷的 Tianjin 株病毒颗粒，用该病毒颗粒感染人乳腺癌 MCF-7 细胞，并对其诱导 MCF-7 凋亡作用及其机制进行了研究。前期的实验结果显示灭活仙台病毒能够诱导人乳腺癌 MCF-7 细胞发生剂量依赖性凋亡（图 1，见本文二维码资源），拟通过 caspase 活性测定、caspase 抑制试验及 Western blot 等从诱导凋亡的三条经典信号途径，即线粒体、死亡受体和内质网途径探讨紫外线灭活仙台病毒 Tianjin 株在体外诱导人乳腺癌 MCF-7 细胞凋亡的分子机制，希望为研发新抗肿瘤制剂提供依据。进一步研究发现，该细胞感染病毒后线粒体膜电位呈剂量依赖性降低且凋亡相关蛋白表达水平与对照组比较均有显著差异（图 2，见本文二维码资源），且灭活仙台病毒对裸鼠乳腺癌移植瘤有抑制作用（图 3，见本文二维码资源）。所以紫外线灭活仙台病毒 Tianjin 株诱导人乳腺癌 MCF-7 细胞发生剂量依赖性凋亡，其机制与线粒体途径和死亡受体途径相关。

本项目研究内容目标基本完成，结题报告论述科学、合理。研究成果具有创新性，有一定应用价值。公开发表 SCI 论文 3 篇，参加第十二届“挑战杯”天津市大学生课外学术科技作品竞赛获一等奖，并以优秀论文参加第九届全国大学生创新创业年会。

2. 创新点描述

（1）仙台病毒 Tianjin 株为本课题组分离至今历经 10 余年的研究，具有自主知识产权。全基因组测序明确为仙台病毒新基因型，具有广阔的潜在应用价值。曾获得两项国家自然科学基金的资助，在核心以上期刊发表论文数十篇。

（2）本项目初次探讨利用紫外线灭活仙台病毒 Tianjin 株感染人乳腺癌 MCF-7 细胞，通过检测该细胞的凋亡情况及凋亡发生的可能机制来评价灭活仙台病毒的抗肿瘤作用，具有一定的创新性，为乳腺癌的治疗提供了新的参考依据。

（3）通过本项目的研究，可为病毒抗肿瘤机制研究提供新的参考依据，并有望研发出新的抗乳腺癌的生物制剂。

3. 学生感言

很感谢有机会参加“国创计划”项目，我学到很多。在多次和指导老师石立莹的交流下，我对病毒抗肿瘤细胞的研究有了更深一步的了解，也掌握了细胞培养和检测等多种实验技术，提高了自己的动手实践能力，并尝试发表SCI文章，参加“挑战杯”并获奖，还参加了第九届全国大学生创新创业年会，开阔了视野，更激励我在以后的人生道路上奋勇前进。

4. 教师感言

“千里之行，始于足下。”在为期两年的项目指导过程当中，我收获颇多，受益匪浅。这也是我教学生涯中一段重要的经历，感谢学校给了我这次锻炼的机会。在和我商讨实验计划，规划实验进程的过程中，学生们都表现出较好的合作精神和敬业精神。希望我的学生们在以后的学习过程中将理论联合实践，积极面对困难，挑战自我。

ICA 干预 hUMSCs 对慢性肝损伤影响的研究

项目名称： ICA 干预 hUMSCs 对慢性肝损伤影响的研究

项目所属一级学科： 基础医学

项目成员： 崔换天　刘佩东　邵美玲

指导教师： 边育红，教授，干细胞研究

起止时间： 2013—2014 年

推荐学校： 天津中医药大学

1. 项目简介

人脐带间充质干细胞（hUMSCs）是从脐带华尔通胶分离出来的一类具有多向分化潜能，可分泌多种细胞因子的多能干细胞，在肝脏疾病的细胞移植治疗中具有良好前景，但由于其分化能力有限，移植细胞存活率低等问题，很大程度上影响治疗效果。本项目基于中医“肾藏精”理论及近年来提出的肾与干细胞相关性的理论，结合课题组前期工作发现补肾中药有效成分淫羊藿苷（ICA）体外干预可以提高人脐带间充质干细胞（hUMSCs）多能性，在体移植后没有明显的排斥反应，且具有明显的向损伤器官聚集的趋化性。基于此，本项目采用 CCl_4 复制大鼠慢性肝损伤模型，体外 ICA 干预 hUMSCs 使其多能性增强，尾静脉移植干预后的 hUMSCs，明确多能性增强的 hUMSCs 对肝损伤大鼠肝功能修复的影响，并初步探究其机制。本项目组学生与老师经过一年的共同探索下，最终圆满完成实验，结果表明 ICA 干预 hUMSCs 可缓解小鼠慢性肝损伤，这可能是通过提高小鼠肝组织中抗氧化能力及调节肝损伤相关基因完成的。并且将实验结果撰写成论文“Icariin treated human umbilical cord mesenchymal stem cells decrease chronic liver injury in mice”并发表于 *Cytotechnology*（影响因子 1.857）。与此同时，本项目获得 2014 年“挑战杯”天津市大学生课外学术科技作品竞赛二等奖。同年 9 月，本项目被邀请参与在哈尔滨工业大学举办的第八届全国大学生创新创业年会，与全国入选的优秀项目一同进行展示，项目论文收录于《第八届全国大学生创新创业年会成果集》。

2. 创新点描述

（1）研究思路方面　基于中医肾藏精及近来提出的肾与干细胞相关性的理论及前期研究结果，提出补肾中药活性成分可以通过诱导 hUMSCs 增强其向受损组织迁移来发挥其生物学作用，并通过慢性肝损伤模型揭示补肾中药有效成分干预后 hUMSCs 移植治疗作用，初步明确其机制，进一步丰富肾藏精的科学内涵。

（2）实验研究方面　通过荧光标记细胞观察移植后细胞在肝组织中的分布，TUNEL 实验考察移植细胞凋亡情况，HE 染色观察移植前后肝细胞水肿、炎细胞浸润程度及血清生化指标水平，考察移植细胞对慢性肝损伤的影响。结合移植后小鼠受损组织中 SOD、MDA、GSH 水平及Ⅰ型胶原、Ⅲ型胶原、*TGF-α*、*TGF-β1* 基因表达的变化，明确 ICA 体外干预 hUMSCs 对慢性肝损伤模型肝功能修复的作用，初步探究其机制，为脐带间充质干细胞的临床应用奠定基础。

3. 学生感言

通过完成“国创计划”项目，不仅使我们掌握了动物实验、细胞学及分子生物学等实验基本操作，文献检索，论文撰写等科研技能，而且在遇到困难时，项目成员之间相互协作，共同解决问题，这让我们明白了团队合作的重要性，最终在大家的一起努力下，保证了该项目的顺利完成。

4. 教师感言

本项目顺利实施，并取得了一定的成绩，作为辅导教师，我深感欣慰。在一年多的实践过程中，我欣喜地看到了学生们的成长。从提出自己的想法到最终得出实验结果，他们付出了很多。真心希望他们不要自满，百尺竿头更进一步，在未来取得更多成绩，成长为中医药事业的中坚。

基于 3D 打印技术研制个性化危险穴位人体针灸模型

项目名称： 基于 3D 打印技术研制个性化危险穴位人体针灸模型

项目所属一级学科： 基础医学

项目成员： 刘永丰　张云云　张丽佳　白今　陈成笙

指导教师： 刘建卫，讲师，人体解剖学

郭玉石，讲师，运动医学

起止时间： 2016— 2017 年

推荐学校： 天津中医药大学

1. 项目简介

项目组成员选取一位体型相对健壮的同学作为建模对象，对其进行全方位立体化拍照，获得其体表数据，将该数据上传至 Autodesk123D 建模软件云平台，使用软件强大的云计算能力，获得个性化体表框架数字模型并对其进行修改优化。接下来项目组成员查阅和学习了针刺危险穴位相关知识，结合针灸教学和临床诊疗的实际情况，在数字模型头面、颈项、胸背、腰腹等区域挑选了临床常用且易发生针刺危险的穴位，进行了危险穴位标注的相关工作。然后通过 3Dmax 建模软件依据解剖学比例，构建心、肝、脾、肺、肾、消化道等重要器官的数字模型。通过 3Dmax 建模软件模拟整合连接，将个性化体表框架数字模型和重要器官数字模型整合为个性化危险穴位人体针灸数字模型。测试并选取适宜的打印材料，利用数字光处理 3D 打印机，将个性化危险穴位人体针灸数字模型打印为实体，大小设置为真实人体的十分之一。然后进行模型表面抛光、纹理处理等后期工作，组装各模型获得一套完整的个性化危险穴位人体针灸模型。该模型体表框架表面标记有危险穴位名称，并配有针刺孔，内部单独设置重要脏器（心、肝、脾、肺、肾等）模型，错误进针时可以刺及内部的脏器。该模型可沿冠状面开合，其内部脏器模型按照空间位置独立配置，可拆分、组装方便学习者学习。

相关图片展示见本文二维码资源。

2. 创新点描述

（1）改变传统针灸模型无法为每个人量身定制穴位模型的劣势，解决了针灸学习过程中由于形体差异导致无法准确取穴的难题，充分发挥 3D 打印在个体化定制的优势，满足个性化设计制作的需求。

（2）充分发挥 3D 打印在打印复杂结构方面的优势，弥补传统模型制作工艺中

复杂器官模型无法精确构建的不足，完美呈现重要器官的结构。

（3）模型表面标记有危险穴位名称及腧穴循行路径，并设有针刺孔，模型可沿冠状面开合，内部为重要脏器等比例独立模型，可拆分、组装。利用该模型可以观察人体经络体表循行路径，进行针刺操作练习，同时多层次、多方位、立体化地展示各危险穴位与重要脏器的三维空间关系。

3. 学生感言

通过课题的深入开展，我们对国内外三维打印与针刺危险穴位相关知识进行了学习和思考，并进行了相关创新和实践。此次国家级大学生创新创业训练计划让我们每个人都获益匪浅，它丰富了我们的知识，开拓了我们的思维，激发了我们的创新意识。

4. 教师感言

“给学生一份信任，学生会给教师一份惊喜。”在项目实施的全过程中，学生自主完成创新性研究项目设计、研究条件准备和项目实施、中期检查、研究报告撰写、成果交流鉴定等工作，真正使我认识到，给学生一个探索平台，学生创造力无限。

微型电子针灸铜人

——声光电全方位显示经络腧穴学习及遥控系统

项目名称：微型电子针灸铜人——声光电全方位显示经络腧穴学习及遥控系统

项目所属一级学科：基础医学

项目成员：武玉琳　朱鹏宇　余新官　梅珊珊　王翠菡　王方维　杨坤

指导教师：周桂桐，教授，针灸学子午流注、中医临床技能
李桂兰，教授，针灸标准化及针灸临床
黎明修，讲师，计算机

起止时间：2013—2014 年

推荐学校：天津中医药大学

1. 项目简介

“微型电子针灸铜人——声光电全方位显示经络腧穴学习及遥控系统”是国家大学生创新创业训练计划项目，于 2013 年 10 月立项， 2014 年 12 月结题。本项目是以中医针灸知识为理论基础，以宋代针灸铜人为原型，结合现代先进电子科学技术，研制出的一种简易的集经络腧穴声光电显示、针刺实验操作与遥感系统、自主测评为一体的微型现代电子针灸铜人。整套系统由两部分组成，一是电子铜人模型，一是 APP 控制器。其中铜人模型为针灸学习系统的硬件部分（高为 28cm，肩宽 8cm），包括 LED 灯发光的穴位准确定位功能和模型人发声的语音（设置中英文两种语言）解说功能；APP 为针灸学习系统的软件部分，可安装在任意一款手机上通过蓝牙与铜人连接，实现遥控、测试及图、文、声的转换功能。该项目的目标是研制出一种机动便携式的针灸学习工具，使其既具备宋代铜人优秀的学习思路，又具有当代电子科学技术的特点，让学习者随时随地学习针灸，拥有更多的动手机会和建构更形象具体的知识体系，从而有利于中医针灸的学习与推广。

相关图片展示见本文二维码资源。

2. 创新点描述

把声、光、电、图融合为一体，弥补了以往针灸铜人在设计上“只光无声”或“只声无光”的不足，使学习者通过“看、听、触”等感官系统全方位地学习针刺、经络、腧穴。

控制器的设置，类似于微型计算机，具有遥控功能和显示文字、图形和测试的

功能，直观形象，便捷灵巧，弥补了台式计算机成像成文笨重的缺点。

关键技术在于信号的采集与控制，以及系统内各种设备的微型化。

铜人模型是按照比例缩小的，最大的优点在于便携，类似“布娃娃”大小，可随时随地进行针灸知识的学习。

3. 学生感言

通过亲身参与项目的全过程，我学到了很多，尤其是对创新的理解，有了更加深刻的体会。首先，创新来源于生活，是基于改善生活的技术创造。我们的项目灵感就来源于实际学习中所遇到的不便利。从生活中的细节发现问题所在，是产生创新的不竭动力。其次，创新不是简简单单的单学科的技术升级，是需要多学科的共同协作来打造体验度更佳的产品或者服务体系。跨学科的复杂性决定了创新的难度。最后，我最大的体会是创新是梦想。会做梦，敢做梦，能追梦的青年人才是未来改变世界的主人！

4. 教师感言

在“大众创业，万众创新”的时代号召下，对于青年人尤其是有知识有梦想的大学生而言，大胆创新，勇于创新是当下时代的主旋律，也是国家对青年人的殷切希冀。该项目团队成员能够发现问题并能学以致用、解放思想、大胆构思、细心规划、潜心研究、精心设计，体现了该团队极佳的创新力和协作力。目前，在国家及学校的不断支持及优秀项目的带领下，我院涌现出一批创新创业的先进个人，他们以个人带动周围，周围影响团体的方式不断地扩大创新创业的新理念、新思想、新观点。蔚然成风的创新创业现象也进一步提升了同学们的自主学习能力和社交沟通能力，是教育工程中十分重要的组成部分。

黑果枸杞泡腾剂（颗粒、片）的制备及质量评价研究

项目名称： 黑果枸杞泡腾剂（颗粒、片）的制备及质量评价研究

项目所属一级学科： 药学

项目成员： 王佳　王吉照　王淮旭　杨航　张自强　龙红杏

指导教师： 李建颖，教授，天然产物功能性成分的提取、分离纯化及应用

起止时间： 2015—2017 年

推荐学校： 天津商业大学

1. 项目简介

野生黑果枸杞中含有大量的花色苷、多糖、维生素、氨基酸及微量元素，丰富的矿质元素钾，以及铁、锌、钴、锰、铬、硒等微量元素。目前发现自然界中花色苷含量最高的植物就是黑果枸杞。花色苷是最有效的天然自由基清除剂，可延缓人体细胞组织衰老、增强免疫力、改善睡眠、降压、保护心血管系统等。

泡腾剂是近年来国内外研究开发的一种新颖剂型。因其含有泡腾崩解剂，当其置入饮水后，即刻产生大量 CO_2 气泡，使颗粒或片剂迅速崩解并溶于水。由于泡腾剂具有崩解快速、服用方便、起效迅速、生物利用度高、便于保存和携带，特别适于儿童、老年人及吞服药丸困难的人群。

本项目将黑果枸杞总花色苷提取物结合崩解剂、稀释剂、黏合剂、润滑剂等药用辅料，依据《中华人民共和国药典（2015 年版）》制成泡腾颗粒（片），并优化了黑果枸杞泡腾剂的制备工艺。

本项目建立了一套完整的泡腾剂质量评价体系。参照《中华人民共和国药典》，对泡腾颗粒的粒度、发泡、溶解时间及泡腾片的硬度、脆碎度、崩解时间等进行了质量评价与优化。此外，还对两种剂型置入饮水后的药汤进行了感官评价，确定了单包装剂量及最佳置入饮水量。

本项目成果《超声辅助提取黑果枸杞花色苷的工艺优化》发表在《食品工业科技》2017 年第 14 期；申请发明专利《一种黑果枸杞泡腾颗粒剂及其制备方法》（CN201710383614.6）。

获奖信息及新闻报道等见本文二维码资源。

2. 创新点描述

（1）建立了黑果枸杞泡腾剂的制备工艺：将黑果枸杞花色苷提取物与玫瑰粉、

茶多酚复配，有效减缓了花色苷的氧化；制备中保持低水分，既保持了花色苷功能性，也有效控制了制备中的微生物；利用 H–HPC 具有较强抗酶、抗生物降解、可溶水等性质，添加少量快速达到黏合，并使泡腾剂溶水后快速形成均相物系。

（2）依据《中华人民共和国药典（2015 年版）》，完成了泡腾剂（泡腾颗粒、泡腾片）的制剂处方。泡腾剂是近年来研究开发的一种新型剂型，因泡腾剂中含有崩解剂，当其置入水中后即可溶解并产生气泡，适于吞咽困难的人群，尤其适合小孩服用。且泡腾颗粒（片）便于携带，随时可补充人体所必需的最优抗氧化剂。

（3）建立了一套完整的质量评价体系：以颗粒泡腾时间、外观、粒度、pH、干燥失重等，以片剂外观、硬度、脆碎度、崩解时间、发泡量、pH 等作为指标，探究辅料对制剂的影响，筛选出黑果枸杞泡腾颗粒（片）的最佳辅料，结合感官评价优选出最佳配方。

3. 学生感言

通过参加“国创计划”项目，我们取得了丰硕的成果：拓宽了知识面，扩充了新知识；所学课程理论与项目实践得到充分结合，学会了不断创新，大胆突破；学会了理解与宽容，培养了团队协作精神，更懂得脚踏实地共同协作的重要性。

4. 教师感言

从选题、立项、实施、结项，我始终告诫自己及学生们，要想完成项目、达到其真正的目的，必须时刻牢记：万事开头难；脚踏实地，求真务实；韦编三绝，孜孜不倦；创新为先，砥砺前行。虽然其中酸甜苦辣都有，但由此我与学生共同收获、进步。

胸主动脉血流动力学的有限元模拟

项目名称：胸主动脉血流动力学的有限元模拟

项目所属一级学科：数学

项目成员：李功文　肖欣　向亚菲

指导教师：殷俊锋，教授，数学模型、数据挖掘

起止时间：2010—2014 年

推荐学校：同济大学

1. 项目简介

分离与重建人体胸主动脉弓的三维仿真模型，对人体胸主动脉中的脉冲血流进行三维数值模拟和研究。

方法：运用计算流体力学的基本原理和血流动力学的相关知识，依据临床上采集到的人胸 CT 扫描数据，运用图像处理软件 Mimics 分离并重建人体胸主动脉弓的三维仿真模型。

结果：计算出当以抛物型脉冲血流作为初始速度时，正常人的胸主动脉内血液流动在心动周期内不同时刻的血液流场、壁面压力、速度分布。主动脉弓与分支血管交界面远心端的血流速度明显地高于近心端的血流速度，主动脉弓段内外壁血流存在明显的压力差，血流速度和压力变化剧烈区域，特别是左锁骨下动脉分出点以下 2~3cm 处的局部区域，与临床主动脉夹层易发区域相吻合。

结论：基于 CT 扫描数据进行数值模拟与仿真建模有利于深入开展生物流体力学研究，而主动脉弓血液流场的数值模拟对临床主动脉夹层的诊断和治疗提供了很大的帮助。

三维主动脉弓图像数字化重构过程图见本文二维码资源。

2. 创新点描述

（1）用有限元方法进行心血管中血流动力学的数值模拟和分析是本研究中一个创新点。医学工作者一般对数学工具的认识比较少，特别是有限元和微分方程数值解。而我们数学学科的学生能够将数学物理知识应用于医学，体现学科融合的创新。

（2）运用数学工具和数学方法，特别是数值来模拟并尝试解决临床医学中的各种问题，是本研究的特色之一。这也是学科交叉和交融产生的新学科。目前，国内在这方面的研究还处于起步阶段，有很大的创新潜力。

（3）本项目还将工学理论知识、技术和方法，以理、医、工结合的研究方式，

应用于胸主动脉弓降段血管的分析中，希望该方法对今后相关临床医学问题的研究起到积极的作用。利用计算机编写一个使用该模型的应用平台，对不同情况下的血液流动进行可视化模拟，方便医学工作者、患者使用。

（4）本项目的研究对帮助我们今后的学习和科学创新具有巨大积极的促进作用。

3. 学生感言

“胸主动脉血流动力学的有限元模拟”项目运用血流动力学的基本原理和计算流体力学方法，对胸主动脉血管内的血液流动流场进行有限元数值模拟和分析，计算出脉冲初始血流下血管内血液流动的压力和速度的分布情况。数值实验表明，计算结果中血流变化较大区域与临床发生主动脉夹层概率特别高的区域吻合。

时隔多年，我想给学弟、学妹分享的是，工作中总有枯燥的时候，但同时也会有惊喜，只要自己调整好心态，就能体现出自己的价值。

4. 教师感言

大学生创新性实验强调的是自主性、探索性、实践性和协作性，实施过程讲究长远效益，强调项目实施过程中在创新思维和创新实践方面的收获，不为得到成果而设计，重在实施过程中充分发挥主观能动性，同学要运用所学的知识，使自己得到锻炼和提高。

多功能、一体化急救包的研发与实践

项目名称：多功能、一体化急救包的研发与实践

项目所属一级学科：临床医学

项目成员：时新宇　黄璇　夏碧莹　白颐　彭凯

指导教师：郑莉萍，教授，生殖医学

起止时间：2015— 2017 年

推荐学校：南昌大学

1. 项目简介

当前，因急危重症、意外伤害导致死亡、致残率升高已成为我国重大社会卫生问题。据统计，在我国每年意外伤害人次达 3.5 亿，死亡人口约 890 万人，其中因未得到及时、正确救援而非正常死亡的人数超过 320 万。传播基本的急救知识和技能，提高国民急救意识及效率刻不容缓。

“多功能、一体化急救包”是一款集“自救、互救、培训、大数据分析与云服务”等多功能为一体的高端综合急救系统。其中在线学习平台可提供原创、专业、权威、系统的急救课程和虚拟体验，实现对志愿者在线培训及对民众科普教育。APP 可实现求救者紧急一键求救，云平台自动定位并通知就近的志愿者快速搜救，有效抓住“黄金时间”，提高院前救助成功率。智能抱枕（抱枕式充气心肺复苏模拟人）可使急救技能的训练更简单、更便捷，并替代专业培训设备进入千家万户。为激励更多的专业人士加入志愿者团队，创新设立公益好人基金和会员激励，首创“互联网 +”公众急救互助模式，成为我国急救医疗服务体系的重要补充。

该项目使人们在突然遭受意外伤害后的“黄金时间”内能够因地制宜，及时采取紧急而正确的急救措施，为院前急救赢得时间，真正降低急重伤病患者的死亡率和生者的致残率，已获国家级资格认定和荣誉 10 余项，APP 获 2015 年中国公益行动奖十强，受众人数已超 15 万，2016 年为南昌国际马拉松提供全程医疗保障服务，受到媒体广泛关注。相关图片见本文二维码资源。

2. 创新点描述

（1）技术原创　智能抱枕及 APP 均为自主研发，国内首创；在线学习教学资源、系统为自主原创国家级急救教学课程和国家级急救虚拟仿真训练系统。

（2）理念先进　充分发挥共享经济的创新模式，搭建社会化互助急救平台，集结专业受训人员，为社会民众提供急救服务，为已颁布的“社会急救”政策真正落

地提供可行性模式借鉴。

（3）模式创新　国内首创公众急救互助模式。通过设立公益基金和会员机制，增强其救助专业性与信心，有利于急救志愿者队伍的扩大。

（4）功能整合　可一站式满足公众急救互助、在线学习、专业培训、实地科普、资质认证、虚拟体验、课程订制等个性化需求，构建大众互助急救的闭环，并消除施救者与求救者之间的信息壁垒，搭建急救志愿者社区。

3. 学生感言

作为负责人，我和团队成员携手努力，共同进步。工作中目标清晰，有大局观，制定阶段发展规划，扎实实践，勤于反思；与团队成员合作时，扬长避短，知人善任，客观处理并尊重各成员看法和意见。老师的悉心指导和队员的全力投入最终促成了项目的成功。

4. 教师感言

创新是创业的灵魂，它应该是每个大学生应该具备的基本素质。身处改革浪潮中，作为学生创新创业的一线导师，我认为创新创业教育应成为常态。我校通过开展大学生创想训练营，积极组织参加各类创新创业比赛，搭建展示才华的平台，激发了学生的创新思潮。

TRPV1 在反复热性惊厥小鼠行为学改变中的作用研究

项目名称：TRPV1 在反复热性惊厥小鼠行为学改变中的作用研究

项目所属一级学科：基础医学

项目成员：孔维麟　刘远琳　闵加威

指导教师：彭碧文，教授，神经系统离子通道病、神经 – 免疫研究

起止时间：2010— 2011 年

推荐学校：武汉大学

1. 项目简介

瞬时受体电位香草酸受体 1（TRPV1）是一种热敏感的配体门控的非选择性阳离子通道，在外周神经系统中能够感受热刺激并传导疼痛；在海马神经元中 TRPV1 表达丰富，但功能仍不清楚。本项目通过比较 TRPV1–/– 小鼠（KO 小鼠）与野生小鼠（WT 小鼠）在反复高热（43℃）诱导惊厥后行为学的差异，观察反复热性惊厥小鼠脑电图和戊四氮（PTZ）诱导癫痫的行为学及脑电图变化规律，从而说明 TRPV1 在反复热性惊厥小鼠癫痫发生发展中的作用。实验方法为随机选取 14 日龄小鼠（包括 TRPV1–/– 小鼠和 WT 小鼠），采用热气浴的方法建立反复热性惊厥动物模型，通过建立自由活动小鼠颅内脑电图记录的方法，描记脑电图，观察和分析 TRPV1 对反复热性惊厥小鼠行为学及脑电图的影响。结果显示 TRPV1–/– 小鼠在高热诱导惊厥中惊厥潜伏期、发作等级和惊厥持续时间较野生小鼠明显降低。反复热性惊厥小鼠成年期通过阈下剂量的戊四氮（30mg/kg 和 45mg/kg）诱导癫痫发作，野生小鼠癫痫发作潜伏期变短，癫痫发作等级较高，癫痫发作持续时间较长。上述现象提示高热激活 TRPV1 能够促进惊厥发作，降低 PTZ 诱导癫痫发作的阈值；而 TRPV1–/– 能降低反复热性惊厥小鼠癫痫发作易感性，对反复热性惊厥小鼠脑损伤具有保护作用。

实验数据图表见本文二维码资源。

2. 创新点描述

选题方面，紧跟基础研究前沿，结合临床实际问题提出科学假设。热性惊厥是小儿时期最常见的神经系统功能异常疾病，而反复热性惊厥是难治性癫痫的易感因素。瞬时受体电位香草酸受体 1（TRPV1）是伤害性热刺激感受器，在神经系统表达丰富，可调节神经元的兴奋性。提示高热可能通过激活 TRPV1 增加神经元兴奋性而介导惊厥发作。

技术层面，模拟临床情景，建立自由活动状态下小鼠脑电图记录方法，维持记录深部脑电信号，客观反映小鼠实时状态下的脑电活动，提高脑电记录的稳定性和客观性。

结果发现，热气浴诱导高热惊厥具有较好的稳定性和安全性；首次发现高热激活 TRPV1 能促进小鼠惊厥发作，而 TRPV1–/– 能降低反复热性惊厥小鼠 PTZ 诱导癫痫发作的易感性，为临床治疗癫痫 / 惊厥提供一定的理论基础。

3. 学生感言

创新离我们并不遥远，在学习和工作的过程中，发现问题—分析问题—解决问题，其实也是一种创新。“国创计划”培养了我们的科研思维与实践能力，我们的创新之路并不会因课题结题而结束，而是以“国创计划”为起点，扬帆远航，追梦前行。

4. 教师感言

大学生创新性实验是教学过程中重要的辅助方法，可全面培养学生文献阅读、实验设计、实践操作、论文写作等科研能力，引导学生走上创新之路。指导老师在此过程中要多给予学生鼓励和关心，增加学生的创新动力，激发学生的创新潜能。

牡荆素对新生大鼠缺氧缺血性脑损伤保护机制的研究

项目名称： 牡荆素对新生大鼠缺氧缺血性脑损伤保护机制的研究

项目所属一级学科： 基础医学

项目成员： 何苗、宋嘉琳、廖洁、韩琳志

指导教师： 彭碧文，教授，神经系统的离子通道病、神经－免疫研究

起止时间： 2013—2015 年

推荐学校： 武汉大学

1. 项目简介

本项目旨在探讨牡荆素对缺氧缺血性脑损伤的治疗作用及其分子机制。经典 Rice 法建立缺氧缺血性脑损伤模型后立即腹腔注射牡荆素，从分子、细胞、组织、动物水平对造模后近期和远期的影响进行评估。从组织水平观察脑水肿程度，氯化三苯基四唑（TTC）染色检测脑梗死体积，细胞水平尼氏染色检测神经元数目变化，分子水平 Western blot 检测 HIF-1α 和 VEGF 的表达，进而评估牡荆素对缺氧缺血性脑损伤近期影响。通过组织水平的称重计算脑质量及细胞水平的尼氏染色，动物水平的足失误实验及 Morris 水迷宫实验检测行为学指标，评估牡荆素对缺氧缺血性脑损伤远期影响。结果显示，牡荆素适宜剂量为 45mg/kg，通过降低 HIF-1α 和 VEGF 的表达，可明显减少缺氧缺血性脑损伤后的脑梗死面积、减轻脑水肿程度和减少神经元死亡，以及减轻运动和记忆等行为学损伤（相关实验数据见本文二维码资源），在近期及远期均具有保护作用。

2. 创新点描述

该项研究将临床问题与基础前沿相结合，研究牡荆素对新生大鼠缺氧缺血后对 HIF-1α 活性抑制效应的机制，以及对缺氧缺血所引起的一系列脑损伤的保护机制，为新生儿缺氧缺血性脑病的预防及临床药理作用新靶点提供实验依据。

在实验过程中，应用整体动物缺氧缺血性损伤模型，并从分子、细胞、组织、整体动物水平对近期和远期影响进行全面研究。评估牡荆素近期影响的实验有组织水平的 TTC 染色检测脑梗死体积并确定牡荆素适宜剂量，以及检测脑水肿程度，细胞水平的尼氏染色检测神经元数目变化，分子水平蛋白免疫印记法检测 HIF-1α 和 VEGF 的表达量。评估牡荆素远期影响的实验有组织水平的称重计算脑质量及细胞水平的尼氏染色，整体动物水平的足失误实验及 Morris 水迷宫实验检测行为学指标。

3. 学生感言

十分感谢本次“国创计划”的机会，我们初步体验了做科研的过程，参与了搜集资料、选题、设计并实施实验、撰写科研报告等。科研充满不确定性和繁复性，而创新是建立在勤于用功的基础上，勤于思考，发现节点所在。接下来我们将以更饱满的热情致力于科学研究。

4. 教师感言

“国创计划”对于学生们来说是体验科研、锻炼能力、寻找人生目标的绝佳机会。学生们从刚开始进实验室前的培训时充满好奇，到后来查文献、做简单的实验、撰写报告，已能独当一面并立志从事科学研究工作，我的内心无比自豪。衷心希望“国创计划”能给更多学生这样宝贵的机会。

胃癌基质细胞自噬水平与 Caveolin–1 表达之间关系及意义的研究

项目名称：胃癌基质细胞自噬水平与 Caveolin-1 表达之间关系及意义的研究

项目所属一级学科：基础医学

项目成员：何禹禹　赵显达　李宗焕

指导教师：陈洪雷，副教授，肿瘤的能力代谢

起止时间：2011—2013 年

推荐学校：武汉大学

1. 项目简介

胃癌是我国最常见和致死率最高的恶性肿瘤之一，而目前尚缺少有效的胃癌分子标志物。在癌变的过程中，胃组织细胞内外的代谢情况和能量分布都会发生一系列的变化，而细胞自噬则是导致这种改变的重要方式之一。Caveolin–1（以下简写为 Cav–1）是构成胞膜窖结构框架的多聚体结构蛋白，是胞膜窖不可缺少的成分，在细胞信号转导中起着“门控”作用。本研究拟通过用量子点免疫荧光组织化学法（QDs–IHC）检测胃癌基质细胞自噬水平和 Cav–1 的含量，探究两者表达之间的关系；对患者的病理资料和临床随访数据进行收集和分析，研究基质细胞 Cav–1 蛋白作为新的胃癌肿瘤标记物的可能。最后，所有实验数据均录入 SPSS 17.0 统计学软件，进行统计分析。结果表明：在胃癌的形成过程中，Cav–1 表达水平呈进行性下降，说明 Cav–1 蛋白可能具有抑癌作用。胃癌基质成纤维细胞 Cav–1 表达的缺失预测患者的早期复发和不良预后。而基质成纤维细胞自噬标志物 LC3B 蛋白表达没有发现显著的临床价值。此外，LC3B 蛋白和 Cav–1 蛋白的表达情况无明显相关，这说明基质 Cav–1 蛋白缺失的原因很可能不是由自噬引起的，而其真正的原因有待探索。相关实验数据见本文二维码资源。

以上成果陆续发表 SCI 论文 5 篇，其中包括 *International Journal of Cancer*（影响因子 6.513），*International Journal of Molecular Sciences*（影响因子 3.226），*Tumor Biology*（影响因子 3.65），*PLOS One*（影响因子 2.806）等知名期刊，申请国家级发明专利一项，并获得省级大学生优秀成果奖 2 项。

2. 创新点描述

本项目在理论和技术上均进行了一定的创新。首先，研究目标位于肿瘤基质中，

是为数不多的在肿瘤基质中研究胃癌的分子标记物，拓展了胃癌分子标志物的筛选范围。此外，在技术上，与传统的免疫酶法检测组织抗原表达不同，本项目使用了先进的量子点多色标记技术来研究肿瘤相关成纤维细胞蛋白的表达水平。在量子点多色标记技术的协助下，同时标记了成纤维细胞的标志物 α–SMA 和目标蛋白 Cav–1，利用多光谱成像和光谱分离技术，精确定量评估成纤维细胞的 Cav–1 蛋白表达，使得整个实验过程严谨科学，可重复性高。这项技术已申请了国家发明专利一项。本研究证实了胃癌基质成纤维细胞 Cav 1 蛋白表达降低可以预测胃癌患者的早期复发和不良预后，并且是胃癌患者的独立危险因素，为胃癌的分子标志物研究提供了新的证据。

3. 学生感言

“国创计划”为广大大学生提供了获得独立科研经历的机会，这是一个大舞台、一个广阔的天地。回首过去两年的科研训练，我们最大的收获不仅仅是发表了多篇 SCI 论文、荣获了多项奖项，更重要的是各方面综合能力的极大提升，这将是我们未来人生路上的一份宝贵财富。

4. 教师感言

“国创计划”成功培养了一批批本科生科研团队。这种科研基础训练，极大地激发了本科生对科研的兴趣，磨炼了本科生的意志，增强了他们解决问题的能力，培养了团队精神并提高了沟通技巧。科学研究是团队工作，需要团队精神来指引团队的工作。

转盘法推广优化降压方案的创新设计

项目名称：转盘法推广优化降压方案的创新设计

项目所属一级学科：临床医学

项目成员：王雅靖　陈彩霞　包颍　裴梦云　金莹莹

指导教师：郭清晓，主任医师、教授，高血压治疗现状

起止时间：2016—2017 年

推荐学校：黄河科技学院

1. 项目简介

高血压防治指南推荐的优化联合方案，要求综合患者血压等级、合并危险因素和合并疾病等情况选取个体化方案，而且大多数患者需联合用药，这对于一般社区居民来说很难掌握。我们通过临床课学习，结合自身社会实践，了解到社区居民达此要求者甚少，因此我们设计三层转盘法，将血压值、危险因素和并发症三种参数分别列入三个不等大圆盘中，根据个人情况旋转，可得到一个对应优化降压方案。此法需要有严谨的医学理论知识做技术支撑，成功后可惠及大众，普及优化联合方案，推广意义重大。降压智慧盘实物图见本文二维码资源。

产品参数：

危险因素	首选	次选	末选
（1）高血压 1—3 级：	CCB	ACEI	ARB
（2）男 > 55 岁　女 > 65 岁	ACEI	ARB	CCB
（3）空腹血糖受损	ACEI	ARB	CCB
（4）血脂异常	CCB	ACEI	ARB
（5）心血管病家族史	CCB	利尿剂	ACEI
（6）腹型肥胖利尿剂	ACEI	β 受体拮抗剂	
伴随疾患	首选	次选	末选
（1）脑血管病	CCB	ACEI	ARB
（2）心脏疾病	ACEI	ARB	β 受体拮抗剂
（3）肾疾病	ACEI	ARB	CCB
（4）周围血管病	CCB	ACEI	ARB
（5）视网膜病变	ACEI	ARB	CCB
（6）糖尿病利尿剂	ACEI	ARB	

药物选择：

利尿剂：氢氯噻嗪、氨苯蝶啶、吲达帕胺

β受体拮抗剂：普萘洛尔、美托洛尔、阿替洛尔、比索洛尔

CCB（钙通道阻滞剂）：硝苯地平控释剂、尼群地平、苯磺酸氨氯地平、苯磺酸左旋氨氯地平

ACEI（血管紧张素转换酶抑制剂）：卡托普利、依那普利、贝那普利、培哚普利

ARB（血管紧张素Ⅱ受体拮抗剂）：氯沙坦、缬沙坦、厄贝沙坦、替米沙坦、坎地沙坦

2. 创新点描述

本项目主要是将医学理论用简明的方法传递给广大群众，让他们通过这种有趣的转盘模式，学到知识，得到益处。这种设计虽然制作烦杂，理论性强，但后期制作方法简单，推广效果好，通俗易懂，让使用者有耳目一新的感觉，易学易操作，简洁又方便，能够使患者得到最优的治疗方案。

3. 学生感言

起初我们很好奇，态度也很积极，觉得这种推广的方式从前没见过，经过老师讲解又觉得非常容易。不过，我们通过后期的讨论、分析，明白该项目需要将我们所学的高血压知识面向社区推广，难度极大。理论分析，做模型，落实到具体细节上才发现着实不易。通过创新我们对学习更加感兴趣了，明白知识和生活是如何紧密相连的，更加体会到基础医学知识的重要性，同时还养成了乐于思考、乐于动手、乐于沟通的习惯。

4. 教师感言

通过创新创业课题申报，学生们的学习兴趣提高了，善于思考，善于提问题了。同事也肯定了我讲授内科学的方法，目的明确。反思一下，许多人总是长年累月地按照一种既定的模式运行，循着自己的思维习惯来行事，不再积极地思考，也不再尝试别的路，终究不会有什么作为。在以后的教学工作中，如能促使学生们积极思考，打破思维定式，往往会收到意想不到的效果。山重水复疑无路时，如能集中注意力积极思考，定会帮你柳暗花明又一村。

葛根素对 ES-CMs 增殖能力的影响

项目名称： 葛根素对 ES-CMs 增殖能力的影响

项目所属一级学科： 生物学

项目成员： 高颖　钟彬龙　罗雪颖

指导教师： 席姣娅，副教授，干细胞研究和心血管生理学

起止时间： 2014—2015 年

推荐学校： 华中科技大学

1. 项目简介

葛根素（Puerarin）是一种从野葛［*Pueraria lobata*（Willd.）Ohwi］的干燥根中提取出的异黄酮类化合物。药理学研究表明，葛根素具有对抗心肌缺血再灌注损伤、抗氧化等作用，已被用于临床治疗各种心血管疾病。本项目组前期研究发现，葛根素是选择性促进胚胎干细胞（ESCs）向心肌细胞（CMs）分化的天然化合物之一，其作用可能与 PI3K/Akt 途径有关。那么，该生物学效应是否与心肌细胞自我增殖能力提高有关呢？本研究组利用小鼠转基因 ES-CMs（αPIG 克隆），研究葛根素对 ES-CMs 增殖能力的影响，并为该中药在保护心肌中的应用提供理论基础。

方法：采用类胚体诱导分化法实现转基因胚胎干细胞（ES）向心肌的分化。用 EdU（5- 乙炔基 -2′ 脱氧尿嘧啶核苷）染色观察胚胎干细胞源心肌细胞（ES-CMs）的增殖情况。通过流式细胞术检测 ES-CMs 的细胞周期和凋亡。运用实时荧光定量 PCR 来研究细胞周期进程相关基因的转录。应用蛋白质印迹法（Western blotting）和特异抑制剂对与细胞增殖相关的信号通路进行研究。

结果：在分化早期，葛根素表现出对 ES-CMs 增殖的延迟抑制效应。同时，葛根素可以减慢细胞经过 G2/M 期而不引起 ES-CMs 的凋亡。进一步的实验表明葛根素能上调 Cyclin A2、Cyclin B1 和 Cdk1 在 ES-CMs 中的转录。ERK1/2 通路特异抑制剂 PD0325901 和 PI3K 通路特异抑制剂 Wortmannin 有效逆转了葛根素诱导的 Cdk1 转录的上调，但对 Cyclin A2 和 Cyclin B1 的上调没有显著影响。

结论：研究结果表明，在分化早期，葛根素通过减慢心肌细胞经过 G2/M 期来抑制其增殖。

相关实验数据见本文二维码资源。

2. 创新点描述

该研究以小鼠胚胎干细胞分化而来的心肌细胞为实验对象，研究了传统中药葛

根的有效成分——葛根素对其增殖能力的影响，初步探讨了葛根素影响心肌增殖的作用机制和意义。葛根素可通过调控 ERK1/2 和 PI3K/Akt 信号通路延缓分化第 10 天的心肌细胞经过 G2/M 期，从而抑制其增殖能力。病理状态下成年心肌的增殖能力异常提高，呈“返祖”状态。葛根素可能通过抑制细胞增殖而阻止这一过程，发挥修护心泵功能的作用。该研究为葛根素保护心肌的作用机制提供了新的研究视角。

3. 学生感言

参与“国创计划”项目的过程是与科研的第一次亲密接触，让我们在本科阶段就能接触严谨的科研实践，从实验操作良好习惯的养成和基本技术的掌握到科研论文写作都得到了全面的训练，在克服困难的过程中初窥科研的本质，感谢导师的悉心指导，让我们在心态和技术上都为今后的研究打下了良好基础。

4. 教师感言

“国创计划”为本科生提供了提出科研问题并设法解决的平台，学生从申请课题到自己寻找答案再到最后结题答辩，科研设计、实验操作、数据分析解释及展示自己成果的能力都可以得到锻炼，无论成果大小，都是一次有意义的经历。

基于 3D 打印技术的新型多用途肝癌模型制作

项目名称： 基于 3D 打印技术的新型多用途肝癌模型制作

项目所属一级学科： 临床医学

项目成员： 李嘉荣　许垚　蒋晓洁

指导教师： 李年丰，教授，肝胆胰外科

廖胜辉，副教授，虚拟现实技术研究

起止时间： 2015 年 5 月—2016 年 6 月

推荐学校： 中南大学

1. 项目简介

肝是人体内最大的器官，肝门静脉系统收集消化道、脾、胰、胆囊的血液，血供极其丰富，其间有肝固有动脉，肝静脉。肝外胆道及其分支纵横交错，穿行路径、空间毗邻等极其复杂。现代人肝的负担越来越重，各种肝病发病率逐年上升。而现有的供医学生或住院医师进行学习，供外科医生进行术前辅助诊断和规划的医用器材十分缺乏。

本项目将临床医学与计算机技术等多学科知识相结合，以 CT 数据重建技术为基础，在医疗大数据技术的辅助下，与建模设计结合，实现了肝脉管系统的精确重建。

通过仔细剖析需求，制作出价格低廉且可用于临床医疗和教学的多用途模型。通过反复筛选、实验，通过先将 CT 断层扫描结果，以大数据资料为辅助，转化成普适性较高的可供打印的数据；再创新地将肝脉管系统进行科学的划分，分段打印血管并让脉管系统与肿瘤组织分离，用创新的拼接方式使血管的连接和肿瘤组织的表达随心所欲，便于临床医疗和医学教学的应用；最后将肿瘤组织和脉管系统分别 3D 打印，并利用现代工业模具制作。在满足医学对于精准化要求的同时，将动辄近万元的“传统 3D 打印肝癌模型方案”降到成本不过百元，使其在辅助诊断、医患沟通、术前模拟、优化教具、优化手术等方面均能起到重要作用。创造经济价值的同时，让我国近百万基层医疗机构的医生和病人也能享受到新技术的服务。相关模型图见本文二维码资源。

本项目将 3D 打印技术和医学模型制作相结合空白，消除了 3D 打印制品易折、易张力变形、价格昂贵的缺点，使其达到可批量精确化生产，填补了市场空白，获得国家发明专利授权。

被推荐参加湖南省第三届大学生创新实验成果展暨创新论坛交流，获“十佳”

作品。

2. 创新点描述

（1）由于 CT 技术的局限性，转换成可供打印的模型数据需耗费大量人工，且并不准确。项目将 CT 扫描数据与大数据医学资料结合，制作出一套普适性高的脉管系统模型，使重现困难的肝脉管系统精确转换成实体。

（2）分段打印肝脉管，并使脉管系统可自由拼接成形。以轻质的 EVA 泡棉材料制作易于拼接的肿瘤组织，使脉管系统与肿瘤组织分离。透明材料制作立体可拼接肝外壳，以传统肝分段方式单独包绕血管。将血管与肿瘤组织分开制作后，依然可以准确体现出肿瘤与血管之间的空间毗邻关系，可重复用于不同病例。

（3）通过工业化模具技术，以质软环氧树脂翻模，保留了血管结构的准确性。同时替代 3D 打印材料，消除了 3D 打印制品易折、张力变形、价格昂贵等缺点。

（4）3D 打印技术与现代模具制作结合后，具有“可批量生产的精确化”优势，以低廉的价格填补了医学模型的市场空缺，在辅助诊断、医患沟通、术前模拟、优化教具、优化手术、平衡资源医疗资源等方面均能起到重要价值。

3. 学生感言

从 2014 年准备设计项目、2015 年成功申请“国创计划”项目，至今已经学习和开展医学研究三年，不断深入的研究早已越过了申请时的目的，也曾担心过是否有些画蛇添足，但社会的发展也意味着人们愈加注重自身健康。医学与健康息息相关，因此再多的思考、再多的谨慎在医学研究上永远也不嫌多。

在课题研究的过程中，伴随着自己对医学知识了解的深入，不断地修改自己最初的想法和实验目的。同时对于化学材料的选择、传统工业模具制作的方法、3D 打印的工作原理、计算机建模和数据处理、医学用品的销售等方面做了大量的了解。涉猎广泛虽然辛苦，但丰富了自己研究经验，提高了科研能力的同时，也拓展了知识面和生活兴趣，获益匪浅。

4. 教师感言

本项目是多学科的合作，甚至涉及大量社会交往的要求，对项目组的同学们提出了很高的要求。在这个过程中我的基本思路是通过循循善诱，用一步步深入研究的方法来指导学生进行研究。对于本科低年级学生来说，项目本身难度较大，往往因在项目实施过程中遇到一些困难的问题就会半途而废。并且，本项目的研究不仅仅是探索，更是创造。创造相较于探索更需要灵光一现，并不是枯坐实验桌前就能得出结论的，需要项目团队去生活中领悟，在不同行业的创新过程中感受，寻找属于自己的“灵光一现”。幸好，经过近两年的探索、实践，项目如期完成。相信这对于项目团队在以后漫长的医学生涯能起到长足的帮助。

超声诊断颞下颌关节盘移位的诊断性试验及系统评价

项目名称：超声诊断颞下颌关节盘移位的诊断性试验及系统评价

项目所属一级学科：口腔医学

项目成员：李春洁　刘雯雯　苏乃川　杨娴睿　孙宁远

指导教师：史宗道，教授，颞下颌关节病学

起止时间：2010—2012 年

推荐学校：四川大学华西口腔医学院

1. 项目简介

本研究拟通过临床试验及系统评价的方法，评价超声在诊断颞下颌关节盘移位中的作用及安全性。在临床研究过程中，我们通过纳入临床考虑为颞下颌关节结构紊乱的患者，进行超声检查，同时配合 MRI 检查，明确超声检查的准确性；除此以外，为了增加相关临床证据，使用了系统评价的方式，共涉及研究 15 篇，通过对研究内容的仔细分析，评价研究质量，发现共 6 项研究存在低偏倚风险，3 项研究有高偏倚风险。除此以外，各研究的合并结果显示，超声能够快速检测颞下颌关节盘移位，同时在作为门诊快速诊断和治疗中具有极大应用价值。

通过该研究，我们课题组共发表相关研究论文 13 篇，其中，SCI 论文 5 篇，总影响因子超过 20 分。课题组各参与同学均有作为第一作者的相关论文发表。其中，以李春洁为第一作者的“Ultrasonography for Detection of Disc Displacement of Temporomandibular Joint: A Systematic Review and MetaAnalysis”一文是国内口腔医学界首次在国际期刊上发表的诊断性试验系统评价；以苏乃川作为第一作者发表的《正电子发射体层成像 / 计算机断层扫描在口腔颌面部肿瘤颈部淋巴结转移中的诊断价值》一文是国内首次发表口腔医学诊断性系统评价。

实验数据及论文发表情况见本文二维码资源。

2. 创新点描述

（1）在国内首次使用诊断性试验系统评价的相关方法，同时在中英文杂志中发表了相关研究。

（2）发现超声能够作为颞下颌关节紊乱病的快速诊断方法。

（3）对系统评价的方法学进行了深入的研究，发表了相关研究结果。

3. 学生感言

通过此项创新实验，我们对临床研究及循证医学的研究方法有了深入的认识，同时也帮助课题组的同学发表了相关文章，对科研创新有了新的理解。

4. 教师感言

很高兴看到学生能够顺利完成“国创计划”项目。学生在研究过程中培养了良好的科研习惯，“国创计划”也为我国培养了一批口腔医学专业人才。苏乃川同学目前正在荷兰学习，是我国第三批口腔临床流行病学的接班人；李春洁同学已毕业留校，目前是头颈肿瘤外科及循证口腔医学教研室副教授；刘雯雯同学目前在北京大学从事种植学及循证口腔医学相关工作；杨娴睿同学目前在哈佛大学留学，在其博士期间发表了大量循证口腔医学研究论文。感谢“国创计划”帮助学生们成长，通过该项目，参与学生正在成长为相关学科的领军人物。

先天性牙发育不全致病机制研究

项目名称：先天性牙发育不全致病机制研究

项目所属一级学科：基础医学

项目成员：黄芙萌　李海瑞　王碧媛　蒋子剑　陶昱

指导教师：马捷，教授，医学分子遗传学

起止时间：2013—2014 年

推荐学校：西安交通大学

1. 项目简介

项目组在临床工作中发现了一个 X 性连锁少汗型外胚层发育不良（XLHED）疑似患者家系（图 1，见本文二维码资源）。该家系共四代 24 人，男性 15 人，女性 9 人，其中患者 4 人（图 2）。鉴此，项目组对该家系开展了基于分子遗传学技术的致病基因与遗传变异的分析鉴定工作。

项目组研究发现，在该家系中 4 位患者均为男性，另有 5 位女性确认为是携带者，所有患者和携带者中 *EDA* 基因外显子第 659 位核苷酸发生点突变 C → T，造成第 220 个密码子 CCA 转变为 CTA，对应的氨基酸残基由脯氨酸转变为亮氨酸（图 3，见本篇二维码资源）。同时，在该家系的其他健康成员及随机选取的 300 例正常对照人群中均未检测到该突变。经文献检索查新确认，本项目组鉴定出的突变 c.659C → T 是一个新的，且从未被报道过的错义突变。该突变位于 *EAD* 基因的胶原样结构域中，由于脯氨酸和亮氨酸侧链基团的差异，可造成肽链上该位点之后氨基酸残基的空间

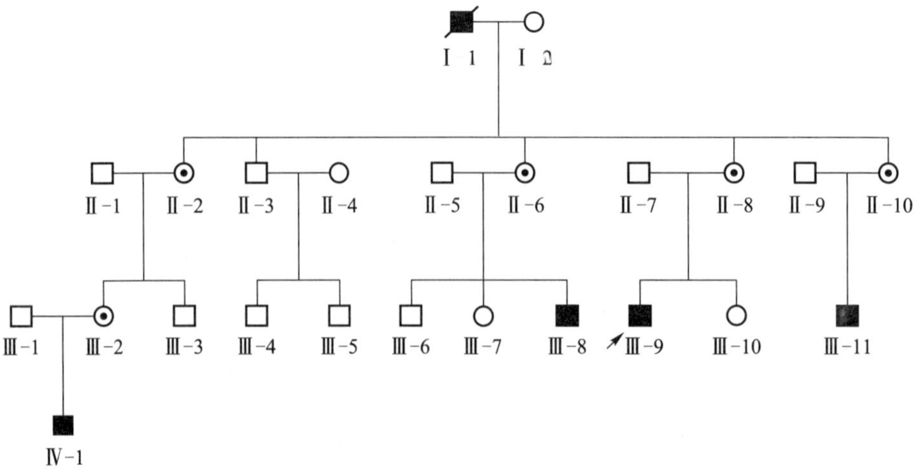

图 2　家系遗传分析

走向改变，影响了*EDA*蛋白的空间构象，进而造成*EDA*与特异性受体*EDAR*结合障碍，使之无法顺利传递信号和有效激活下游 NF–κB 的信号途径，最终阻断或削弱了外胚层发育所必需的特定基因表达。

本项目通过分析鉴定该家系的致病基因和遗传突变，进一步丰富 *EDA* 基因的致病突变谱，为 XLHED 致病机制的研究提供新思路和新线索，进而为该疾病的分子诊断与临床诊治奠定一定的基础。

本项目发表学术论文 2 篇，其中 SCI 收录 1 篇。研究论文入选第九届全国大学生创新创业年会学术交流论文，并在第三届全国大学生基础医学创新论坛暨实验设计大赛获奖。

2. 创新点描述

本研究从临床问题出发，以先证者为切入点，通过对家系成员样本的系列基础性研究工作，在世界上首次报道了一个导致 XLHED 的新的遗传突变。

本研究在实现临床问题与基础研究相结合的同时，为该疾病的分子诊断与临床诊治提供了一定的理论基础和技术支持。

3. 学生感言

本科阶段的我并不清楚科研是什么，只是觉得科研是一件崇高并且充满神秘感的事情。因为“国创计划”，我第一次近距离接触科研，从此本科生活也变得充实起来。如今，我已经是二年级硕士研究生，正是由于本科阶段的科研锻炼，我再次投入到研究课题中时多了一份自信与从容。我目前的研究工作进展也较同级的同学们顺利许多，这让我更加感激本科时的积累，感谢“国创计划”，感谢我的指导老师马捷教授。

4. 教师感言

作为一名高校教师，我教学工作的重点一直放在本科生和研究生的授课上。然而，意外地与“国创计划”的亲密接触，为我打开了一扇新的大门，原来貌似幼稚的本科生们竟然具有这么大的科研潜力，一路上带给我如此多的惊喜。看着他们的成长，我深感欣慰；作为一名指导“国创计划”的教师，我倍感骄傲。

第四部分

工程与技术科学类

液态金属（镓铟合金）的电浸润性质研究

项目名称：液态金属（镓铟合金）的电浸润性质研究
项目所属一级学科：力学
项目成员：彭施瑞
指导教师：段慧玲，教授，力学与工程科学
起止时间：2015—2016 年
推荐学校：北京大学

1. 项目简介

液态金属电浸润性质的研究起源较早，最早人们研究的是汞金属（常温 20℃下是液态）及其电浸润性质，2005 年 *Science* 杂志上就有报道在纳米碳管中汞的电浸润。但是由于汞易挥发，汞蒸气有毒，使得液态金属电浸润性质的研究一度陷入僵局。最近一种新的液态金属（镓铟合金）由于其优异的性质受到了很广泛的关注。类似汞，镓铟合金有优异的导电导热性，高密度，高表面张力（500 ～ 718mN/m, 水的表面张力为 72mN/m），但是它的蒸气压很低，且无毒，所以相比汞而言，镓铟合金更适合于实验室研究。

现有的关于镓铟合金的研究包括：镓铟合金作为电子印刷材料；在电场作用下表面张力及形态的改变；在内 / 外电场下的自由振荡运动及利用该性质实现的微流体泵等。根据以前的结果，本项目着重于利用电场作用改变液态金属的表面张力来实现液态金属的定向移动及可控运动。

本项目应用电浸润的实验方法，探究了不同变量对液态金属在微管道中电浸润性质的影响。具体做法是将不同内径的毛细管、不同浓度的 KOH 溶液、不同大小的直流电压进行组合，在特定的组合下测量液态金属通过毛细管某一标定距离所用时间，并通过测得的时间和标定距离的长度求得液态金属在毛细管中运动的平均速率。实验数据结合理论公式定量地描述液态金属的电浸润性质，探究电压、电流、管径及溶液浓度对液态金属电浸润性质（主要是在直流电下运动的性质）的影响。此外还研究了液态金属在多孔材料样本中的电浸润性质。

实验装置图及数据处理结果见本文二维码资源。

2. 创新点描述

液态金属运动的平均速率与毛细管内径有关，然而相关关系并不是单调的。从数据结果图像中可以看出，当内径从 0.1mm → 0.5mm → 1.0mm 变化时，在相同电

压下速率基本是递增的。这也在一定程度上符合直观感受。因为当内径增大后，在电压一定时流场的电阻应该会减小，从而电路中的电流相应增大。从结果的第一点就可以有一个简单的判断，即速率也应有所增加。当内径为 0.3mm 时，所得结果曲线在 0.5mm 内径所得结果曲线之上，这意味着在所测电压范围内，0.3mm 内径中的平均速率均大于 0.5mm 内径中的相应值。同时，在电压较低时，0.3mm 内径中的平均速率还大于 1.0mm 内径中的相应值。因为所有数据都至少重复测量三次，且因为 0.3mm 内径的特殊情况，测量次数更多，所以应该还有其他我们未知的影响因素存在。

3. 学生感言

经过一个多学期的科研训练和学习，我认识到理论分析与实验研究相辅相成，实验设计需要理论进行指导，在设计中要尽量突出理论模型中的主要矛盾，弱化次要矛盾，这样的实验才能够真正用于检验理论的正确性和适用范围；实验操作需要足够的耐心和细致，要有坚定的信心和坚强的毅力，虽然现在许多步骤都可以通过计算机完成，但是依然有许多实验操作需要研究人员具备一定的基本素质。

4. 教师感言

首先，就该项目内容来说，其涉及的研究领域前沿且新颖；其次，就其研究方法来说，亦具有一定的学术专业性。

此外，该项目要求学生具备较好的学习能力，能够抓住眼前问题，多方向的寻找突破口，并在解决问题的过程中不断学习吸纳相关的研究经验和方法，然后及时运用到自己的研究中去。总体而言，该项目的工作做得比较出色。

Kinect 景深图像增强处理

项目名称：Kinect 景深图像增强处理

项目所属一级学科：电子、通信与自动控制技术

项目成员：袁艺天　由伟希　万平安

指导教师：林春雨，副教授，图像视频处理

起止时间：2014—2015 年

推荐学校：北京交通大学

1. 项目简介

传统相机以二维平面的方式记录场景信息，而最近兴起的微软 Kinect 等设备可以获得除此之外的第三维的深度信息，该信息记录了场景到相机之间的距离，其中图像的明暗表征了场景距离相机的近远。因此，Kinect 图像在三维重建、模式识别、人机交互和虚拟现实等研究中有重要应用。但是由于目前技术上的限制，Kinect 获得的深度图像在质量方面不是很完善，主要包括图像噪点、深度孔洞、锯齿边缘、图像过小等问题。图中物体的边缘部分有着较大的空洞，为无效像素部分；此外，深度图像的分辨率只有 640×480，而颜色图的分辨率最大可达 1920×1080。本项目主要针对上述问题，实现一套集采集、标定、深度增强及深度图上采样的综合系统，使用户能够获得具有相同分辨率大小的且质量较好的深度图像，项目以三维场景重建为例，验证了系统输出深度图的有效性。相关图像见本文二维码资源。

2. 创新点描述

利用联合标定的方式实现了颜色图像和深度图像的坐标对齐；提出基于颜色图分割的深度图像滤波算法，减少图像孔洞和噪声的影响。为了解决深度图的分辨率小于颜色图的问题，项目提出了基于边缘校正的深度图像上采样后处理算法，在提高深度图分辨率的同时，尽可能地保持了深度图和颜色图的公共边缘，以确保两者在视点合成和三维重建中的应用。

3. 学生感言

整个项目从方案设计到动手实现，从开题到中期及最终答辩，从文档整理到论文撰写，我们从中梳理了知识体系，锻炼了分析问题和解决问题的能力，提高了动手能力和逻辑表达。我们收获了丰富的阅历，为工作、升学和出国深造都增添了自信。

4. 教师感言

本科生涯是思维最活跃的一段时光，大学生精力旺盛，勇于尝试，他们以其独特的视角去思考问题和解决问题。我们可以因势利导，将他们的问题和解决方法进行提炼和升华，与此同时也可以提高自身在某些问题上的理解，真正做到教学相长。

节能车的整车性能优化

项目名称： 节能车的整车性能优化

项目所属一级学科： 机械工程

项目成员： 刘晨　吴威男　梁昕

指导教师： 何涛，工程师，动力机械与热能工程

刘建华，高级工程师，新能源汽车及动力系统

起止时间： 2016— 2017 年

推荐学校： 北京交通大学

1. 项目简介

本项目源于 Honda 中国节能竞技大赛，需设计制作一辆符合大赛要求的节能赛车并参赛。车辆采取“加速—滑行—加速”的行驶策略，与一般车辆恒速行驶有所不同。为此，在设计制造过程中，围绕独特的行驶策略，需要对整车各个模块进行油耗优化途径的创新。

赛车设计工作主要包括车身系统、车架系统、转向系统、制动系统、传动系统、电路系统等的优化设计和发动机改装设计。项目的完成主要分为三个阶段：设计阶段、零件加工与整车装配阶段及整车试验及再优化阶段。

（1）车身　根据空气动力学理论进行设计、使用工业设计软件 Rhino 和汽车设计软件 Alias 进行精确快速建模、用 ANSYS 进行数值仿真流场分析，再根据分析结果指导模型优化。材料使用强度高、质量轻的碳纤维材料。

（2）行驶系统　改变花鼓壳与轴承的接触部位与接触面积，减小摩擦阻力，减少行驶过程中的损耗，增加滑行距离；优化整车轮距轴距比，提高车辆过弯稳定性。

（3）动力与传动　将斜置式发动机改装成立式，节省整车横向空间，降低整车重量；双火花塞设计、增大发动机压缩比、优化发动机点火提前角；针对车辆动力需求与改造后的发动机特性，通过实验研究进行动力匹配，获得最佳传动比。

（4）电路　增设自动熄火闭油模块，精确控制发动机转速区间，减少燃油消耗，配合车辆滑行行驶。

在 2016 年 10 月 30 日第十届 Honda 中国节能竞技大赛中，该车辆获大学专科燃油组别第三名。节能赛车实物图及获奖证书见本文二维码资源。

2. 创新点描述

（1）发动机改装　根据比赛性质及策略要求，在满足动力性的前提下，我们将

发动机的排量改为 90 mL，压缩比改为 14，并在此基础上，对发动机的点火提前角进行了调整。此外，为减轻整车质量，将发动机的变速箱及散热片切除。

（2）车身优化设计　车身设计的主线是减轻质量和减小风阻，最终我们设计的车身压差阻力为 1.03 N，摩擦阻力为 1.76 N，车身质量为 6 kg。

（3）自动熄火闭油设计　根据确定的“加速—滑行—加速”的行驶策略，我们设计了自动熄火闭油装置，即当车速达到设定时速时，控制端自动切断发动机进气，使发动机停止工作，赛车进入滑行阶段，减少了因车手反应时间而损耗的油量。

（4）定位系统设计　为了监控赛车在行驶过程中的状态，我们设计了一套可在 PC 端和手机端操控的定位系统，方便记录行车数据并与比赛中的车手沟通。

3. 学生感言

从立项开题到结题，“国创计划”让志同道合的人，为同一个目标而凝聚，经历“国创计划”，走过四季。它不仅是一个平台，更是一场机遇，一场能将理想变成现实的机遇。完成“国创计划”的过程，并不如书本知识那样一成不变。在这段铭心的经历中，有挫折，有失败，但更多的却是不言弃的坚持和另辟蹊径的喜悦，是成功带来的激励和肯定。这正是“国创计划”的魅力所在，也是“国创计划”的精神所在！

4. 教师感言

“国创计划”为高校培养学生创新思维能力、实践能力、综合运用多学科知识能力、团队协作精神等多个方面提供了一个非常好的平台。指导“国创计划”项目的过程也是一个陪伴与分享的过程，身为一名教师，这既是职责所在更是快乐之源。

履带三棱柱机器人

项目名称： 履带三棱柱机器人

项目所属一级学科： 机械工程

项目成员： 李思豪　毛奕喆　王炜堃

指导教师： 姚燕安，教授，机构与机器人学

起止时间： 2016—2017 年

推荐学校： 北京交通大学

1. 项目简介

微小地面移动机器人已经成为当今机器人领域的研究热点，在侦察、救援、防暴、反恐、科研探索等领域得到了广泛应用。目前研究的具有可恢复运动能力的机器人多采用可变形悬架结构，而且多为轮腿式结构。在机器人发生倾覆后依靠悬架的主动变形恢复运动能力。但由于轮腿式机器人的运动控制复杂，使得轮腿式机器人很少应用于实际探测中。另外，当探测机器人行驶于崎岖地形时，经常会产生不同程度的颠簸。而我们结合了履带的平稳性和三棱柱结构的可侧翻性，研制出了一种简单、稳定的可侧翻运载履带机器人。

本项目选用了类三棱柱的执行机构，利用了类三棱柱的高度对称性，当它翻倒的时候，不论哪边着地，机器人都可以在保持翻倒的情况下继续以原姿态行进，实现了机器人的可翻倒性，节省了机器人复位的时间。同时，因为它前后机架的高度对称性，实现了模块化设计，仅需少量类型的零部件就能实现机器人的生产和维修。在战场或者救援现场等恶劣环境下，当机器人损坏后，可以实现快速维修，且维修成本低，工艺简单，操控人员不需要专业的培训，便于随身携带，实现随装随用。机架前后的连接杆可以实现更换，当需要快速移动时，中间可以通过带转动关节的连杆连接；当需要运送货物的时，可以换成圆柱筒连接，将货物固定于圆柱筒内，实现运送货物。

机器人整体效果图见本文二维码资源。

2. 创新点描述

（1）新思路　让机器人能够在翻倒后无须任何操作就可继续正常工作，而非控制机构的变形能力进行复位，节省了大量时间，能够满足在战场及救援现场的快速反应要求。

（2）新式轮　在行星轮式机构的基础上做出改进，增加了机器人的离地间隙，

提高了机器人的越障性能。

（3）新结构　采用类三棱柱结构，既保证运动系统的通用性，又能实现功能。通过机身类三角形结构的设计，使其整体对称，侧翻之后，可以与原有工作姿态保持一致。能够在翻倒后以原有的姿态继续行进，实现了快速移动可侧翻的特性。

3. 学生感言

通过参加大学生创新创业大赛，我们小组不但收获了荣誉，还收获了知识、技能和友谊。我们真正将机械原理、微机原理等专业课上的知识，运用到实际生产设计当中，同时也明白了一个合格的工程师需要有严谨的精神和刻苦钻研的觉悟。搞设计是这样，未来走向社会也是同样。

4. 教师感言

本项目作品系学生独立完成。在创意方面，利用三棱柱解决了快速移动机器人的翻倒性，具有新意，对于解决微小型机器人快速移动怕翻倒问题具有重要意义；不足之处在于翻倒时容易对限位机构造成冲击，虽然理论分析比较好，但具有一定片面性，建议未来可以完善这一点。

仿沙漠甲虫式水汽收集器

项目名称：仿沙漠甲虫式水汽收集器
项目所属一级学科：动力与电气工程
项目成员：郑铭阳　卿淳　尚修宇
指导教师：吴宏，教授，工程热物理
起止时间：2015 年 5 月— 2016 年 11 月
推荐学校：北京航空航天大学

1. 项目简介

水是生命之源。我国虽水资源总量大，但人均水资源占有量远低于世界人均水平，尤其在沙漠干旱地区，缺水现象日益严重。人们总是在不断寻找水源，却不知有时水源就在眼前，只要有水汽的地方，就会有水。针对目前沙漠及边缘地区生产、生活缺水严重问题，我们小组拟设计一种能够从空气中高效凝水的集水器，旨在缓解干旱地区的灌溉缺水问题。沙漠地区集水含有巨大的潜力，收集到的水可用于植物灌溉，可提高树林存活率，对防止土壤沙化有着巨大的意义。

如图 1 所示，该集水器由供能系统、控制系统、鼓风系统、冷凝系统、回冷系统和灌溉系统六部分组成。首先太阳能板吸收太阳能储存在蓄电池中，控制器分析外界的温度和湿度，如适合集水，那么将控制风机把热空气吹入地下，并经回冷器的预冷，输送到冷凝器中，在冷凝器中与壁面充分换热，凝结出水后，水落入水箱，然后冷凝完毕的干空气重新回冷到回冷器中预冷新进来的空气，之后再排到地面。最后水泵将水箱里的水抽到植物根部进行滴灌。管路结构如图 2 所示。

该款集水器相比于传统的集水器，不需要人工制冷，通过将空气导入地下，利用沙漠地下与地上的温差来集水。并采用太阳能作为唯一能源，天然环保。充分利用了自然条件，不需要人工干预，后期维修也方便，相比传统集水器有很大的创新与进步。本项目将这一集水器的主要原理和装置制作进行了较为完整的阐述，若能再加以改进，并投入到实际应用中，或将会引起一场集水产业革命。

2. 创新点描述

（1）提出一种完全采用自然资源来实现集水，实现沙漠绿化的水源模式，为沙漠的治沙还林提供了一种技术基础。

（2）相比于传统的集水器，不需要人工制冷，通过将空气导入地下，利用沙漠地下与地上的温差来集水。

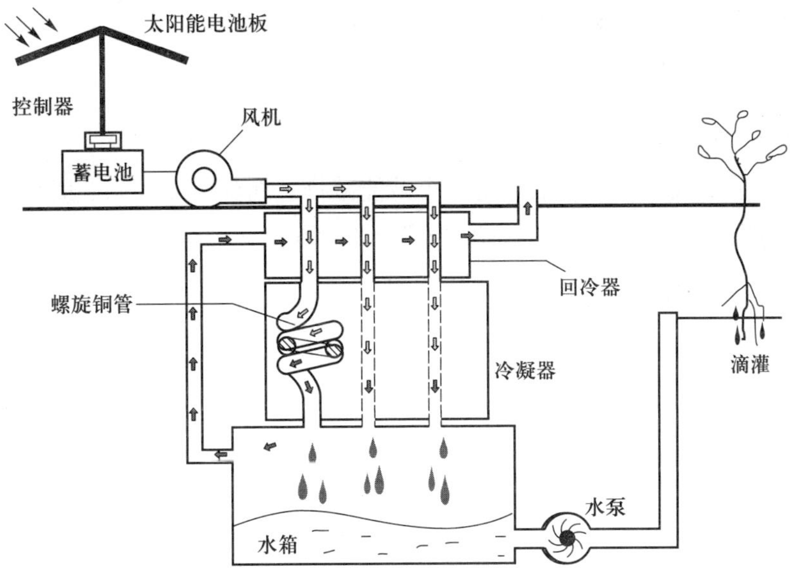

图 1　项目设计示意图

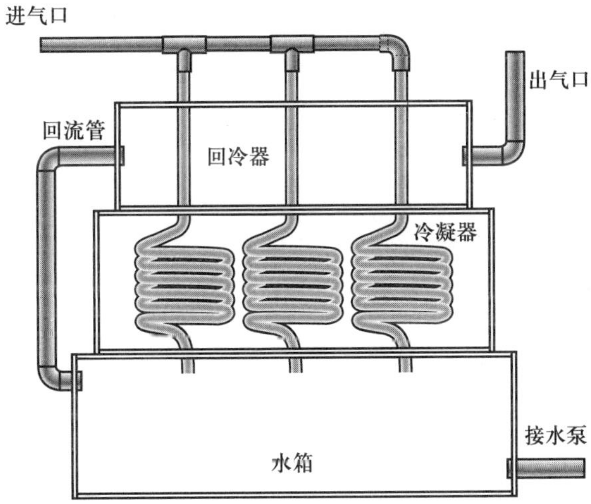

图 2　管路结构示意图

（3）系统简便方便维修；采用太阳能作为唯一能源，天然环保；充分利用了自然条件，不需要人工干预。

（4）采用温度、湿度控制开关，能根据不同的沙漠环境设定最佳的工作时间，防止能源浪费，也给冷凝系统一个散热恢复低温的时间段，保证了整套装置能连续运行。

3. 学生感言

首先感谢“国创计划”为大学生提供一个良好的科技实践平台，帮助大学生将想法应用到实践中。同时也感谢学校和指导老师在实践中给予的指导和帮助。通过参加“国创计划”，我体会到创新是科技发展的核心要素，也完整地体验了从理论到实践这一完整的过程，收获甚多。

4. 教师感言

“仿沙漠甲虫式水汽收集器”是一个节能减排主题的创新项目，既体现创新性，又宣传了绿色环保的理念。通过“国创计划”，学生有机会将想法投入到实践过程中去，激发了学生的创新意识，也锻炼了实践能力。

自适应混控仿人灵巧手

项目名称：自适应混控仿人灵巧手

项目所属一级学科：机械工程

项目成员：孙尧　汪常进　徐佳锋　刘星栋　周信兵　卢奕昂　韩连强　陈敏泽　张道统　余学庆　温浩　陈祺　许学渝　王宇飞

指导老师：罗庆生，教授，特种机器人

起止时间：2014—2016 年

推荐学校：北京理工大学

1. 项目简介

自适应混控仿人灵巧手基于创新机械结构和新型控制策略进行系统构建与运动实现，具有主体结构精简、运动方式灵活、控制体制多样、应对复杂任务适应能力强大等突出特点。

该仿人灵巧手自由度高达 22 个，各关节均能独立运动，手部动作纷繁复杂。其核心传动部件是项目组自主设计的集成化蜗轮蜗杆减速机构，具有模块组件、断电自锁、可靠性高、适应性好等特点。

自适应混控仿人灵巧手采用基于分布式理念的主从控制系统方案，在传感技术和驱动技术的应用方面采用了创新格局，具有自适应抓取、肌电控制、语音识别和基于虚拟现实系统的同步遥操作等混合控制方式。结合灵巧手结构上的包络特点，项目组特别设计了用于五指灵巧手自适应抓取的接近觉传感网和触滑觉传感网，并设计了基于力规划算法和接近觉传感网的预抓取策略、基于指节实现驱动和柔顺控制的抓取策略以及基于触滑觉传感网的后抓取阶段稳定抓握策略，这些策略的实施极大提升了该灵巧手的使用性能与科技含量。自适应混控仿人灵巧手动作展示及基于虚拟现实系统的同步遥操作图见本文二维码资源。

凭借技术上的优势与应用上的合理性，自适应混控仿人可应用于上肢残疾者的辅助假肢器械、参与军事排爆任务、帮助科研人员在超净间外远程操控灵巧手进行复杂实验等诸多领域，具有重要的研究价值和广阔的应用前景。

目前，结合自适应混控仿人的研究成果，项目组已发表一篇 IEEE 论文，申请四项国家发明专利，并在第九届全国大学生创新创业年会中荣获最高奖项“最佳创意项目”称号和“我最喜爱的项目”称号，在第九届“挑战杯”首都大学生课外学术科技作品竞赛中荣获一等奖，并代表北京理工大学参加工业和信息化部双创成果展，

社会好评如潮。

2. 创新点描述

在机械结构方面，项目组自主设计了集成化蜗轮蜗杆传动机构，实现了微型电机在变速时输出转速的匀速变化，使整体传动更加平稳。该灵巧手机械结构紧凑，在尽可能实现各零部件轻量化、微小化的同时，系统的整体强度、刚度、稳定性、鲁棒性仍然较高，工作噪声低，系统能耗省，同时还具有在断电情况下可以自锁的特点。

在控制策略方面，该灵巧手实现了语音控制、肌电控制、基于虚拟现实系统的同步遥操作、自适应抓取融合的多种灵巧手控制策略。可以快速识别声音信号、肌电信号，然后同步做出相应的动作。

结合灵巧手在结构上的包络特点，项目组发明了用于自适应抓取的接近觉传感网和触滑觉传感网，设计了基于力规划算法和接近觉传感网的预抓取策略、基于指节实现驱动和柔顺控制的抓取策略，以及基于触滑觉传感网的后抓取阶段稳定抓握策略。

3. 学生感言

项目开展三年以来，我们团队一直在探索提高灵巧手性能的方法。为了解决各种问题，我们超前学习了大量课外知识，接触到国内外的一些先进科技，也更加激发了我们对于科技创新的热爱。创新不会停止，我们一直在路上。

4. 教师感言

从指导项目组开展灵巧手研制以来，我的心与学生的心往一块想，劲往一处使。在指导学生学习的同时，引导学生做人、做事、做学问。学生有了进步，我感到欣慰；学生有了成果，我感到骄傲；学生有了困难，我感到有了责任，那就是尽快帮助他们走出困境，站上科技创新的高峰。

配电线路绝缘修复机器人

项目名称：配电线路绝缘修复机器人

项目所属一级学科：机械工程

项目成员：赵星驰　王润芳　赵文天

指导教师：房静，高级技师，机械设计

起止时间：2014—2016 年

推荐学校：华北电力大学

1. 项目简介

配电线路的绝缘工作对于线路保护具有重要意义，开发一套配电线路绝缘修复装置代替人工登高作业，将绝缘自动包裹在电线上，可实现带电作业，提高绝缘防护安全性，可应用于 10 kV 线路绝缘修复，在城市配电网大规模使用。

本机器人系统以 STM32 单片机为主控，平板计算机为遥控，平板计算机连接机器人的无线通信模块，进而控制机器人的动作，单片机输入控制量包含按键、限位开关等，单片机输出控制量为电机驱动、显示屏和加热模块，单片机发出控制指令给电机驱动，再由电机驱动控制电机转动，最终控制机器人的动作。该装置由升降行走模块、包裹模块、辅助推举模块组成。相关图片见本文二维码资源。

升降行走模块：负责线上行走及线上升降工作，升降部分是由两大臂组成的剪叉机构，由一个电机带动丝杠，丝杠带动剪叉机构，使两悬臂间夹角发生变化，从而控制整个机器人完成上升下降动作；行走部分由两个电机驱动两滑轮带动整机完成线上行走。

包裹模块：负责将电缆修补片包裹在电缆破损处，此模块包含三部分：托架、机械手、加热板；托架托住修补片，完成张合动作，实现包裹主体动作；机械手夹持电缆修补片拉锁，将其开口端封闭；加热板由电热元件制成，待加热片包裹于电缆上，封闭拉锁，启动加热板，修补片受热收缩，紧紧包裹在电缆破损处。

辅助推举模块：此模块用于将机器人挂上线缆和从线缆上取下的工作；此辅助推举装置，利用两根绝缘杆，一根挂在电路上用作导向；另一根用来施加推力，使机器人沿着第一根绝缘杆滑行至线缆所在高度。

2. 创新点描述

机械结构创新：利用剪叉结构及悬臂两端的电机及包胶滑轮，一物多用，能够实现线上的行走、控制机器人的升降、辅助包裹及加热修复的全自动过程。

自手一体化创新：通过上位机的程序可自动实现整体修复流程，或可手动控制局部调整，保证了机器人的稳定可靠。

功能创新：对装置进行全面的创新设计，从而实现高压绝缘的无人自动化包裹，填补我国在绝缘修复自动化产业上的空白。

控制方式创新：取代人工作业，采用电脑客户端和移动客户端的双重控制，随时随地让绝缘修复掌握在手中。

3. 学生感言

回想项目的研究过程，从寻找课题、撰写项目申请书，到查阅相关参考文献，确定实施方案，并制定详细的研究方案和步骤。一步步走来，我们锻炼了自己，成长了许多，获得了宝贵的科研经历。

4. 教师感言

项目团队由不同专业学生组成，从初期调研、方案设计、申请立项、设计制作、现场调试，历经两年时间。学生掌握了机械结构的设计、加工、调试与电气设计、电子电路设计、元件选型、电路制作及控制软件设计等方面的综合能力，解决了一个实际工程问题。这样的项目将成为他们大学生活中一段重要的经历，一段值得骄傲的回忆。

核电管材的热机循环变形测试技术

项目名称： 核电管材的热机循环变形测试技术

项目所属一级学科： 动力与电气工程

项目成员： 余京泰　郑一铭　王振宇　林志远　刘小康

指导教师： 陈旭，教授，材料疲劳损伤断裂、压力容器和管道安全性评定，结构完整性评估

于敦吉，讲师，核电管道完整性评估

起止时间： 2016—2018 年

推荐学校： 天津大学

1. 项目简介

本课题主要是针对热机循环变形测试技术中热机循环加载系统和拉扭疲劳引伸计的研制，国内相关领域依然处于空白阶段，缺乏相应的设备和仪器。因此希望开发一种技术方案来实现被测物体在高温环境下轴向方向的长度形变测量和环向方向的角度形变的同时测量。并且，尽可能简化仪器的使用方法，降低测量精度对操作者的依赖。

图 1（见本文二维码资源）为实验环境的实景图，目前实验室采用电感应加热的方式实现温度的控制，水冷系统是为了保护与试样接触的试样夹持装置，在试样夹持装置对试样的拉扭两向作用力下，杆件试样会产生拉伸和扭转两方向的变形，我们开发的引伸计就是为了在这样的环境下采集形变的准确数据。

图 2（见本文二维码资源）为本项目开发的用于高温多轴疲劳实验的球形轴承联动引伸计。参加队员在参考学习了现有引伸计的各种结构后，基于实验室的实际需求，创新性地开发了球形轴承联动的结构，并增加了弹簧预紧装置、辅助上机装置及其他配套装置，实现了测量的任务，提高了稳定性和精度，简化了实验步骤。

拉扭引伸计直接和被测构件接触，将被测构件的线变形，先通过两个球形轴承所在的杠杆结构放大，然后通过电涡流转化成电信号，采集在计算机上。图 3 中，支柱与机架间配合固定，提供了两个球形轴承的支点，杠杆前段通过陶瓷顶针与试样连接，后段通过电感应测距的方式读出两方向位移，进一步换算为应变。

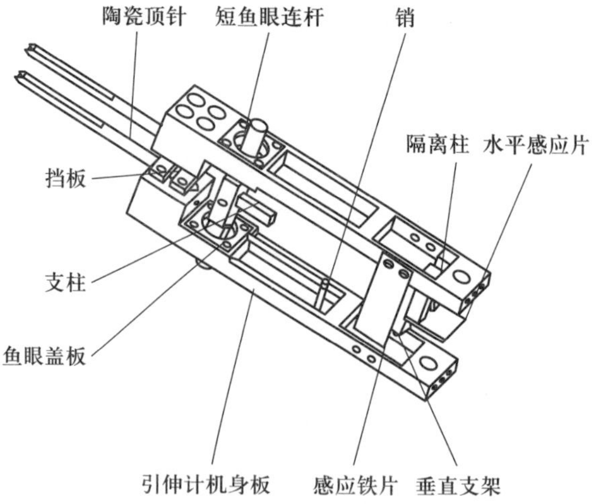

图3 引伸计主体结构

2. 创新点描述

（1）引伸计 创新性地采用鱼眼关节，实现一种全角度的杠杆结构，可用同一引伸计测量被测构件的拉扭变形。同时，采用了带弧口的陶瓷顶针，满足了高温实验的要求。

（2）辅助限位装置 首创了基于垂径定理的辅助限位装置，帮助引伸计与被测构件实施装配，以确保引伸计测量方向与被测构件受力方向一致，保证了引伸计安装的精度。

（3）机架 机架的连接部分为与引伸计配合设计了弹簧片预紧的机构，利用弹簧片的弹力保证引伸计与被测构件的紧密配合，保证了实验过程中的稳定性。

3. 学生感言

很荣幸能在陈旭老师和于敦吉老师的指导下进行我们的项目，这段经历使我们受益匪浅。首先我们尝试着将所学的专业知识运用到实际中去，这能帮助我们认识到理论知识和实际运用的差别，也能加深我们对理论知识的理解。团队合作是很重要的，遇到困难，我们一起讨论，也很感谢两位指导老师在探讨过程中给予我们的宝贵建议，帮助我们解决了很多难题。尝试创新并不容易，要大胆地想象，小心地求证。这样，学科素养就显得很重要，掌握的知识越多，才能有更多科学的想法。而这种创新是挑战也是机遇，可以让我们学习到很多新的东西。

4. 教师感言

此次由本人指导，由余京泰等几位同学参与的国家级大学生创新创业项目，从立项至今，已经辛勤付出了一年多的努力。过程中不断学习，不断进步，克服了一个又一个困难，战胜一个又一个挑战。针对热机循环关键测试技术设备，创新性地研制出高温环境下拉扭疲劳引伸计，申请了 3 项专利，并获得第十四届“挑战杯”天津市大学生课外学术科技作品特等奖。也许外人看到的是他们的项目从无到有，而我更多看到的是他们知识的积累、能力的培养和个人的成长。荣誉是对之前付出的肯定，也是之后奋斗的起点。希望同学们戒骄戒躁，精益求精，更上一层楼。

海上钻井平台高盐生活污水高效处理装置

项目名称：海上钻井平台高盐生活污水高效处理装置

项目所属一级学科：环境科学技术

项目成员：胡钰彬　董春霞　张健　高雄

指导教师：杨宗政，教授，水污染控制

起止时间：2015—2016 年

推荐学校：天津科技大学

1. 项目简介

如今海洋资源的开发和航运事业的蓬勃发展，使得海上平台高盐生活污水污染问题不容忽视。海上钻井平台作业产生生活污水，为降低成本、节约淡水，就地采用海水冲厕。海水化学成分复杂且含盐量较高，会抑制菌种对有机物的分解。通过培养、筛选出耐盐的高效菌种，从而高效分解高盐污水中的有机物，达到标准排放。本项目目的在于克服适盐生物法处理高盐废水时活性污泥易流失、脱氮率较低及氧化沟排泥不畅等技术的不足，提供一种海上钻井平台高盐生活污水高效处理装置。此装置是一种将厌氧—缺氧—好氧工艺（A2/O）和膜生物法（MBR）进行优化组合的处理工艺，也是将 A2/O 技术作为 MBR 技术的预处理单元的组合工艺。此项目申请了 6 项国家专利、3 项发明和 3 项实用新型，其中“一种海上平台高盐生活污水处理回用设备”“一种海上平台高盐生活污水处理回用装置”和“一种斜体式氧化沟”3 项实用新型专利已授权。参加 2016 年第九届全国大学生节能减排社会实践与科技竞赛，获得三等奖。在 2015 年中国青年应对气候变化行动网络（CYCAN）遴选的联合国 21 个中国高校环保行动方案中，我们的项目有幸入选“通往可持续未来——21 个高校青年行动方案”。项目相关图片见本文二维码资源。

2. 创新点描述

创新点是通过集成氧化沟、A2/O 和 MBR 等水处理技术，形成一种双层可拆卸的一体化处理装置。该装置设备占地面积少、便携；生物强化效果好；自动化管理，节省劳动力；处理效果好，工艺系统运行稳定，适合在面积非常珍贵的海上钻井平台使用。该一体化装置的关键在于：① 利用移动床生物膜反应器（MBBR）作为 MBR 的预处理技术，可加强生物接触氧化率，提高有机物的去除率，使膜污染的负荷得到降低；② 采用地板是斜体式的氧化沟，排泥顺畅，转刷曝气机使污水均化效果得到提高；③ 集成 A/O 和倒置 A/O 技术，实现短程硝化、反硝化的目的，此方法

可解决亚硝酸盐累积的问题。

3. 学生感言

在一年的“国创计划”项目中，小组中的每一个成员都积极学习专业知识，并努力将其灵活发展为创新的理念。在项目进展的初期，是我们的指导老师杨宗政老师指引着迷茫的我们，开拓我们的思路，成员都积极发挥各自的作用，团结合作，顺利地完成项目预期成果。

4. 教师感言

胡钰彬组在大二下学期学习环境工程原理课程时，开始申报“国创计划”项目，课题组独立选题，独立撰写项目申报书，充分利用所学知识，刻苦钻研，做了大量的实验，申请3项发明，获得3项实用新型专利和2项国家奖励，取得了丰硕的成果，是“国创计划”的榜样。

细菌纤维素复合水凝胶医用材料的研究

项目名称： 细菌纤维素复合水凝胶医用材料的研究

项目所属一级学科： 化学工程

项目成员： 王艳　吴智敏　张泽　荣亚鹏　韦树琛　常冬梅

指导教师： 贾原媛，副教授，生物材料

起止时间： 2013—2014 年

推荐学校： 天津科技大学

1. 项目简介

全球每年有上千万人因角膜病而失明，由于角膜供体材料匮乏，给角膜盲患者的复明带来极大困难。本项目提出细菌纤维素 / 透明质酸（BC/HA）复合水凝胶材料用于构建组织工程角膜，从而为角膜病患者提供组织修复的材料。

项目的出发点是利用细菌纤维素和透明质酸优异的生物相容性，结合两种材料的优势，创新性地开发出细菌纤维素 / 透明质酸复合水凝胶医用材料。该复合材料克服了细菌纤维素不能在哺乳动物体内降解的缺点，同时避免了手术过程中的炎症反应。待角膜细胞长出后，材料被人体吸收，可自行降解。同时该材料也克服了透明质酸强度低、降解速率过快及细菌纤维素的持水性能差的缺点。

制备出了细菌纤维素 / 透明质酸复合水凝胶，并采取多种手段对该材料进行了表征，如红外光谱、扫描电镜、X 射线衍射、热重分析等，测定了材料的孔径、透光率、黏弹性等性能。该材料的透光率达到 90%，孔径为几十微米。该水凝胶为方便储存携带，避免污染，可将材料干燥后放入冰箱储存，使用时复水。该材料可反复复水 8 次，且不影响其性能和透光率。因此，该材料的各项性质符合组织工程角膜支架的要求。

基于本项目，发表了 1 篇论文（Yuanyuan Jia, Mingming Huo, Huijian Huang, Wei Fu, Yan Wang, Jiamin Zhang and Shiru Jia. Preparation and characterization of bacterial cellulose/hyaluronic acid composites. Journal of nanoengineering and nanosystems, 229（1）：41-48, 2015），并参加了在西安交通大学举办的第七届全国大学生创新创业年会。申请了 1 项国家发明专利（贾原媛，王艳，吴智敏，常冬梅，霍明明，王曼 . 一种透明质酸 / 细菌纤维素复合水凝胶的制备方法，申请号 201410241845.X，实审阶段）。

本项目复合水凝胶实物图及表征数据见本文二维码资源。

2. 创新点描述

（1）结合细菌纤维素和透明质酸两种材料的优势，创新性地开发出细菌纤维素/透明质酸复合水凝胶材料，符合组织工程角膜支架的要求。

（2）为方便储存携带，避免污染，可将材料干燥后放入冰箱储存，使用时复水。可反复复水 8 次，且不影响其性能和透光率。

3. 学生感言

在一年的“国创计划”项目中，我们收获良多，特别感谢贾老师的悉心指导。通过项目的磨炼，我们学会了如何查阅文献和追踪国际前沿。我们会操作几种大型仪器，如红外光谱仪、哈克流变仪、扫描电镜、原子力显微镜等。我们还学会了如何分析实验数据。一年时间将我们团队成员紧紧地联系在了一起，我们紧密合作，团队协作能力得到锻炼。特别是我们的论文入选了全国大学生创新创业年会，我们和其他高校的大学生一起交流，开阔了视野，也增强了自信。

4. 教师感言

王艳团队对本课题有着浓厚的兴趣。从第一次见到人角膜照片时的好奇，到自己做出人工角膜支架时的激动，一路上收获满满。文献查阅能力、实验设计能力、动手能力、数据分析能力、团队协作能力均得到了锻炼。他们的论文入选全国大学生创新创业年会，是对他们成绩的肯定，是“国创计划”的榜样。

智能呼吸背心的关键技术研发

项目名称： 智能呼吸背心的关键技术研发

项目所属一级学科： 纺织科学技术

项目成员： 刘晓涵　卞钰　成菊　李玥　田俊阳　高允

指导教师： 何崟，讲师，数字化服装技术、智能纺织品与服装

李晓久，教授，数字化服装技术

起止时间： 2016—2018 年

推荐学校： 天津工业大学

1. 项目简介

近年随着可穿戴设备在医疗保健领域的发展，用于实时监控人体健康生理参数的智能服装的研究受到广泛关注。本项目将人体生理信号监测技术与日常服装结合，在智能背心中嵌入柔性织物传感器，使用户在任何条件下都可以实时、准确、长期、便捷地采集用户的呼吸健康数据，并符合可穿戴标准，安全性高，舒适性强，美观性好。该智能服装通过对人体呼吸的监测，可根据数据掌握穿着者的健康状况，实现有关疾患的预警，或帮助穿着者进行呼吸训练，达到锻炼的目的。本项目为应用于医疗健康领域的智能服装研发提供关键技术支持，具有较高的研究价值。

在健康监控系统中，柔性传感器是智能纺织品实现智能化和舒适化的关键因素。柔性织物传感器具有较大的灵活性，能够在一定程度上适应不同的工作环境，满足人们对纺织品形变的要求，成为可穿戴生理监控系统的主要技术。本项目研究内容如图 1 所示，通过选取不同织物为柔性基底，表面涂敷碳纳米复合导电材料，配置银胶电极，制备具有压阻效应的柔性织物应变传感器。当织物受外力产生变形时，织物表面的敏感复合材料的导电性能发生相应变化，从而产生电信号。对织物传感器的灵敏度、稳定性等性能进行测试，测试结果如图 2 所示。设计并缝制样衣，将织物传感器、纱线导线、织物电极集成在服装的特定位置上，实现对穿着者呼吸时产生的感应电信号进行测量。图 3 所示为智能背心款式设计（a）及实物图（b）。最后，通过研究服装结构、面料、人体体型特征等因素对柔性传感器性能的影响，优化柔性传感器测量的初始条件，实现柔性传感技术在服装中的应用，对人体呼吸所产生感应信号进行准确测量。

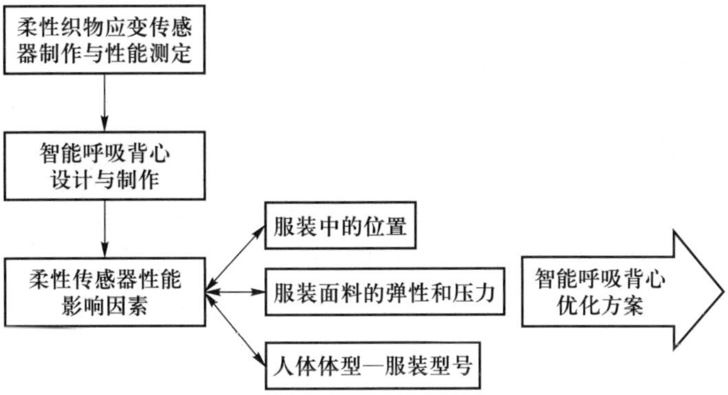

图 1　研究路线示意图

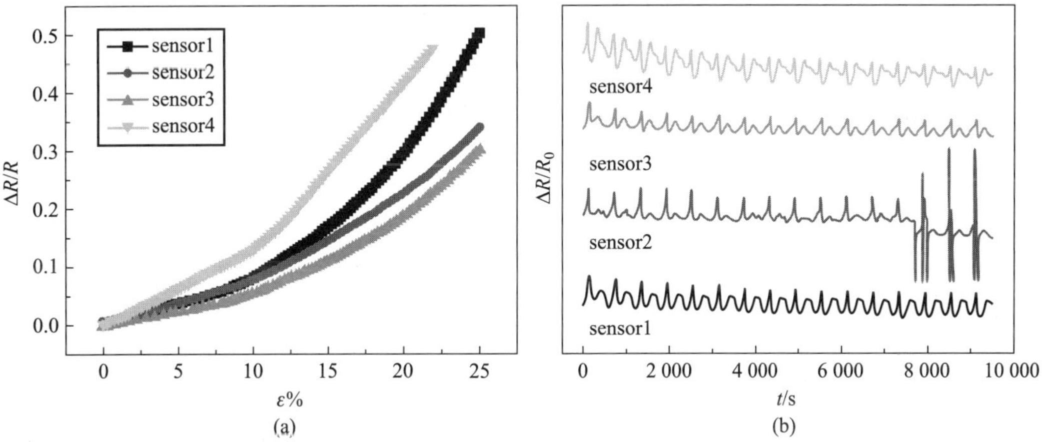

图 2　（a）柔性织物传感器灵敏度曲线；（b）柔性织物传感器稳定性曲线；
sensor1: 碳纳米材料 / 锦氨经编；sensor2: 碳纳米材料 / 锦氨纬编
sensor3: 碳纳米材料 / 涤氨经编；sensor4: 碳纳米材料 / 涤氨纬编

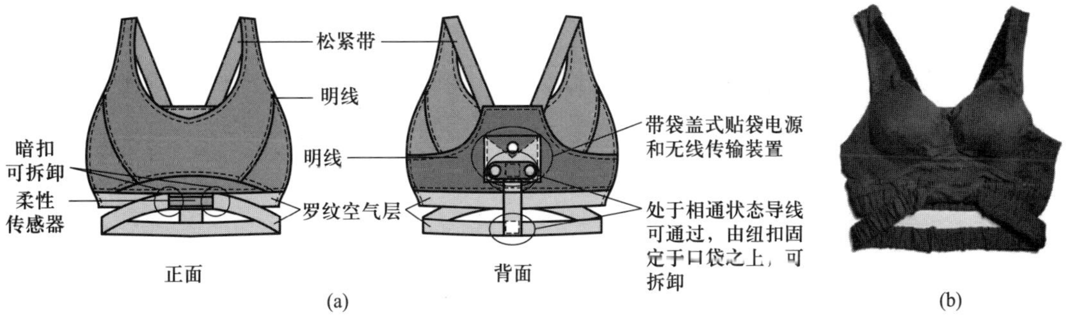

图 3　（a）智能呼吸背心款式图；（b）智能呼吸背心实物图

2. 创新点描述

（1）本项目采用的柔性织物传感技术，其应变测量范围大，材料柔软安全、耐疲劳、可机洗，在用户任何的活动和动作条件下都能够精确收集生理信号；其制备材料成本低、性能好，满足大批量工业生产的要求。

（2）本项目通过测试对比实验，得到智能呼吸背心的优化配置方案，可改善目前同类产品测量不准确、穿着不舒适等问题。

（3）本项目涉及服装、机械、材料等多领域的知识，可穿戴健康监控技术即多学科交叉技术，使学生得到多方面训练，培养了综合性创新思维。

3. 学生感言

在项目的研究过程中，我受益良多，前期我查阅了很多国内外相关文献，这极大地丰富了我的知识量。在过程中通过实验和数据分析，我掌握了一些科学研究方法。科研领域讲究科学性、严密性，有利于我养成一丝不苟的行事作风。同时科研又是一个充满艰辛的过程，但我认为这恰是一个最优化的成长过程。

4. 教师感言

首先，感谢支持和帮助我们完成项目的学校领导、专家、教师和同学们。其次，“国创计划”不仅是对学生的一次锻炼和提高，也是对教师教学与科研水平的挑战。为了培养学生的创新意识和思维，作为指导教师，更应该以身作则，不断提高自身专业素质。最后，深感“国创计划”的责任重大，我们将为深化高校教育改革尽绵薄之力。

便携式滚齿机——齿轮范成法实验台

项目名称： 便携式滚齿机——齿轮范成法实验台

项目所属一级学科： 机械工程

项目成员： 周静　张晓龙　王彪　杨广渠

指导教师： 刘文吉，实验师，机械设计及理论

洪英，副研究员，机械设计及理论

起止时间： 2014—2016 年

推荐学校： 天津工业大学

1. 项目简介

范成法是齿轮加工中最常用的一种切削加工方法，是机械原理教学的重点。为了直观地了解范成法加工渐开线齿轮的过程，各学校都针对范成法开设了实验课。多数实验采用齿轮范成仪进行二维过程模拟，不够形象直观；而去工厂参观，滚齿机加工速度快，不易观察到渐开线齿廓的形成和根切发生的过程。本项目通过研究工业滚齿机的加工原理及传动路线，简化其传动过程，设计了便携式滚齿机的传动方案，如图 1 所示。为了能够观察到轮齿的渐开线的生成过程，选择齿轮的模数较大（m=6）；为了观察根切现象，被切制齿轮的齿数较少（z=10）。采用 SolidWorks 建立了实验台三维模型，进行运动仿真，在验证了设计合理性的基础上，完成了零件设计、加工和装配调试，样机如图 2 所示（见本文二维码资源）。

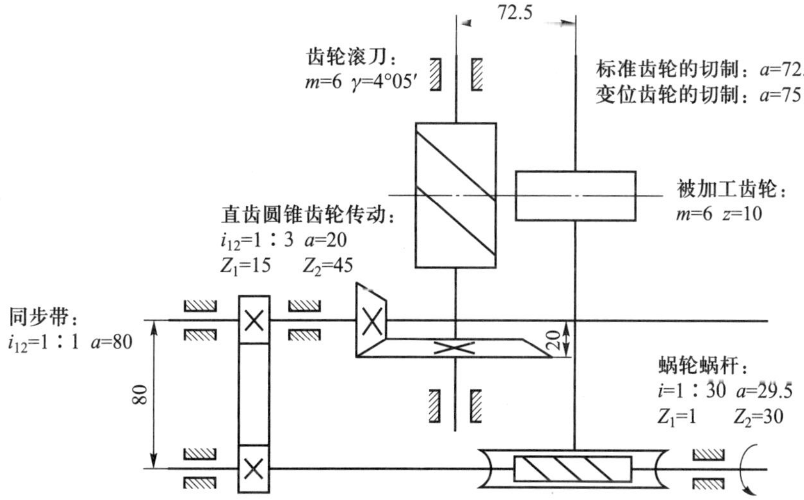

图 1　便携式滚齿机机构运动简图

该实验台可以在实验室演示范成法加工渐开线齿轮的过程，学生可以通过自己操作控制范成过程，切出完整、立体的齿轮，可实现齿轮的变位加工；还可用于学生实验和课堂教学，使学生方便形象地理解范成法原理。

项目相关成果获得国家发明专利和实用新型专利各 1 项，在《实验室科学》上发表论文 1 篇，设计方案获得全国三维数字化创新设计大赛一等奖。2016 年 12 月，该项目在第九届全国大学生创新创业年会上被评为“我最喜爱的项目”。相关资料见本篇二维码资源。

目前，该实验台已经批量加工制作为成品应用于我校的实验教学。

2. 创新点描述

（1）将复杂的滚齿机简化设计为适合齿轮加工原理教学的实验台，学生可以方便地动手加工齿轮，并能直观地观察到渐开线齿轮滚齿机加工的过程。

（2）滚齿机实验台既可以加工标准齿轮又可以加工变位齿轮。通过实际操作，学生可了解产生根切的原理和避免根切的方法。

（3）实验台包含了蜗轮蜗杆机构、直齿圆锥齿轮机构等最基本最重要的齿轮机构。学生在观察渐开线齿轮形成过程时，还可以看到齿轮间是如何传动的，有利于学生以后的课程设计、毕业设计的开展。

3. 学生感言

可以参加“国创计划”，我十分激动与开心。完成项目的过程教会了我很多东西，包括做事的方法、如何与人沟通、有效解决实际问题，等等。我要特别感谢我的指导老师刘文吉老师和洪英老师，在项目期间悉心指导并给予我无限的信心；感谢项目组成员的踏实努力与团结协作；感谢“国创计划”激发我的创新思维和创新意识；感谢“国创计划”开启了我的精彩人生！

4. 教师感言

看到自己的学生的成长，作为老师感到由衷的高兴。感谢“国创计划”给我的学生们提供了这么好的学习和成长平台，也为老师提供了与学生贴心交流的机会。

教学型模块化小型五轴联动数控机床

项目名称： 教学型模块化小型五轴联动数控机床

项目所属一级学科： 机械工程

项目成员： 冯淦淇　程正华　陶健　刘家辰　于泽　马阳

指导教师： 王浩程，副教授，机电一体化

张彦春，高级技师，机械制造方向

起止时间： 2016 年 5 月—2017 年 12 月

推荐学校： 天津工业大学

1. 项目简介

本项目涉及一种五轴联动数控机床，特别是一种教学型模块化可拆卸的多功能五轴联动数控机床，属于教学设备领域。该设计的创新点主要体现在机床小型化第四轴、第五轴的设计及软硬件实现方面。

联动是智能制造领域加工设备的基本功能，是指两个以上运动的复合。通过联动，可以加工出精密美妙的各种工件（数控加工），也可以实现三维模型的实体建造（三维打印），更可以再现肢体运动的复杂轨迹（机器人）。五轴联动加工是目前加工制造业的发展趋势，是一个国家生产设备自动化水平的标志，五轴数控机床集计算机控制、高性能伺服驱动和精密加工于一体，可高效、准确完成复杂曲面的加工，它在航空航天、军事、科研等领域具有举足轻重的影响力。然而，我国的五轴联动机床主要依赖于从发达国家进口，价格十分昂贵，在高校教学中难以得到普及。因此发明一种教学型模块化可拆卸的多功能五轴联动数控机床用于教学具有广阔的市场前景。

数控加工技术目前已成为机械制造业的主流加工手段，其加工设备数控机床价格昂贵，结构复杂。为方便工科学生学习数控原理编程知识，本项目目标是开发一种教学型模块化小型五轴联动数控机床。它具有小巧便携、价格低廉、一机多用、便于学生学习机械课程，以及满足客户 DIY 设计需要的模块化的特点，实现了车铣复合五轴联动的功能，解决占地面积大、价格昂贵等问题。该设计的创新点主要体现在机床小型化第四轴、第五轴的设计及模块化可拆卸等方面。

机床相关设计图见图 1—图 4。

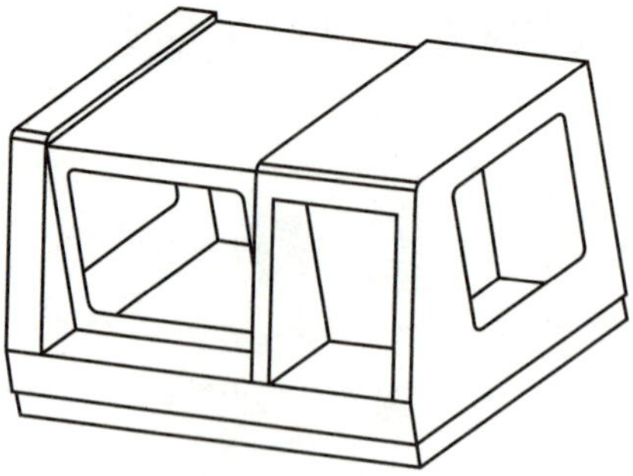

图 1　机床外观图

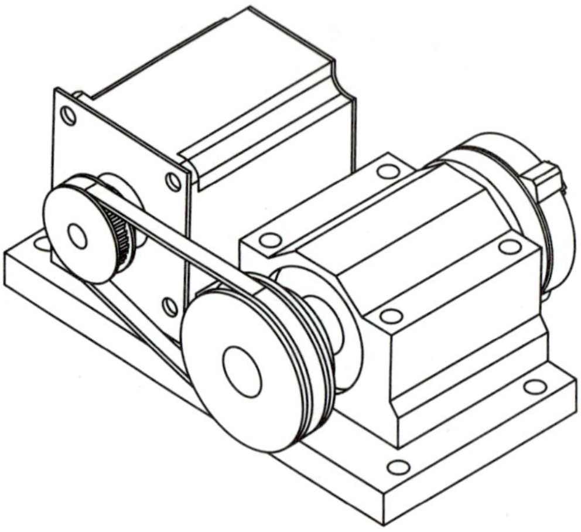

图 2　第四轴设计图

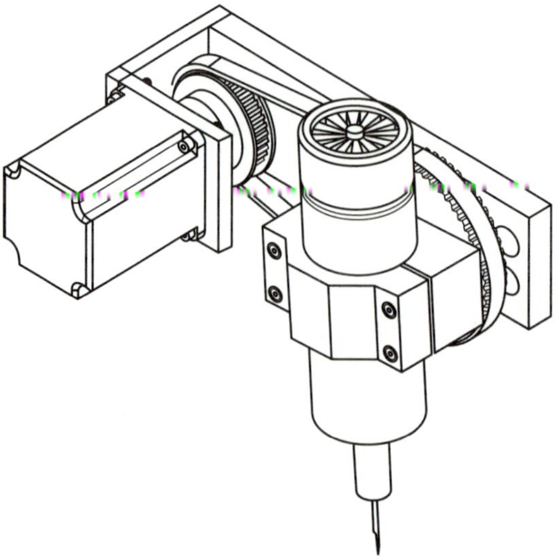

图 3　第五轴设计图

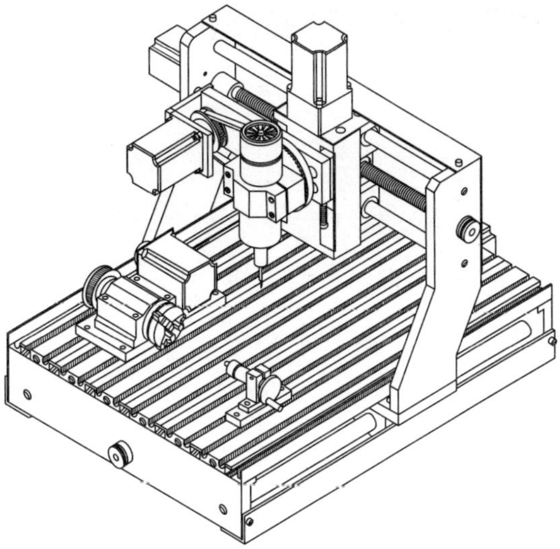

图 4　机床主体图

2. 创新点描述

（1）设计制作的机床经济实用，便于向学生演示多轴机床的运作情况，学习多轴知识适用于工科学生的实践教学，在教育市场有较强的应用推广价值。

（2）第四轴、第五轴在设计上有别于市场上现有的微型机床，采用驱动机构为步进电机，利用同步带进行传动，介于步进电机严格按照所获脉冲数来执行走步，因而可得到较为精确的控制。

（3）第四轴、第五轴可以根据实际的加工需要进行拆卸，将机床转为铣床或者雕刻机等使用；此控制箱的接线可以做出相应的改变，方便学生深刻理解模块化设计和学习电路控制。

3. 学生感言

在做此项目的过程中，团队成员一起齐心协力，在老师的帮助下一步一步地完成目标。从机床外形设计，到第四第五轴设计，再到计算机接线控制设计，整个过程锻炼了我们的设计能力和思维能力，真正学会了从工程角度看问题，在实践中综合运用了所学的专业知识，锻炼并培养了自主学习和创新思维能力，加强了实践训练。

4. 教师感言

“国创计划”是学习生涯的难忘经历，是创新锻炼，是创业训练，更是学生个性品质的磨炼。作为指导老师，教书育人是职责。在“国创计划”项目实践中，为同学们付出辛劳，取得成绩感到由衷欣慰。

机坪管路气塞形成及消除模拟试验系统的设计与搭建

项目名称： 机坪管路气塞形成及消除模拟试验系统的设计与搭建

项目所属一级学科： 交通运输工程

项目成员： 王怡　刘超　刘秋均　王凯丽

指导教师： 陈媛媛，讲师，多相流动

起止时间： 2016 年 6 月—2017 年 5 月

推荐学校： 中国民航大学

1. 项目简介

安全、洁净的航空油料是保障飞机安全飞行的重要因素之一。机坪管道作为运送航空油料的重要载体，一旦由于工作人员误操作、输油泵意外停泵、管道地势走向突变时，管道中将会发生“气塞”现象，含气的航空油料如果进入飞机发动机中，将影响发动机的正常运转，为飞机的安全航行埋下巨大的安全隐患。本项目主要通过改变管道地势走向（即管道起伏而非水平）来进行水力环道的设计与搭建，为日后进行管路中气塞的产生、发展和消除试验研究奠定基础。

设计的气塞模拟试验环路系统主要包括供水系统、测试管路系统、回水系统、摄像系统和数据测量与信号采集系统，如图 1 所示。

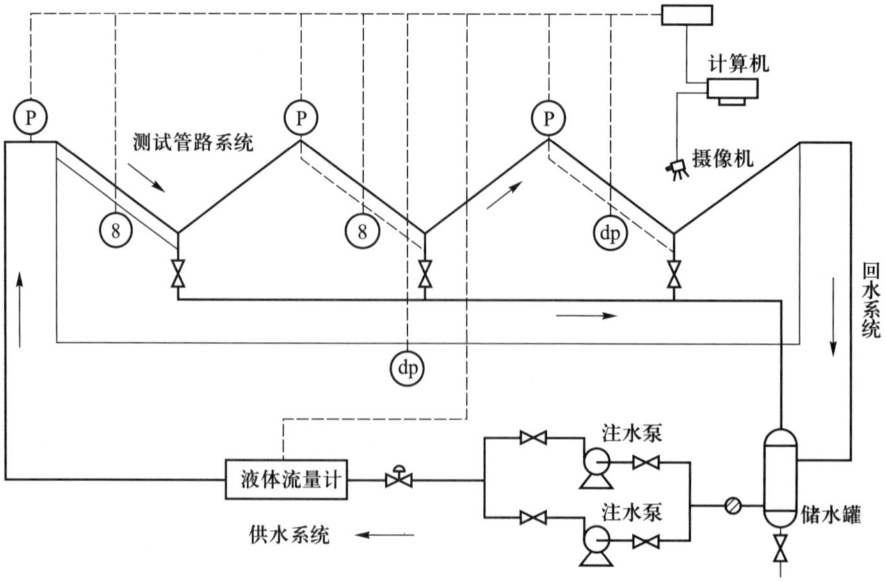

图 1　气塞模拟试验环路系统流程图

试验用水从储水罐底部流出，由离心泵增压后，经过液体流量计计量，进入起伏测试管路系统，最后回到储水罐中，如此循环往复。试验过程中的流量、测试段沿线压力、压差等参数由数采系统测量、采集并传回至计算机进行储存。为便于观察，起伏测试段采用有机玻璃管，这样，用一台计算机通过网线连接摄像机，对管道局部进行拍摄，便可详细记录气塞形成及演变过程中气液两相的运动特性。搭建的环道实物图如图 2 所示（见本文二维码资源）。

试验中可改变的试验参数有：液相流速、起伏测试段类型、测试段管长、测试段管径和下倾段倾角。通过这些试验参数的改变，可为研究不同管输流量、不同起伏段地形及不同管路结构（管长、管径、倾角）对气塞两相流流动特性的影响提供充足的试验数据。

通过对实验室现有设备的校核及对需新购设备的设计、选型，确立了包括供水系统、数据测量与信号采集系统及测试管路系统的详细设备组成，各设备的规格数量如表 1 所示。

表 1　气塞模拟试验环路系统设备清单

试验系统	设备名称	规格	数量 / 个
供水系统	储水罐	类型：立式	1
		容积：$0.1m^3$	
		直径：0.45m	
		罐高：0.65m	
		底部支架高：0.2m	
供水系统	变频注水泵	型号 1：CHLF4–60	1
		额定排量：Q=4 m^3/h	
		扬程：47 m	
		额定转速：2900 r/min	
		功率：1.1 kW	
		型号 2：CHLF16–30	1
		额定排量：Q=16 m^3/h	
		扬程：32 m	
		额定转速：2900 r/min	
		功率：3 kW	
数据测量与信号采集系统	液相流量计	类型：电磁流量计	1
		型号：LDY–65S–12–22–01–0–（30）–6–16–41	
		量程：0~30 m^3/h	
		精度等级：0.5	
	压力传感器	型号：HM22–2–A1–F2–W2	3
		量程：0~2.5 MPa	
		精度等级：0.25	

续表

试验系统	设备名称	规格	数量 / 个
数据测量与信号采集系统	差压变送器	型号 1：HM31–2–A1–F2–W2	3
		量程：0~50 kPa	
		精度等级：0.25	
		型号 2：HM31–2–A1–F2–W2	1
		量程：0~100 kPa	
		精度等级：0.25	
	数据采集卡	品牌：美国 NI	1
		型号：NI PCIe–6363	
		参数：32 路 AI，48 个 DIO，4 路 AO	
	抗噪屏蔽 I/O 接线盒	型号：SCB–68	2
	屏蔽电缆	型号：SHC68–68–EPM	2
		长度：2 m	
测试管路系统	连泵钢管	管材：不锈钢	1
		规格：DN32	
		长度：1.05 m	
	连流量计钢管	管材：不锈钢	1
		规格：DN65	
		长度：1.1 m	
	地面和墙面连接软管	管材：金属波纹软管	6
		规格：DN32\45\60	
		长度：3.2 m	
	起伏管道	管材：有机玻璃	27
		规格：φ32 × 3，φ45 × 3，φ60 × 3	
		长度：0.68, 0.72, 0.77, 1.02, 1.06, 1.15, 2.0, 2.2, 2.3 m	
	排水管	管材 1：金属波纹软管	2
		规格：DN50	
		长度：0.2 m、0.3 m	
		管材 2：不锈钢管	1
		规格：DN63	
		长度：2.12 m	

2. 创新点描述

针对机坪管道在地势走向突变时，管内可能产生的“气塞”现象，设计了一套气塞模拟试验环路系统。计算确定了装置中各管路系统的尺寸，并对主要设备进行了计算选型。通过搭建的单 / 多起伏管路的气塞模拟试验环路系统，可对不同影响因素（液相流速、起伏测试段类型、测试段管长、管径和下倾段倾角）对气塞形成、发展及消除过程中气塞形态特性变化的影响进行全面、系统的研究，为后续进行气塞两相流实验提供强大的实验工具及充足的实验数据，对深入开展机坪管路气塞形成及演变过程中的气液两相流动研究具有重要意义，填补国内该项研究的空白。

3. 学生感言

首先，在做项目的过程中，团队成员的专业知识得到了进一步的加深和巩固，专业素养有了很大的提高。其次，在选择和购买器材的过程中，全体成员整理信息的能力、筛选最优方案的能力和交际沟通能力都得到了很大的提高。在搭建环道的过程中，大家积极参与，将专业知识与实践相结合，并且提高了创新意识和解决问题的能力。最后，在工作中大家注重团队精神，团体协作使项目进展顺利。

4. 教师感言

作为首次指导大学生创新创业训练计划项目的教师，深深被项目组同学们积极思考、刻苦努力、团结合作及成长所感动。通过项目研究，他们发现问题和解决问题的能力、系统思维能力及动手实践能力均得到了较大的提高，也让我体会到作为一名教师的自豪感和责任感，对今后的教学影响非凡。

超磁致伸缩与磁流变液复合阻尼关键技术研究

项目名称：超磁致伸缩与磁流变液复合阻尼关键技术研究

项目所属一级学科：工程与技术科学基础学科

项目成员：刘勇敢　李惠杰　周文江　许岩

指导教师：丁攀，讲师，现代智能农业装备技术、机电一体化装备技术、农业生物环境检测控制技术

起止时间：2015—2016 年

推荐学校：河南农业大学

1. 项目简介

磁流变液阻尼器一般需要驱动线圈及外配电源，导致体积和质量较大，且阻尼器总响应时间受制于线圈的电感和电阻等参数。本项目提出一种超磁致伸缩与磁流变复合阻尼新技术，应用该技术设计的新型被动阻尼器具有无能源装置、大载荷、响应快、宽频带、负载自适应等特点；应用该技术设计的新型智能阻尼器，其内部集成的超磁致伸缩材料可感知出被控结构的振动信息，实现同位控制，同时其输出具有主被动一体化复合阻尼的特征。本项目研究成果为磁流变阻尼的无源快速可控提供了新思路，在微机器人、空间机器人、野外车辆和土木工程等领域的被动阻尼和主动阻尼控制中具有重要的学术价值和应用价值。该项目申报专利 1 项，发表学术论文 2 篇。阻尼器结构及实验装置图见本文二维码资源。

2. 创新点描述

（1）提出一种基于超磁致伸缩与磁流变耦合机理的阻尼可控方法，为磁流变的自适应阻尼控制开拓了新思路。

（2）对 GMM 分路阻尼技术和基于 GMM 逆效应的传感技术研究，将提高我国超磁致伸缩材料在新领域应用的研究水平，GMM 传感技术中非线性磁滞建模的研究对其他具有迟滞特性问题的研究同样具有重要的科学意义。

（3）超磁致伸缩与磁流变复合阻尼新技术在微机器人、空间机器人、野战用军械和土木工程等领域的被动阻尼和主动阻尼控制中具有重要的学术价值和应用价值，为磁流变技术在航空航天领域的应用提供了新思路。

3. 学生感言

从 2015 年 10 月开始参加大学生创新创业训练计划项目，到现在历时整整一年

半时间，回想过去参加研究项目的过程，从开始的寻找课题到申请立项、撰写项目申请书，到查阅相关参考文献，确定实验项目、实施方案和寻找创新点，并制定详细的研究方案和步骤、对项目进行相关调查和研究；到最后确定项目的可行性，一步步走来，这其中的辛苦和辛酸只有经历过的人才懂，其中的经验和成长也只有经历过的人才会分享和拥有。这是一次难得的经历，一次让我们得到锻炼和成长的经历。

导师和团队都非常重视这个创新创业训练项目，也都在尽心尽力地做着这件事情。导师多次为我们提供各个方面的指导意见，团队成员一遍遍地理思路，一遍遍地修改优化自己负责模块的材料，认真执行。每次累的时候，一想到为了完成团队的任务，我们大家就相互鼓励，又精神抖擞起来，将疲惫完全抛在脑后，聚精会神地继续着手头的工作。在遇到问题时，我们做到及时交流，及时沟通，每一个人有想法都可以及时提出来与大家一起讨论交流，达到事半功倍的效果，做项目的过程中大家也感到很愉快。大家在项目实施过程中，不怕苦，不怕累，不断追求卓越。

4. 教师感言

大学生创新创业训练计划旨在促进高校人才培养模式和教学方法的创新，鼓励和支持大学生尽早参与科学研究、技术开发和社会实践等创新活动，不断提高大学生的创新创业精神和实践能力。

科技创新就是一个运用新知识和新技术、新工艺，采用新的生产方式和经营管理模式，开发新产品，提高产品质量，提供新服务的过程。作为当代大学生，应该具备创新精神。创新是一个民族进步的灵魂，是一个国家兴旺发达的不竭动力。在市场竞争激烈、产品生命周期短、技术突飞猛进的今天，不创新，就会落后。创新是企业生存的根本，是发展的动力，是成功的保障。在今天，创新能力已成为国家的核心竞争力，也是企业生存和发展的关键，是企业实现跨越式发展的第一步。“国创计划”让大学生得到了锻炼，为以后自己在就业、创业的路途上积累了经验。

基于信息融合技术的电主轴热敏感点识别理论研究

项目名称：基于信息融合技术的电主轴热敏感点识别理论研究

项目所属一级学科：机械工程

项目成员：刘联杰　何进学　谈作玲　王琦

指导教师：王秀山，副教授，数控机床建模和农业机器视觉

起止时间：2014 年 10 月—2015 年 10 月

推荐学校：河南农业大学

1. 项目简介

（1）精确温度场识别方法的提出　误差补偿是提高经济型数控机床和一些老旧数控机床加工精度的重要方法。精密化误差补偿的前提是事先获知机床温度场的精确分布，特别是主轴区的温度场精确分布。本项目提出了修正机床主轴高速运动时表面对流换热系数的计算方法，即在计算对流换热系数时，采用了合成速度代替平动速度，温度场仿真数据与实测数据更加一致，说明考虑振动速度后的仿真温度场数据更真实反映实际工况。更精确的温度场识别也间接提高了补偿的精度。振动速度的测量图见本文二维码资源。

（2）小波优化方法选取最优敏感热源点　对多轴机床的最优敏感热源点选取方法进行了数字化优化，利用小波压缩技术和遗传优化算法完成了最优敏感热源点的选取。对试验和仿真获得大量温度数据进行二进制数字编码，并以温度数据灰度图像的相邻亮度差值为压缩目标，完成了温度图像数据的多重小波压缩处理，使温度数据冗余减小，最终选取 1024 个结点数据为计算结点。利用遗传优化算法，以测量值和模型值间的残差为目标函数，对温度图像数据进行 650 代优化筛选，最终获取 4 个最优敏感热源点的位置，模型残差结果和验证结果均符合工程要求。

（3）补偿实验　项目组利用自己开发的便携式多通道测温与补偿系统完成了车间内两台经济型数控车和数控铣的补偿，补偿精度提高 60% 左右。

2. 创新点描述

（1）本项目提出了修正机床主轴高速运动时表面对流换热系数的计算方法，即在计算对流换热系数时，采用了合成速度代替平动速度，温度场仿真数据与实测数据更加一致，说明考虑振动速度后的仿真温度场数据更真实反映实际工况。更精确的温度场识别也间接提高了补偿的精度。

（2）本项目对多轴机床的最优敏感热源点选取方法进行了数字化优化，利用小

波压缩技术和遗传优化算法完成了最优敏感热源点的选取。对试验和仿真获得大量温度数据进行二进制数字编码，并以温度数据灰度图像的相邻亮度差值为压缩目标，完成了温度图像数据的多重小波压缩处理，使温度数据冗余减小，最终获取 4 个最优敏感热源点的位置，模型残差结果和验证结果均符合工程要求。

3. 学生感言

完成本项目的过程使我学到了做学问的和科研的方法，对我后面的工作和学习帮助很大。所提出的对流换热系数计算方法属于课题组的原创内容，是课题组成员集体协作的结晶。感谢“国创计划”，感谢学校培养。

4. 教师感言

课题组成员努力拼搏保证了项目的顺利完成，感谢国家和学校给予锻炼的机会，同学们的开拓和协作精神将会影响他们一生。该项目的 2 篇论文分别发表在核心期刊《机械设计与制造》和《制造业自动化》上。

基于双目视觉技术的植株茎秆动态自动捕获技术研究

项目名称： 基于双目视觉技术的植株茎秆动态自动捕获技术研究

项目所属一级学科： 农学

项目成员： 林士丰　白鑫昊　王重阳　邢红阳　金纪委

指导教师： 王秀山，副教授，数控机床建模和农业机器视觉

起止时间： 2016—2017 年

推荐学校： 河南农业大学

1. 项目简介

农业作业生产时，无论是种植、田间管理和收获，都存在一个基本问题，那就是需要捕捉农作物的茎秆。人工作业时靠肉眼观察茎秆和植株，茎秆的定位最精确，但效率低；机械化作业时靠规范的操作范围和标准化种植确定茎秆位置，效率高，但茎秆的识别几乎为零；基于图像处理技术的茎秆识别综合了上面人眼识别和机械化操作的双重优点。

以烟叶的智能化采摘为例，机械式烟叶采摘机作业时存在烟叶叶片破损率高等缺点，智能烟叶采摘机能够实现烟叶的无损采摘，从根本上解决机械式烟叶采摘机的烟叶破损难题。烟叶智能化采摘的难题在于实时和精确识别烟株茎秆和烟叶的位置。复杂的大田作业环境和烟株茎秆及叶片的颜色相近性，造成了单纯的灰度处理和传统分割方法无法有效识别烟株茎秆位置。基于上述难点问题，项目提出多目分类别分层次烟叶定位机器视觉算法，该算法能够实现近颜色背景特征下烟株茎秆目标的精确和实时识别。算法内容主要有两点：一是分类别分层次识别，实现烟叶的分层识别；二是自行设计了烟株茎秆及烟叶近颜色特征过滤算法。烟叶定位算法主要分为两个子模块。一个子模块是顶端水平定位系统，主要用于烟草在烟田中水平位置的确定，如图 1 所示为识别结果（见本文二维码资源）。水平定位模块又分为两个子算法，烟草顶端位置初步识别算法和烟草顶端中心精确识别算法。另外一个子模块是垂直定位模块。当烟叶水平位置确定后，摄像头开始在垂直平面识别烟草茎部的位置，如图 2 所示识别结果（见本文二维码资源）。垂直识别同样分为两个模块，一个是烟草茎秆识别模块，另一个是茎秆上烟叶位置识别模块。这两个子系统的四个模块的协同处理可以完成烟叶的准确定位和识别。

2. 创新点描述

本项目提出一种新的烟株茎秆识别与定位机器视觉算法。该算法利用水平和垂直方向上的两个摄像头分别获取烟株在水平面空间的位置信息和烟叶在烟茎上垂直空间内的位置信息，综合这两帧图像信息，最终定位烟株茎秆和叶片在三维空间的位置。采用水平和垂直两个方向上的图像信息的优势在于：① 可以根据烟株茎秆和烟叶不同部位的特征，针对性地编写算法，使识别更加精确；② 算法上采用子系统集成和信息融合的方法，水平和垂直两个子系统相互独立，并进行数据通信，确保系统的健壮性和抗干扰性；③ 子系统功能模块化，水平位置识别系统，先进行烟草顶端位置初步识别，再进行烟草顶端茎秆中心的精确识别，这种处理方式能加快图像处理的速度和准确性。

3. 学生感言

本项目的完成使我们学到了机器视觉最新图像处理深度神经网络算法，人工智能技术是目前最热门也最有前途的技术，我们相信这次经历将会影响我们后面的学习和工作。

4. 教师感言

深度神经网络算法用于图像处理技术是当前人工智能研究的热点，同学们凭借自己扎实的数学功底和专业技能解决了农作物植株茎秆的动态精确识别问题，很难得。围绕该内容，一篇英文论文正在审稿中。

亚麻籽胶对糯米淀粉糊化和老化特性的影响

项目名称：亚麻籽胶对糯米淀粉糊化和老化特性的影响

项目所属一级学科：食品科学技术

项目成员：王亚茹　岳双　李艳芳

指导教师：谢新华，副教授，谷物化学及速冻食品

起止时间：2015—2016 年

推荐学校：河南农业大学

1. 项目简介

亚麻籽胶是一种以亚麻籽为原料提取的天然亲水胶体。亚麻籽胶对酸、碱、盐、加热和冷冻等具有较高的稳定性，具有良好的乳化、保水、增稠等作用。亚麻籽胶可以有效吸收紫外线，对重金属盐类和农药具有一定的解毒作用，医学研究证明，亚麻籽胶对人类的头发和皮肤都有明显的保护作用。我国亚麻的种植面积为世界第四位，亚麻籽胶的生产原料丰富。亚麻籽胶作为一种新型亲水胶体，具有潜在的研究价值。目前，国内外学者对亚麻籽胶已经有一些研究。

本项目选取糯米淀粉加入亚麻籽胶形成混合体系，通过试验探讨了亚麻籽胶对糯米淀粉性质的影响，以期更全面地了解亲水胶体与淀粉相互作用机制，为亲水胶体在淀粉基食品中的应用提供理论参考。

我们选用快速黏度分析仪、差示扫描量热仪和质构仪测定添加不同比例（0.1% ~ 0.5%）亚麻籽胶的糯米淀粉糊化和质构特性。结果发现，加入亚麻籽胶的糯米淀粉峰值黏度、最终黏度和糊化温度升高，崩解值和回生值下降；凝胶硬度下降，弹性和内聚性略有增加。糊化焓值随亚麻籽胶添加量的增加而升高。

糯米淀粉凝胶经过冻融处理后结构和特性会发生较大变化，影响淀粉凝胶品质。为了提高糯米淀粉凝胶的冻融稳定性，我们研究了亚麻籽胶对糯米淀粉凝胶析水率、老化特性、结晶度、分子结构和微观结构的影响。结果显示，添加不同比例（0.1% ~ 0.5%）亚麻籽胶的糯米淀粉凝胶经过 7 次冻融循环，亚麻籽胶能显著降低糯米淀粉凝胶的析水率；差示扫描量热仪测定显示，糯米淀粉凝胶的熔融焓值 / 糊化焓值降低，表明糯米淀粉老化受抑制；X 射线衍射结果显示，添加 0.5% 亚麻籽胶使样品相对结晶度由 13.56% 降为 9.29%，说明亚麻籽胶能抑制淀粉凝胶的重结晶；亚麻籽胶使淀粉凝胶羟基伸缩振动峰发生较大的位移，增强分子间氢键作用力，而没有生成新的基团；添加亚麻籽胶的淀粉凝胶微观结构表面光滑平整，凹洞较小，基质较紧密。说明亚

麻籽胶能提高糯米淀粉凝胶的冻融稳定性。相关数据图谱见本篇二维码资源。

2. 创新点描述

本项目研究了在糯米淀粉糊化过程中亚麻籽胶与淀粉作用的机制。① 研究亲水胶体对糯米淀粉流变学特性的影响。将亚麻籽胶和罗望子胶分别添加到糯米淀粉中，制备淀粉凝胶样品，利用流变仪测定样品的动态流变学特性。② 研究亲水胶体对糯米淀粉—亲水胶体凝胶体系经过冻融处理后结构和性质的影响。对样品进行多次冻融处理，利用差示扫描量热仪、质构仪、X 射线衍射仪、傅里叶红外光谱仪分析和亲水胶体对糯米淀粉—亲水胶体凝胶体系冻融稳定性和质构特性的影响，并进一步利用扫描电镜分析亲水胶体对糯米淀粉凝胶微观结构的影响。

3. 学生感言

通过“国创计划”项目，我们掌握了差示扫描量热仪、质构仪、X 射线衍射仪、傅里叶红外光谱仪的操作方法，以及这几种仪器设备的工作原理，同时能自主设计实验，具备了一定的科研思路，为以后的工作和学习积累了经验。

4. 教师感言

通过“国创计划”项目，使我认识到本科生有很强的可塑性，能提出很多具有创新性的思路。这也让学生能提前进入科研领域，增强他们的动手能力，培养他们的科研思维，为学生的进一步深造提供机会。

丝杆移动型爬杆机器人

项目名称：丝杆移动型爬杆机器人

项目所属一级学科：机械工程

项目成员：张兆龙　胡亮　施祥庆

指导老师：孙金风，副教授，机器人技术

起止时间：2015—2017 年

推荐学校：湖北工业大学

1. 项目简介

该项目符合当前各种相关企业机构需要一款能够在杆体上爬行的机器人从而代替人工爬杆进行高空作业的要求。这一方面，使工作的效率得到了显著提高；另一方面，也使人们从危险、恶劣的工作环境中解脱出来。本项目研究成果获得 2015 年全国大学生机械产品数字化设计大赛二等奖，获批两项国家实用新型专利。项目中的机器人结构及其主要装置如下：

（1）爬杆机器人的结构设计。根据机器人上下爬杆的工作方式，在机器人爬行过程中，必须存在部分力对杆壁，以实现在杆上；而另一部分力则是进行上升或下降。本作品采取上下两组（A 组和 B 组）。一组在丝杆旋转下上升或者下降，另外一组对杆壁的摩擦力承担整个机器人的质量。为了避免现有机器人的复杂结构，项目设计采取简单结构，仅有丝杆旋转带动机械手臂台上升或下降，光杆则为导向作用。作品实物图见本文二维码资源。

（2）电机与舵机的控制。为了驱动丝杆旋转，需要选择适当的电机，并采用单片机等芯片对电机进行控制，使机器人上下爬行。机器人能够在杆壁上爬行，需要一定的摩擦力，而舵机使机械手臂对杆壁的压力决定机器人能否在杆上顺利地爬行。

（3）爬杆机器人检测装置的控制。机器人在杆壁上爬行时，可以加载对杆壁进行检测的装置。对于本机器人，在上下两部分的爬行中，为了更好地得到测量数据且不影响整个机器人的质量分配，将控制箱和检测装置放在机器人中间，也使控制箱更好地控制检测装置并且返回参数给计算机。

2. 创新点描述

（1）机器人整体设计采用三个自主独立的模块，结构简单，易维护。三个模块之间交替工作，完成攀爬的三个工作状态：手臂台升降、身体复位和绕杆检测。且每个工作过程中都具有两组机械手臂夹持杆壁，来实现稳定的攀爬过程。

（2）利用丝杆与光杆共同作用对爬杆机器人进行结构设计，通过对不同阶段丝杆与机械手臂台上螺母之间进行受力分析，可以根据实际情况适时调整整机中间模块的结构，确定整机的设计参数。

（3）造价低，节能环保，具有一定的使用价值，应用范围广，可推广性强。

3. 学生感言

（1）对机械建模、设计等综合思考能力应进一步提升，包括零件材料的选择、零件图纸的加工尺寸、相关公差等。

（2）对电控方面有进一步了解，包括对 STM32 的学习与操作，以及软件编程。

（3）在项目制作过程中，体会到团体合作、互相学习的重要性，也培养了相应的自学能力和动手操作能力。

4. 教师感言

针对项目要求和学生特点，以愉快式教学指导为主；坚持学生为主体，教师为主导，教学为主线，注重教学相长；积极推行“基于问题的学习”和“基于项目的学习”的教学方法改革；启迪学生思维，激发学习兴趣。学生的收获是教师最大的快乐！

并联臂 3D 打印机

项目名称： 并联臂 3D 打印机
项目所属一级学科： 计算机科学技术
项目成员： 李炳君　吴兵
指导教师： 冯林，教授，计算机应用技术
起止时间： 2014—2015 年
推荐学校： 大连理工大学

1. 项目简介

3D 打印技术将成为 21 世纪制造业中发展最为迅速的制造方法之一，我国政府高度重视与支持 3D 打印技术的发展。项目组抓住这一契机，注重创新与实践，成功设计并研发一款并联臂结构的 3D 打印机。在此基础上，设计并增加激光雕刻功能，完成并联臂式打印机运动模型设计与计算、打印机结构及零件设计、3D 打印与激光雕刻一体的控制、脱离计算机控制实现脱机打印、远程监控等功能。该打印机具有工作稳定、速度快和性价比高等优点，至今已完成数百件物品的打印，受到社会各界的好评。打印机实物图和作品图见本篇二维码资源。

2. 创新点描述

（1）并联臂结构打印机比传统结构打印机更灵活，打印更快速。

（2）该打印机采用磁性材料作为连接机构，轻松切换激光雕刻模式。

（3）支持 SD 卡脱机打印，随时随地轻松打印。

（4）桌面级打印机，外观简洁，性价比高，体积扩展灵活。

3. 学生感言

在并联臂 3D 打印机的“国创计划”项目中，我不但收获了知识和技术，更认识了一群志同道合的朋友。项目虽然结题，但是对 3D 打印的热爱依旧让我们团结在一起，我们成立了 3D 打印工作坊，让越来越多的同学加入进来，亲手制造自己的 3D 打印机，把这份热爱传承下去。

4. 教师感言

3D 打印技术将成为 21 世纪制造业中发展最为迅速的制造方法之一，我国高度重视与支持 3D 打印技术的发展。在这一契机下，李炳君等同学不但成功研制了一台稳定可靠的 3D 打印机，而且围绕 3D 打印成立了学校的 3D 打印工作坊。

基于工业物联网的石油采集控制平台研发

项目名称： 基于工业物联网的石油采集控制平台研发

项目所属一级学科： 计算机科学技术

项目成员： 李天一　李玉喜　公治令鑫

指导教师： 王军，教授，物联网技术

起止时间： 2012—2016 年

推荐学校： 沈阳化工大学

1. 项目简介

互联网是大众创业、万众创新的新工具。抓住了“互联网 +”的发展机遇，掌握领先的技术，就将在世界新一轮科技革命竞争中占据制高点。

“互联网 + 传统石油开采行业”就是我们研究的主要内容。平台在创新技术上运用多技术融合手段来实现点对点（ad–hoc）网络的跨层多路访问控制（MAC）协议设计优化。通过多入多出（MIMO）和正交频分复用（OFDM）技术联合优化了无线信道质量，并且设计出了 MIMO 和 OFDM 的融合系统模型。实现 PHY–MAC 层的联合优化设计。无线网络 MAC 层控制着信道的使用权，使工业 ad–hoc 网络中的每个无线通信节点都可以有效地访问和共享无线信道，并且在研究无线 ad–hoc 网络 MAC 协议设计时，进一步解决了能耗优化问题，有效提高了面向石油开采环境下无线网络的服务质量（QoS）。同时，该平台加入了故障诊断和预报警功能，一旦设备出现异常情况，就会出现预报警提示，维修人员可以直接发现故障点并进行提前处理。

基于工业物联网的石油采集监控平台提供了一个简单、可靠、安全、有效降低成本的方法去监视现场设备。依靠无线网络，计算机远程检测故障，以及通过网络管理软件实时监控网络。

目前基于工业物联网的石油采集控制演示平台已经授权 1 项专利，受理 5 项专利，获得 6 项软件著作权，共 12 项核心技术，有效地保障了基于工业物联网的石油采集监控平台在该领域革命浪潮中立于不败之地，引领时代潮流。本项目作为国家大学生创新创业训练计划项目，于 2016 年代表辽宁省在第九届全国大学生创新创业年会上进行了项目展示。还获得了辽宁省“互联网 +”大学生创新创业大赛银奖等多项大奖。相关资料见本文二维码资源。

2. 创新点描述

（1）无线监测与智能检测　通过优化无线网络技术，提高在工业应用环境中的服务质量，数据通过无线传感器传递、计算机远程故障检测，以及通过网络管理软件实时监控网络。由于能实时大量收集主要检测设备运行参数，可实现部分设备的故障诊断和预报警功能，一旦设备出现故障情况，在计算机上就会出现报警提示，维修人员可以直接发现故障点并进行处理。

（2）易管理　通过网络管理软件实时监控网络，一台计算机就可以管理多个网络，并且信息直观明了，可以更大程度地减少由于故障未及早发现而带来的损失。

（3）易维护，低成本　无线网络有很好的扩展兼容性，如需要增加测量点，只要安装好无线设备，就能自动加入智能网络中。数据通过多跳式网络无线传递。

3. 学生感言

在“互联网 +”的时代潮流中，身为大学生要以创新意识为契机，以创新发展为动力，牢牢跟随时代发展航向，用创新武装自己，用知识充实自己，在“大众创业、万众创新”的海洋中乘风破浪！

4. 教师感言

“国创计划”为新时期大学生提供了思维碰撞的平台，提高了他们的创新能力和逻辑思维能力，培养造就了“大众创业、万众创新”的生力军，激发了当代大学生创新创业的热情。“合抱之木，生于毫末；九层之台，起于垒土；千里之行，始于足下。”愿同学们在未来的征程中，创新为先，砥砺前行！

碟形水下滑翔器的研究与制作

项目名称：碟形水下滑翔器的研究与制作

项目所属一级学科：交通运输工程

项目成员：孙昱声　刘中迪　王介梅

指导教师：王天霖，教授，水下滑翔机设计与研究

起止时间：2015 年 1 月—2015 年 11 月

推荐学校：大连海事大学

1. 项目简介

新型的碟形水下滑翔机（saucer-shaped underwater glider, SUG）使用 Solidworks 设计，外形如图 1 所示，实物图如图 2 所示（见本文二维码资源）。碟形设计的水下滑翔机是为了克服传统水下滑翔机缺点而设计的新型水下航行器。它采用全翼身、无尾翼的外形结构以获得大的升阻比，从而有利于低速浅水航行和区域定位。圆滑的碟形结构也不容易被海底生物缠绕，有利于长时间的海底潜伏监测。碟形水下滑翔机的内部采用云台结构来改变航向。这种控制方式不需要滑翔机本体旋转就可以灵活地改变航向，轻易地实现反向、垂直运动等定位动作。

在海洋开发逐渐受到世界各国重视的大背景下，水下滑翔机的作用日益突出。本项目是一种新型圆碟形水下滑翔机，不仅继承了水下滑翔机续航时间长、航行范围广等优点，可以完成常规水下滑翔机的同类任务；而且改进了传统水下滑翔机机动性差的不足，进一步提高了升阻比，提高了效率。这比传统水下滑翔机更擅长指定海域的监测和勘察任务，在海洋环境检测、海上搜救、溢油跟踪和军事方面都有着广阔的应用前景。本项目产品一旦成熟，将具有广阔的应用前景；在国际、国内有关水下滑翔机的研究中尚属创新之作，技术处于领先地位。

本项目在第八届全国大学生创新创业年会同时荣获“最佳创意项目”奖和“我最喜爱的项目”奖。在第十届全国大学生交通科技大赛荣获二等奖。

2. 创新点描述

（1）水下滑翔机水动力优化　圆碟形水下滑翔机的水动力特征主要体现在主载体的外形设计如凸起高度、曲率大小等方面。SUG 在水中所受的阻力与机身中心曲率大小成正比，因此在满足内部空间需求的前提下，通过水动力优化来降低载体的航行阻力，增加升阻比，提高水下滑翔机的机动性和可控性。

（2）重心调节机构设计　水下滑翔机在运动过程中，浮心的位置不会变化。因此只有通过改变重心来改变重心与浮心的相对位置，从而实现姿态倾角的调整。

（3）浮力变化量的精确控制　改变浮力可实现水下滑翔机的上浮与下沉，是滑翔动力的根本来源。水下滑翔机所受的绝对浮力（浮力与重力之差）在零附近变化，因此本项目对浮力的变化进行了精确控制。

（4）高续航设计　水下滑翔机最大优点在于它的长时间续航能力，因此本项目对各个执行机构的动作和适时的主控制器休眠进行了最优化。

3. 学生感言

这次参加“国创计划”项目的过程，让我受益匪浅，不再是只满足于书本上学到的知识，而是更多地尝试将理论应用于实践。同时，在项目的过程中我们也遇到了大大小小的各种问题，而解决这些问题，要求我们提出具有创新性的解决方案，也培养了我们的创新能力，为我们今后的发展打下了坚实的基础。

4. 教师感言

圆碟形水下滑翔机是一种新型水下航行器。将水下滑翔机设计成圆碟外形可以大幅提高水下滑翔机的机动性，使得水下滑翔机可以在浅水、小面积水域开展作业，扩大了水下滑翔机的适用范围提高了生存能力。另外，随着机动性的改善，圆碟形水下滑翔机还可以开展更加复杂的水下探测任务。研究过程中，学生自主学习，掌握课堂以外的专业知识和技能，创新能力与实践动手能力得到了极大的提高。

可远程控制的 WiFi 智能插座设计

项目名称：可远程控制的 WiFi 智能插座设计

项目所属一级学科：动力与电气工程

项目成员：李建霆　曹彬　陈定邦　李泽坤　李俊

指导教师：陈广大，讲师，智能检测与自动控制

李鹏威，高级实验师，自动化装置设计

起止时间：2014—2016 年

推荐学校：北华大学

1. 项目简介

该插排以 STM32F103VET 作为主控芯片，采用继电器控制的方式。插排通过汉枫 HF-LPB100 无线 WiFi 模块联网，使用服务云实现手机 APP 与插排的通信，微控制单元（MCU）根据 WiFi 传输的指令控制继电器，上传数据，手机可监控插排的开断、定时开关，读取插排的负载电压、负载电流、温度、通断等电气参数，读取可燃气体浓度、烟雾报警使系统断电防止火灾。通过手机 APP 进行信息交流，达到在 APP 中对插排进行功能设定如定时开关时间、定时休眠等设定，以及对家庭插座上的诸多设备运行状态进行控制的目的。

传感器模块是烟雾传感器和电流传感器，可输出反映烟雾浓度和反映电流强度的电压信号；信号处理模块对传感器所采集信号进行处理，包含信号放大、滤波等调理，并输出给 A/D 转换模块；A/D 转换模块完成将模拟信号转换成对应的数字信号；存储模块负责存储 WiFi 模块连接互联网所需的各项参数；WiFi 模块负责连接互联网和服务云，在 MCU 及终端之间通信；继电器模块负责执行把所对应的插孔电路接通或截断；显示模块使用 LED 灯指示 WiFi 信号强度及是否连上服务云；电源模块负责完成各模块的供电任务。

通过大量实验表明，该系统稳定可靠，控制良好，反馈及时。我们的设计直接对插排进行改造，消除了原有 WiFi 插座的缺点，降低成本，占用空间少，在智能控制的同时还具有分配多路电源的功能。只要家里有 WiFi，手机有网络，就可以通过互联网远程监控插排从而控制家用电器。这种智能插排能很好地帮助人们步入智能化的现代生活，大大提高生活的质量与舒适度。

系统功能、框架及实物图见本文二维码资源。

2. 创新点描述

（1）漏电保护功能　具有漏电保护、超额断电等功能，当发现漏电超出阀值范围时会自动切断供电，当输入电压过高或用电负荷异常时会自动切断电源，保护用电器。

（2）定时功能　无线 WiFi 插排具有定时通断的功能，可以按照用户的需求分时段供电，大幅节省电费。

（3）主路控制功能　插座检测出该主路无电流，会自动切断辅路上其他设备如显示器、音响等设备的供电，从而减少待机功耗，提高用电安全性。

（4）遥控功能　通过云服务器，手机 APP 进行远程控制插排。

（5）计量功能　无线 WiFi 插排具有单相多功能电表的功能，可以计量插排上用电设备的电能值、电压、电流、功率等用电信息。

（6）环境检测功能　插排上的传感器读取环境中的可燃气体浓度，当可燃气体超标时切断电源并远程报警。

3. 学生感言

经历了历时两年的“国创计划”项目研究历程，收获颇多。我们有机会参加这样的科研项目活动，极大丰富了我们的课余活动，锻炼了科研能力。在遇到问题和解决问题的过程中我们得到了很多方法，同时对科研工作有了更深的认识，对以后要进行的毕业设计及研究阶段的学习打下很好的基础。

4. 教师感言

在指导此次项目过程中，感悟颇多，对于学生而言，兴趣是最好的老师，大学生参加科技创新项目对学生的学习起到了很大的作用，不仅能提高学生的学习兴趣，拓宽知识面，而且有利于激发大学生学习的积极主动性，有利于理论与实践的结合，培养了学生分析问题和解决问题的能力，也让学生深刻体会到团队的重要性，这些经历和方法都有助于日后的科研和工作。

燕翔赛车干式油底壳润滑系统设计

项目名称：燕翔赛车干式油底壳润滑系统设计

项目所属一级学科：动力与电气工程

项目成员：商磊　李洋洋　刘梦迪　王欢欢

指导教师：夏怀成，教授，发动机新结构及其理论

起止时间：2015—2016 年

推荐学校：燕山大学

1. 项目简介

本项目为燕翔赛车干式油底壳润滑系统设计，即为燕翔赛车使用的发动机重新设计、制造并匹配全新的机油外循环润滑系统。

燕翔赛车是由在校本科生构想、设计、制造、开发并完成的参加中国大学生方程式汽车大赛的小型方程式赛车。赛车使用的是本田 CBR600 摩托发动机，原机的油底壳具有集油、储油和密封的作用，但是原机油底壳不能满足方程式赛车对降低质心的需求。为了降低发动机质心，需要把油底壳高度改低，但带来了因改低油底壳高度而削弱储油能力导致赛车在加速度较大时和转弯时吸油口易脱离液面，不能保证可靠润滑的问题，极易造成发动机损坏。为了在使油底壳高度降低到最低的同时仍能保证发动机在极限工况下的润滑，采用 TRIZ（发明家式的解决任务理论）创新方法把原机油底壳具有的三种功能分离，设计为使油盘只具有集油和密封的功能，储油功能由外置储油罐来行使。储油罐中储存的润滑油由多级油泵高压级的一级齿轮泵加压，然后高压润滑油依次经过过滤器过滤和中冷器散热后进入发动机润滑油道进行润滑，完成润滑后的润滑油落入曲轴箱下部的油盘中。油盘中收集的润滑油由多级油泵低压级的两级罗茨真空泵输送到外置储油罐中，在储油罐中经过油气分离后储存，依此进行循环，如图 1 所示。此系统与其他系统协调后装配于 CBR600 发动机，如图 2 所示。图 1、图 2 见本文二维码资源。

采用理论分析、仿真优化与试验相结合的研究方法开展研究，重新设计的干式油底壳润滑系统使用高度更低的油盘，能降低赛车质心 110mm，提高了赛车的操控稳定性；其在极限条件下能稳定供油的特性可满足赛车在侧向加速度达到 1.7g 时发动机对润滑的需求；在一定程度上提高了发动机的动力性；为涡轮增压系统的研究奠定了基础。

2. 创新点描述

在中国大学生方程式赛车领域较早进行该技术的研究和应用，同时也是国内较早开展对干式油底壳的探索。利用 TRIZ 分割原理把原机油底壳的集油、储油和密封的三大功能分割为油盘只行使集油和密封功能，外置储油罐行使储油功能。油盘设计为楔形，在最大程度地降低高度的同时更有利于回油；油盘中间设置有挡板，防止了晃动的影响，加强了集油；内有离心式油气分离器的外置储油罐设计，其既保证了在侧向加速度达到 1.7g 时仍能提供良好的润滑又能保证润滑油的品质；用驱动水泵的输出端来驱动油泵，不用对发动机进行破坏性改造且动力输出可靠；冷却系统的配套改造采用先进的电子热管理系统，更加智能。采用理论分析、仿真优化与试验相结合的研究方法开展研究，利用 ANSYS 系列软件进行仿真分析，并且进行台架试验，缩短了研发周期，节约了研发成本，使系统更加科学、稳定和可靠。

3. 学生感言

此项目的提出是为了更好地解决燕翔赛车润滑系统的具体问题。从立项前的无任何技术资料到最后整套系统成功应用于赛车，很好地解决了润滑系统出现的问题，我们得到的不仅有成功的喜悦，更多的是在一年的研究中得到的分析、解决问题能力的提升，非常感谢夏老师的细心指导和“国创计划”的支持。

4. 教师感言

针对大学生方程式赛车原发动机因质心高导致赛车竞赛时过弯性能差和机油供油不足易造成发动机损坏等问题，本项目组的学生创新性地设计并研制了机油机外循环润滑系统。研制过程中，学生们合理地运用创新方法，起到了事半功倍的效果。学生们通过这些创新活动，培养了创新精神，提高了创新能力，为未来从事企业创新奠定了基础。作为指导教师，看到学生们的成长，倍感欣慰！

移动终端在农业物联网工程中的应用研究

项目名称：移动终端在农业物联网工程中的应用研究

项目所属一级学科：计算机科学技术

项目成员：李超　尤琛　陶佳星　郭慷慨　曹文靖

指导教师：杜旭，高级实验师，物联网技术及应用

起止时间：2016 年 5 月—2017 年 6 月

推荐学校：佳木斯大学

1. 项目简介

本项目以 ZigBee 物联网为核心，采用嵌入式技术结合标准协议，完成了“水稻催芽车间远程数据采集”和“现代农业采摘园大棚智能控制”两个子项目在手机和平板电脑等移动终端环境下的应用程序开发和空气、土壤温湿度等农业无线传感器的设计开发，并制作开发了配套控制箱。该系统通过传感器实时采集农业生产中的温湿度、光照、CO_2 浓度等气象和土壤墒情环境参数，按照预设参数，由智能控制器完成精确控制，达到改善稻芽和大棚小气候、减少病虫害、增加作物产量和降低操作人员劳动强度和生产成本的目的。

本项目把物联网概念引入到农业工程中，把物联网和自动化控制技术融合在一起。整个系统涵盖农业生产常规应用，从采集终端到到接收终端，从数据分析到系统控制均能实现无线通信和智能化，具有成本低、易维护等特点。

本项目在黑龙江省农垦总局江滨农场、洪河农场等进行了工程测试和应用，取得良好效果，符合国家和黑龙江省推进农业信息化、现代化建设、物联网和“互联网 + 农业”等产业政策导向和行业发展方向，且与实际工程项目紧密结合，具有一定的实用价值。项目相关展示图见本文二维码资源。

2. 创新点描述

本项目以 ZigBee 物联网为核心，采用嵌入式技术结合标准协议，完成了两个农业应用子项目在手机和平板电脑等移动终端环境下的应用程序开发。本项目利用智能手机和平板电脑等移动终端可随时随地联网、便捷高效、普及率高的优势和工业化组态软件平台开发周期短、灵活便捷的特点，进行了应用开发研究。项目成果在现代农业实时生产数据监测和农业生产设施远程控制等方面有着广阔的应用前景。

3. 学生感言

通过本项目的研究，项目成员不仅在软硬件设计开发方面积累了更多的工程经验，加深了对物联网和控制理论的认识和理解，还对手机组态这个前沿科技有了充分的了解和应用。在此，感谢指导教师和“国创计划”，给我们提供了这么好的机会和平台，使我们提高了技术开发能力，开拓了思路与视野，磨炼了团队合作精神，为我们以后走向社会打下了坚实的基础。

4. 教师感言

经过项目组全体同学一年来的共同努力，我们完成了软件平台开发和配套硬件制作，并在农场进行了测试和应用，达到预期目的，取得良好的应用效果。同时，大家分工合作，发表了研究论文一篇，设计开发了农业传感器三套，为这个项目成果的进一步推广和应用提供了理论指导和技术保障。另外，以本项目为基础，同学们参加了黑龙江省“互联网+”大学生创新创业大赛，获得了二等奖，可喜可贺！希望同学们能把参加这次项目中的收获应用到以后的工作和学习中去，鹏程万里、前程似锦！

新型顶部旋转建筑设计及其抗震性能的研究

项目名称： 新型顶部旋转建筑设计及其抗震性能的研究

项目所属一级学科： 土木建筑工程

项目成员： 刘怡鹏　辛灏辉　陈宏敏　南文文

指导教师： 罗永峰，教授，钢结构

起止时间： 2009—2011 年

推荐学校： 同济大学

1. 项目简介

真正的旋转结构，其旋转部分和下部是完全脱开的，这在结构设计上是一个难题。本项目在设计出具有保温隔热、抗倾覆、抗风、抗震的可 360° 旋转建筑的基础上，重点研究了其抗震问题。通过构造由弹性隔震支座和阻尼器组成的隔震系统，来减少地震力向上的传递。另外，将上部旋转隔震体系设计为一调频质量阻尼器系统（tuned mass damper），实现了上部建筑完全旋转的同时，对下部高层建筑也起到有利作用。

本项目设计的旋转建筑结构通过理论分析、软件模拟及地震台试验进行分析研究，研究成果理想，共发表论文两篇，取得国家专利两项。项目相关资料见本文二维码资源。

2. 创新点描述

形式的创新：设计出了整个结构可以旋转的建筑。

功能的创新：可不受管道等约束，实现 360° 旋转，并具有保温，抗震等特性。

抗震的创新：顶部旋转建筑的设计对上部旋转建筑起到有利作用的同时，对下部高层建筑也起到有利作用，实现抗震双赢。

3. 学生感言

国内的旋转餐厅，都是在地板上铺设轨道，地板动，窗和墙不动。在电视上看到国外旋转餐厅整个建筑都在移动。受其启发，我们就想尝试这种新型的旋转餐厅能不能在结构上行得通。在同学们的配合下，我们申报“新型顶部旋转建筑设计及其抗震性能研究”项目，并入选当年的“国创计划”。项目已经完成了好几年，但我依然记得当时做实验、读数据、改模型的情景。国家大学生创新创业训练计划成就了我的人生。

4. 教师感言

本项目四名学生从桥梁拉索和大跨结构中受到启发，逐步完成了顶部旋转建筑的概念设计：先在高楼顶部安装一个能容纳 1 ~ 2 层的圆形大屋顶，然后在高楼外围设围栏，并通过一根根预应力拉索将力传至屋顶，旋转餐厅就此诞生。他们还在该屋顶上安装隔震层，以减少大风和地震对大屋顶的冲击。当学生们把模型放在地震台试验时，发现这种带有隔震层的屋顶不仅有很好的抗震性能，而且对下部高层结构还起到减震作用。

“国创计划”项目的训练对学生科研能力的提升具有显著的效果，刘怡鹏同学此后攻读博士也得到了导师的认可，并很快在研究团队中发挥了领头羊的作用。

面向知识图谱的命名实体关系抽取

项目名称：面向知识图谱的命名实体关系抽取

项目所属一级学科：计算机科学技术

项目成员：汪诚愚　肖冰　郑芷凌　戴筱源

指导教师：何晓丰，教授，数据挖掘、机器学习

钱卫宁，教授，数据管理和分析

起止时间：2014—2015 年

推荐学校：华东师范大学

1. 项目简介

知识图谱是表示不同实体之间相互联系的语义网络，用以展示事物的发展进程、事物之间的关系及联系，从而发现潜在的知识，服务于基于大数据的应用。本项目以电子商务知识图谱为导向，利用海量企业新闻舆情数据，挖掘电子商务领域中相关的实体以及实体之间的关系，从而构建企业关系网。同时，针对某个特定的企业，本项目分析相关新闻数据，生成企业重大事件发展时间线和事件摘要，对商业舆情分析具有积极的推进作用。

在企业知识图谱的数据源中，企业的新闻、公告为无结构的文本信息，不能直接抽取实体和实体之间的关系。本项目组从无结构数据中利用自然语言处理的命名实体识别技术，抽取与电子商务领域相关的实体，如人物、地点、企业等。针对电子商务行业涉及的关系，本项目组设计了迭代式自动模式匹配算法，抽取出所需的关系。事件时间线和摘要生成算法则包括新闻抽取、新闻聚类、序列生成及摘要生成这四个模块。新闻抽取模块基于信息检索技术，旨在快速检索与某一企业的最相关新闻报道。这些报道在新闻聚类和序列生成模块的作用下，聚成若干重大事件相关的簇；最后，本项目组设计了基于关键词覆盖的摘要生成算法，从而针对这一企业的每一个重大事件，生成对应的时间线和摘要。

除了设计和实现基于电子商务的实体关系抽取算法，以及事件时间线和摘要生成的相关算法，本项目组也申请了软件著作权“基于时间线的时间提取和新闻摘要生成系统 [TEEAGS V1.0]”。与此同时，本项目组参与华东师范大学云计算与大数据研究中心的课题研究，合作在国际学术期刊 *Journal of Combinatorial Optimization* 上发表论文，题为“Optimizing Word Set Coverage for Multi-event Summarization”。相关展示图见本文二维码资源。

2. 创新点描述

本项目的创新点主要在于算法设计和应用系统两个方面。

在算法设计方面，在大数据时代特别是 Web 时代应用的推动下，传统方法面临新的挑战，如数据量规模庞大、数据速度快、数据质量低、数据源丰富等，从而使事物间的关系变得更加复杂，大大增加了知识提取的难度。本项目基于海量语料库，探索精准、全面的实体抽取算法。同时，由于中文语言的灵活性，使得应用于英文的相关算法不能直接用于中文，如何解决这个问题有较高的研究价值。

在应用系统方面，电子商务领域数据是大数据的重要组成部分。挖掘电子商务大数据，并用于智能分析，对自动分析商业舆情，提升电子商务的智能化，促进该行业的发展有积极的推动作用。本项目设计的知识抽取和可视化系统能自动从海量数据中挖掘具有高度商业价值的信息，对相关领域从业人员具有参考价值。

3. 学生感言

本项目的技术和算法基于海量大数据，算法设计和系统实现的难度都比较大。在项目进行过程中，从大量的相关调研、文献阅读到在中文文本数据上的技术分析、实现及验证，都离不开老师的指导和云计算与大数据研究中心的科研支持。特别感谢何晓丰老师在机器学习算法和钱卫宁老师在系统设计方面的指导。

4. 教师感言

“国创计划”项目给学生们提供了宝贵的创新实践的机会，使学生们不但接触到学科最前沿的知识，而且在项目实践和论文撰写过程中锻炼了科研能力。该项目从理论研究和算法实现上均有较高难度，项目组成员在这一项目的实施过程中进步良多，收获较好的科研成果。

柔性电子皮肤操控的智能机械臂

项目名称：柔性电子皮肤操控的智能机械臂

项目所属一级学科：电子、通信与自动控制技术

项目成员：谢馨莹　吴婧　王琪

指导教师：吴幸，教授，微电子学

起止时间：2016—2017 年

推荐学校：华东师范大学

1. 项目简介

本项目类比人类皮肤对外界的感知和其完美柔韧性，制作出柔性电子皮肤。该柔性电子皮肤使用聚酰亚胺（PI）作为柔性电子皮肤的衬底，通过石墨粉掺杂聚二甲基硅氧烷（PDMS）制备柔性压阻材料，由于这种材料与 PI 有很好的匹配性，因此采用 PI 金属化工艺生产。柔性电子皮肤如图 1 所示（见本文二维码资源）。

该柔性电子皮肤采集手指的动作信息操控机械臂的操作，有望在生活、工业甚至远程医疗上有更好的应用。

机械臂采用钛合金制作，通过单片机程序可控制机械臂关节即舵机运动的角度。机械臂设计图见图 2。机械臂运动分为五类分别是：

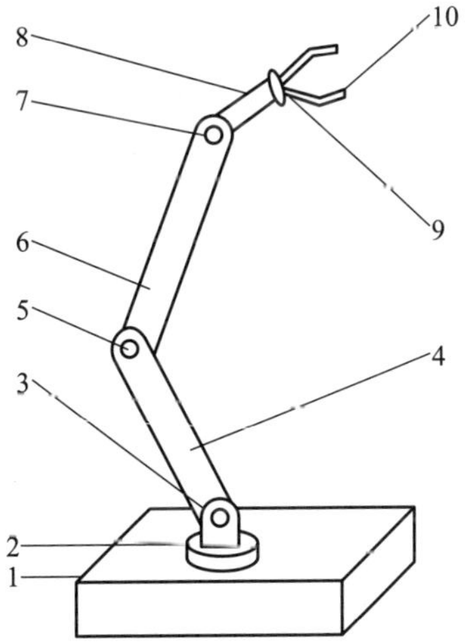

图 2　机械臂设计图

1—长方体；2—底座；3，5，7，9—舵机；4，6，8—手臂；10—接手

（1）左右运动　底座 2 形状采用圆柱。圆形适合旋转。底座下方的长方体 1 里有一个舵机，此舵机的旋转可带动底座旋转使机械臂做左右运动。

（2）前后运动　在底座上通过舵机 3 连接一根钛合金的手臂 4，舵机 3 的旋转带动这根钛合金手臂使机械臂整体前后运动。

（3）上下运动　在前后运动的手臂 4 之上通过舵机 5 连接另一根钛合金手臂 6。舵机 5 的旋转带动机械臂做上下运动。

（4）手腕旋转　手腕部位通过舵机 7 与手臂 6 连接，舵机 7 旋转带动手腕扭动。

（5）手的抓握　手腕通过舵机 9 连接手 10 的运动，舵机 9 的旋转可使手 10 运动。

本项目选择 Arduino 控制机械臂。Arduino 是一个以开放原始码为基础的电子开发平台，具有 processing\writing 开发环境，类似于 C 语言、java 语言。其主要包括两个部分：硬件部分是 Arduino 电路板，可以用来作电脑连接；另一个为计算机中的程序开发环境，是 Arduino IDE。对 Arduino 的编程是利用 Arduino 编程语言和 Arduino 开发环境来实现的。所以它既包含了硬件——电路板，也包含了软件——开发环境和许许多多开发者、使用者创造的代码、程序。

最后将柔性电子皮肤操控机械臂。通过在柔性电子皮肤感知手指弯曲压力的变化，将压力的变化转变为电压的变化后，将电压值输入 STM32，然后通过蓝牙无线传输将压力大小输入到单片机中，从而控制机械臂的操作。实物图见图 3（本篇二维码资源）。

2. 创新点描述

柔性传感器“电子皮肤”：人类皮肤的触觉让人类了解现实世界，皮肤的柔性使我们运动灵活。目前大多数传感器是金属或是塑料等硬性材料制成的，不便于携带和使用。而使用 PI 薄膜材料制作的电子皮肤（柔性传感器），其柔韧性、可穿戴性都很强，并且可以完好地贴合皮肤。

无线传输：电子皮肤感知人手臂的运动的信息通过无线的方式传递给机械臂，从而控制机械臂做出相对应的动作，无线传输的条件进一步优化了该系统使用的便捷性。

机械臂部分：人手的活动主要依靠关节的转动，所以我们需要做一个关节完成手臂运动。而关节最重要的是旋转，使用有反馈的舵机，运行稳定性可靠，自适应能力强，电磁干扰少，而且体积小、质量轻、结构紧凑、能量转换效率高。

3. 学生感言

我们对于新材料及柔性皮肤制作方面的知识得到了课堂之外的扩充和了解，在实验室学长学姐的帮助下对这方面的知识产生了更浓厚的兴趣，并且也认识到团队协作的重要性。在程序编写的过程中，一次次的失败，一次次的不断调试，最后将两部分程序结合到一起，最终完成了功能，这个过程我们不仅增强了自学新知识的能力，也学会通过不同的途径去解决一个问题，并且选择最简便的一个方法去实现。

这部分程序的编写也巩固了嵌入式系统理论课程的知识，是对理论课程的一个很好的补充和实践。通过将材料与控制结合到一起，我们拓展了创新思维，开阔了视野，增强了动手能力及团队的协作能力。

4. 教师感言

在带领学生完成项目的过程中，看见学生们从无从下手到一点点独立摸索出结果，我感到无比欣慰。“国创计划”让他们对科创产生了兴趣，并对相应的学术领域有了更深的了解，相信会对他们规划未来的发展方向有所帮助。

基于化学反应网络的 DNA 电路实现方法学研究

项目名称： 基于化学反应网络的 DNA 电路实现方法学研究

项目所属一级学科： 电子、通信与自动控制技术

项目成员： 钟志伟　沈梓原　温栋林

指导老师： 张川，副教授，基带算法的设计与高效实现

起止时间： 2015—2016 年

推荐大学： 东南大学

1. 项目简介

化学反应网络是由一系列形如“A+B ⟶ C”的基元反应所构成的集合。在分子计算中，化学反应网络不仅是描述化学系统行为、构建动力学模型的建模语言，更是一种具有图灵通用性的计算模型。本项目通过合理设计化学反应网络，在分子系统仿真层面实现了组合逻辑、任意占空比时钟、时序逻辑等电路功能，并用分子系统完成了简单概率论模型的演绎。此外，本项目利用基于支点调节的 DNA 链置换反应，提出并用DNA实验验证了化学反应网络中基元反应“A+B ⟶ C”的映射模型，旨在为 DNA 计算的发展及应用奠定的理论基础与实验基础。

组合逻辑：我们从输入输出关系层面设计组合逻辑，忽略电路的内部结构，通过卡诺图化简生成分子反应方程，从而构建具有组合逻辑功能的化学反应网络，即将一定浓度的分子（输入）转化为一定浓度的其他分子（输出），如图 1（见本文二维码资源）。

任意占空比时钟：我们首先使用单分子和双分子反应生成 1/2 占空比的时钟信号，后在此基础之上提出了设计任意占空比 M/N 时钟信号的系统设计方法，如图 2（见本文二维码资源）。值得一提的是，单分子和双分子反应已被证明可以映射到真实的 DNA 链置换反应当中，故我们的时钟设计具有很好的 DNA 可实现性。

时序逻辑：在时钟的设计基础上，我们忽略时序逻辑电路的内部结构，从其功能入手，通过将任意状态转换图映射为分子反应，从而在化学反应网络层面实现了时序逻辑功能。基本思路是在时钟低电平时将状态信息存储在不活泼的分子上，在时钟高电平时将该分子转化为活性分子并通过催化反应完成电路状态的转换。

DNA 映射模型：为了将基元反应“A+B ⟶ C”映射为 DNA 反应，我们用 3 种不同碱基序列的 DNA 单链表征反应物 A、B 和生成物 C，并通过设计一定结构的 DNA 双链，使得 DNA 单链 A、B 被 DNA 双链处理后得到 DNA 单链 C。反应关系

如图 3（见本篇二维码资源）。

概率论模型：概率论长期以来被用于解释化学反应中的随机特性，使用分子的浓度表征概率，我们反过来利用化学反应实现概率论的相关计算。通过发掘和利用分子反应的动力学特性，我们提出了系统化的方法来解决概率论中与全概率相关的问题。

2. 创新点描述

本项目将生物学与工程学结合在一起，赋予溶液中的分子系统计算行为。项目所提出的组合逻辑、时序逻辑的化学反应网络设计方法无须借助电路表达，可直接从卡诺图、状态转换图入手构建分子系统。任意占空比时钟信号的化学反应网络设计只需单分子和双分子反应，满足 DNA 映射要求。所设计的基元反应 DNA 模型可将化学反应网络综合成 DNA 反应系统，与前人的设计相比消耗更少的 DNA 分子。本项目首次提出用双分子反应计算全概率和贝叶斯公式相关问题，并实现了马尔科夫链 N 步转移矩阵的计算。

3. 学生感言

参与这个“国创计划”项目是大学生活中宝贵的经历。在研究的过程中，我们体会到科研与平时课业的巨大差别。在导师的教导下，我们阅读大量文献，尝试提出新的想法，并在理论和实验层面验证和改进自己的想法。其间当然遇到了不少困难，但是经过调整与适应，我们开始取得进展并成功地完成了项目。通过这个项目，我们不但提升了自己的探索能力与创新能力，而且发现科研是一种很好的生活方式与思考方式。

4. 教师感言

该项目面向世界前沿课题：DNA 计算与通信。该课题的进入门槛并不高，但是对于学生的思辨能力要求很高，同时需要学生具有较好的英文文献阅读能力和较强的理解能力。三名学生在项目执行期间，不仅在课余时间有效开展项目相关研究，而且还取得了不俗的成绩。相关文章发表于 *IEEE Transactions on Molecular, Biological, and Multi-scale Communications*，受邀投稿 *Springer Journal of Signal Processing Systems*。上述杂志均为 SCI 杂志。同时，相关文章也被多个国际学术会议（IEEE DSP、IEEE SiPS、IEEE ICC 等）录用。同时还有若干国际、国内专利提交。上述成绩对于本科生而言难能可贵。感谢本次“国创计划”项目对于学生能力的锻炼，希望以此为契机，上述三名学生能够走上科研之路，作出更大贡献。

新型非规则可展张拉整体的折叠控制模式、数值模拟及实现

项目名称：新型非规则可展张拉整体的折叠控制模式、数值模拟及实现

项目所属一级学科：土木建筑工程

项目成员：赵曦蕾　陈诚　孙宇迪　李兴华　祝颖盈　诸嘉巍

指导教师：陆金钰，副教授，钢结构、空间结构

舒赣平，教授，钢结构、空间结构

起止时间：2011—2012 年

推荐学校：东南大学

1. 项目简介

张拉整体是一种索受拉、杆受压的自平衡空间结构体系。本项目系统开展了非/半规则张拉整体单元全张力自平衡稳定构型的形态分析研究，创新性地开发了一种由环形张拉整体结构与 Levy 型索穹顶结构有机结合，适用于体育场馆、展厅等大型公共建筑的索杆全张力大跨度屋盖结构体系，对该结构体系进行了力学性能研究，并制作了一系列结构实物模型。

提出了满足几何坐标要求的非规则张拉整体单元的找形算法及编程实现，运用 Matlab 编制了数值找形模块。利用铝合金杆、钢索等材料制作索杆张力结构模型，验证理论正确性；提出了半规则张拉整体单元的找形算法及编程实现，给出了仿射与梯形两种变换及相应的设计公式，通过模型制作加以验证；基于半规则张拉整体单元构建了曲面索杆网格结构，提出了由半规则张拉整体单元拼接柱面张拉整体结构及环形张拉整体结构的设计方法，进行了几何稳定性判定；提出了融环形张拉整体与索穹顶于一体的新型索杆全张力大跨度屋盖体系，将环形张拉整体与 Levy 型（葵花型）索穹顶通过共用索和共用铰节点实现无缝对接，构建了真正意义上实现全张力自平衡的新型结构体系；提出了将低碳绿色建筑的理念引入新型结构体系的设想。

本项目取得多项成果：① 发表学术论文 5 篇（SCI1 篇；EI1 篇）；② 已受理国家发明专利 1 项；③ 获国家级奖项 4 个，省级奖项 1 个，校级奖项 2 个。从多方面提升了项目成员的科研水平和技能，也为新型结构体系的工程应用打下坚实基础。

项目研究技术路线及相关数据图见本文二维码资源。

2. 创新点描述

本项目旨在研究非/半规则张拉整体及其构造的全张力结构体系，并在找形理论、结构体系、绿色建筑等方面取得巨大突破。首先，我们提出了满足几何坐标的非/半规则张拉整体单元找形算法。其次，我们提出了构建各类曲面索杆网格结构的设计方法，发明了融环形张拉整体与 Levy 型（葵花型）索穹顶于一体的屋盖体系，并提出将非规则单元的折叠模式用于结构快速施工建造。最后，该结构体系受力合理，用钢量省（约 35 kg/m^2，较传统结构形式节约近 60%）；可用于建造超大跨度建筑（跨度可达 150 ～ 200 m）；造型美观别致（适用于地标型建筑）；可在屋面布置柔性薄膜光伏发电板（光伏一体化年发电量约为 110 万 kW · h）；还可在屋面实现雨水的自动收集。

3. 学生感言

作为项目负责人，我觉得自己很幸运，能有机会在本科期间就承担起科研项目，主导了项目从申请到实施再到答辩的全部过程。这个项目提升了我多方面的科研能力，也为我之后的出国深造打下了坚实的基础。

4. 教师感言

项目源于本人主持的国家自然科学基金。基于“课堂—项目—竞赛”联动的培养机制，学生在实施项目过程中，数学建模、编程、CAD 绘图、模型制作、论文撰写等方面的科研和创新能力获得全面锻炼和提升。感谢“国创计划”的资助。

基于光电引导的智能车

项目名称： 基于光电引导的智能车

项目所属一级学科： 电子、通信与自动控制技术

项目成员： 张庆昊　党睿　孙国庆

指导教师： 吴益飞，副教授，机器人、高精度伺服系统

起止时间： 2014 年 4 月—2015 年 9 月

推荐学校： 南京理工大学

1. 项目简介

“基于光电引导的智能车”是以中国机器人大赛中探险游项目为研究背景的科技创意性训练项目，比赛要求智能车能够对随机设定的地图中的各个景点进行探险旅游，每个景点根据不同难度设定不同分值。途中还设有各类障碍物，如门槛、坡道、限宽门及减速带等，需要智能车准确识别障碍并进行自主避障处理。

为了实现智能车准确、可靠、快速游历景点，项目严格按照工程设计规范流程进行，包括系统功能需求分析、总体方案设计及论证、机械结构设计、硬件电路设计、软件设计、控制算法设计、系统总装和调试等。此外，为使智能车对环境具有较好的适应性，对路径识别传感器数据进行了自适应滤波处理，并采用多传感器数据融合技术进行智能车室内自主定位和路径规划。智能车在前进过程中可自主进行状态估计和预测，具有前进速度快、机动灵活、状态稳定的特点。

上述技术还可推广应用于餐厅服务机器人、室内救援机器人、全自主 AGV 小车等领域。项目相关图片展示见本文二维码资源。

2. 创新点描述

（1）针对路径识别传感器易受环境影响的问题，提出了一种自适应加权均值滤波算法，以克服外界光线等环境因素对智能车运行的干扰。

（2）为实现智能车进行室内自主定位，采用电子罗盘、三轴加速度计、三轴数字陀螺仪及光电编码器等多种传感器进行数据采集，并设计了一种改进的迭代扩展卡尔曼粒子滤波算法对上述多传感器数据进行融合处理，以提高智能车全局定位的精度和可靠性。

（3）设计了基于系统特征模型的电机转速自适应闭环控制算法，使智能车对平地、坡道等不同道路情况具有更好的适应性。

3. 学生感言

在参加国家大学生创新创业训练计划项目的过程中，无论是个人的实践动手能力还是团队的合作能力均得到了极大提升。“国创计划”让我们有机会将自己所学的知识应用到赛场上，与来自全国各地的小伙伴同台竞技，同时也给自己的大学生活添上了难忘的一笔。

4. 教师感言

“国创计划”的推出，给更多的学生提供了进行初步科研训练的机会。通过该项训练，学生一是学会了开展科研活动的基本流程和方法，二是学会了如何将理论与实践紧密结合起来，三是学会了如何进行团队协作，四是学会了如何撰写规范的论文或报告。

基于深度学习的在线植物识别系统

项目名称： 基于深度学习的在线植物识别系统

项目所属一级学科： 计算机科学技术

项目成员： 吕飞帆　李铁岭　朱金诚

指导教师： 姜海燕，教授，农业信息化

舒欣，讲师，机器学习与模式识别

起止时间： 2015—2016 年

推荐学校： 南京农业大学

1. 项目简介

近年来，学术界和工业界开始探索利用机器视觉技术进行植物叶片识别。目前常用的方法是提取植物叶片视觉特征，通过训练一个合适的分类器对植物进行分类，但该类识别方法对于手动选取特征依赖较深，而如何选取合适的特征又往往依赖于经验和特定的数据集，具有很大的盲目性和不可迁移性。针对这种情况，本项目首先对相关模式识别算法进行了分析与选择。为了充分体现算法的识别效果，建立了三个数据集，其中 leafsnap 和 UCI leaf 两个数据集是公开的，最后一个是项目自己建立的以南京农业大学卫岗小区最为常见的十种植物为代表的数据集，简称 Myleaf 数据集。项目通过实验比较了以 KNN+PCA、LBP + SVM、GIST + SVM 为代表的传统特征提取识别算法和卷积神经网络算法在以上三个数据集上的识别效果，如表 1 所示。

表 1　识别方法准确率对比图

算法	数据集		
	leafsnap	UCI leaf	南农叶片数据集
KNN	73.4667%	51.73%	62.8%
PCA+KNN	75.067%	51.86%	65.2%
LBP	85.4812%	81.7647%	81.194%
分块 LBP	94.2904%	93.8235%	86.8657%
GIST	93.1485%	85%	93.4328%
CNN	94.5%	97.7%	97.9%

可以看到，卷积神经网络识别算法在识别准确率方面表现较好。

之后以 Android 作为开发平台，运用相关技术在 Android 移动终端构建了植物叶

片识别程序，有效解决了传统图像识别系统操作复杂、获取图片不灵活、难以普及等难题。该程序为用户提供 6 个功能：问答 1、搜索、特征识别、问答 2、手册、关于我们。在“问答”中，用户可以进行植物知识的小测试；在“手册”中，用户可以查看植物知识信息；在“特征识别”中，用户可以点击叶脉类型查看植物信息；在“搜索”中，用户可以通过植物名称搜索植物的信息；在“关于我们”中，用户可以看到编写程序的小组信息。查询功能模块中，用户可以通过点击查看植物信息。识别功能模块中，用户可以选择拍照识别或者在本机相册中选择一张植物照片进行识别来了解图片中的植物种类。周边功能模块中，应具有普通地图、卫星地图、定位功能、交通地图功能、热力图功能、旋转、俯视、查看周边植物信息、查看当前位置信息等。使用界面如图 1 所示（见本文二维码资源）。

2. 创新点描述

（1）将卷积神经网络应用于植物叶片识别中，并开发了一款在线植物识别 Android 应用程序。

（2）将卷积神经网络与几个传统的特征提取识别算法进行对比，实验证明在所选取的三个数据集上神经网络都取得了更优的效果。

3. 学生感言

这个项目让我们收获很多，成长了很多，不仅仅是学到了一些机器学习、Android 等方面的知识，更重要的是培养了我们的自学和动手能力，开阔了我们的眼界，让我们从只关注成绩的狭隘眼界中走了出来，也让我们对大学有了新的认识，对未来的发展有了新的认识。同时，完成项目的过程也锻炼了我们的团队协作能力，拿到一个项目如何分工才能加快效率，如何进行任务分解，如何从无到有地实现它……这些都是在平时的课堂上学不到的。

4. 教师感言

“国创计划”给我最大的感受就是：学生的潜力是无穷的，就看老师怎么样去引导学生。平时学生接触最多的项目就是课程设计，由于要考虑到成绩分布的问题，课程设计的难度一般都不会太大，所以一些学有余力的学生总是感觉“吃不饱”。“国创计划”给了这些学生一个很好的锻炼机会，导师通过提要求来把握大方向，很多细节问题都需要同学们一个个去啃，对于之前没有经历过科研训练的学生来说，是很有难度的，很高兴他们经受住了这种考验，为他们骄傲，也为“国创计划”点赞！

磁耦合谐振式无线充电系统设计

项目名称：磁耦合谐振式无线充电系统设计

项目所属一级学科：动力与电气工程

项目成员：程岩松　胡宏民　叶方圆　沈得金

指导教师：杨双龙，讲师，自动检测与信号处理

起止时间：2016—2018 年

推荐学校：合肥工业大学

1. 项目简介

（1）项目目的

本项目主要为研究设计一套基于磁耦合式一对多无线充电系统，具体针对智能移动设备的充电需求实现中远距离范围内（如室内环境和车内环境）单功率发射端对多个功率接收端的智能设备进行无线充电的功能。系统由无线功率发射端和无线功率接收端组成。

（2）系统设计

基于上述目的，本项目设计主要包含无线功率发射端和无线功率接收端两个部分，系统功能组成框图如图 1 所示。

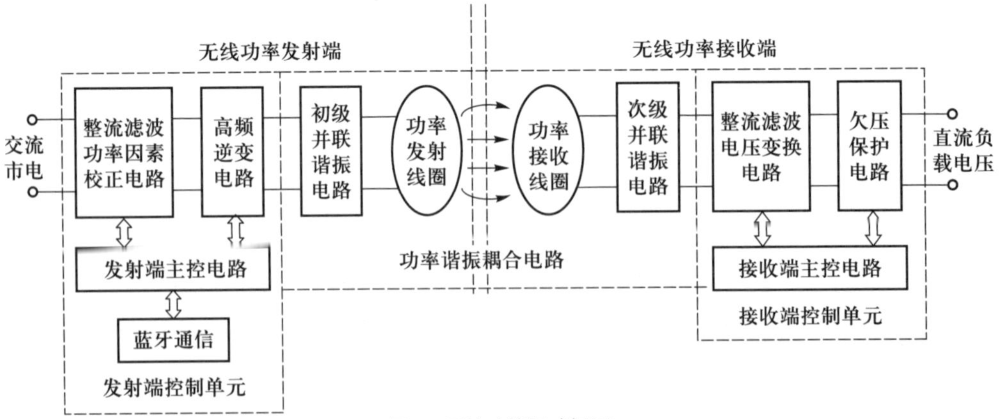

图 1　系统功能组成框图

结合上图，系统设计主要分为以下三部分内容：

① 功率谐振耦合电路　该部分的功能是实现功率的磁场谐振耦合传输，包含功率发射端的并联谐振电路和功率接收端的并联谐振电路，是本系统设计的关键核心部分。

② 发射端控制单元　该部分的功能主要是将交流市电变换成初级并联谐振电路工作所需要的谐振频率的高频电源，主要包括整流滤波功率因素校正电路、高频逆变电路、发射端主控电路及蓝牙通信模块。

③ 接收端控制单元　该部分的功能主要是将次级串联谐振电路耦合感应到的交流电转换为负载设备所需要的直流电，主要包括整流滤波电压变换电路、欠压保护电路和接收端主控电路。

（3）原理图及实物

经过多次不断测试设计，最终设计具体发射端电路原理图如图 2 上所示，接收端电路原理图如图 2 下所示（见本文二维码资源）。

最后通过搭建实物测试，实现了在 50cm 内点亮一颗 LED（图 3 左），以及在 25cm 内给手机无线充电（图 3 右）。图 3 见本文二维码资源。

2. 创新点描述

（1）对移动中的设备充电　由于磁耦合谐振无线电能传输能够实现无方向性，可以通过在发射端设计三个相差 120° 放置的线圈，实现对 360° 范围的充电，从而达到对一定移动范围的设备进行无线充电的目的。

（2）多个设备的可识别性和加密性　通过蓝牙识别，使得仅通过蓝牙识别认证的接收设备开启发射端的无线充电功能。而且接收设备的谐振频率必须与发射端一致方可无线接收电能，保证了系统的保密性，不会因其他位置设备而“偷取”电能。

（3）能量的动态调度　发射端会根据已连接的接收设备的蓝牙数据，识别接收设备的类型及电能需求，通过内部计算设计发射端自身参数，实现能量动态调度。

3. 学生感言

从 2016 年成功申请这个项目至今，我们经历过迷茫、争执、瓶颈等挫折，但最终都坚持了下来，收获了很多在书本中学不到的知识。在这个项目中，团队中每个人都在不同方面得到了锻炼，分别接触了电路的设计与实现、DSP 编程、磁场仿真，这些都是在课堂上接触不到或难以掌握的，将对以后的学习和工作起到很多有意义的作用。最后，感谢杨双龙老师对我们一直以来的支持和指导。

4. 教师感言

该项目主要面向智能社会、智能家居的需求，采用无线技术设计电能传输 / 接收系统。虽然无线充电的概念近些年来已逐步出现多种标准，并有相关产品问世。但非贴合式远距离无线充电尚无实用化技术和产品，这使得无线充电无法推广应用。该项目组以此作为创新研究方向，具有重要的创新价值和实用意义，体现出了大学生所应有的探索能力和创新思维。通过一年的努力，该项目组在项目开发和未来前景设计方面均取得了实质性进展，创新实践能力得到大幅提升，创新空间也逐步凸显。该项目有望在项目结束时达到创新目标，做出真正实用的技术。这将不仅是对项目团队努力创新成果的一个认可，更能体现“国创计划”的真正价值所在。

生物质基 N-Fe_3O_4@CNT 复合材料的可控制备和高效降解有机污染物的研究

项目名称： 生物质基 N-Fe_3O_4@CNT 复合材料的可控制备和高效降解有机污染物的研究

一级学科： 化学工程

项目组成员： 苏聪　华建　易晨阳　夏俊杰　司地克江

指导教师： 姚运金，副教授，新型碳基复合材料、水体及气体净化技术及废弃物资源化利用技术

起止时间： 2016 年 6 月—2017 年 5 月

推荐学校： 合肥工业大学

1. 项目简介

现代化学化工的进步与发展很大程度上依赖于催化过程的进展，而大多数同构和异构类催化机制都基于贵重金属、过渡金属、稀有金属和金属氧化物等。人类的发展与进步离不开化学化工的发展与进步，而发展所带来的一系列环境问题的解决更离不开化学化工的进步。在有机染料、化妆品、酚类、农药等难降解有机污染物的环境治理中，金属基催化剂作为自由基形成的调节机制可以产生硫酸根自由基和羟基自由基，将如苯并三氮唑、酸性橙等难降解有机污染物等催化降解为二氧化碳、水等环境友好型产物。随着碳纳米管技术的发展，金属掺杂的碳纳米管材料作为一种新型高效、易于制造的环境友好型催化剂受到广泛关注。

本项目以生物质材料（酒精残渣）为碳源，含金属（$FeSO_4 \cdot 7H_2O$）、含氮非金属（三聚氰胺）化合物分别为金属源和氮源，经预制备工艺形成特定前驱体或非均相混合物后，于特定的惰性或还原气体中高温热解，制取生物质类纳米复合材料。考察反应温度、投料比、沉淀剂及反应溶剂等对合成产物结构的影响，探讨复合催化剂制备过程的反应机理和关键控制步骤，结合催化剂的结构表征及反应性能评价结果，最终实现复合催化剂可控制备。研究思路及催化剂合成过程示意图见本文二维码资源。

在使用 XRD、XPS、FT-IR、Raman、FESEM、FETEM、DRS、TOC、AAS、TG-DSC、GC-MS、LC-MS 和 HPLC 等表征手段表征催化剂并使催化剂耦合 PMS、PDS 等特定氧化剂来催化降解特定有机污染物后，发现 $FeSO_4 \cdot 7H_2O$ 与三聚氰胺质量比为 2% 时，催化剂的催化性能最优，并发现催化剂结构是由 0D 的铁纳米

粒子嵌入1D的竹节状碳纳米管和2D的碳基骨架表面组成，N掺杂和Fe纳米粒子大大改善了PMS的吸附和异相活化性能，产生表面束缚的SO_4^-·自由基和HO·自由基，催化降解有机污染物。

2. 创新点描述

该项目的创新点在于原料来源广泛和使用预制备工艺形成了特定前驱体。项目中使用的碳源为生物质废弃物，该碳源材料易于得到并且价格低廉，能够降低催化剂的合成成本，有利于催化剂的大规模工业合成。催化剂制备过程中使用预制备工艺形成了特定前驱体或非均相混合物，采用化学活化法将生物质废弃物转化为孔隙结构丰富、高比表面积及表面富含含氧官能团的生物质碳功能材料，且提升了生物质基体的纯度。

3. 学生感言

此次创新项目是我们进入大学以来第一次完整地参与到科研中，因此我们更多地以学习者和协助者的身份完成各项任务。经过此次锻炼，我们学到很多与课堂上不一样的知识，也对做科研有了不同的认识，更对本专业有了更深的理解。

4. 教师感言

大学生参与创新项目符合社会对高素质创新型人才的需求，“国创计划”项目的开展更是大学生参与科研的重要途径，在人才培养中发挥着日益重要的作用，可以使学生增加科研兴趣、树立学术理想，进一步提高实际操作能力，提升创新能力。

基于 Kinect 的多维度仿真体感漫游

项目名称： 基于 Kinect 的多维度仿真体感漫游

项目所属一级学科： 计算机科学技术

项目成员： 陈旭　李江梦　吴虹　黄杰锋　戴文婷

指导教师： 吴清锋，教授，数字媒体技术

起止时间： 2015—2016 年

推荐学校： 厦门大学

1. 项目简介

据报道，国庆期间厦门大学的游客访问量达到 1 天 2.58 万人次。每天都有数以万计的游客蜂拥而至，体验厦大之美。但是，仍有很多人因为种种原因无法亲自感受厦大之美，而目前在线参观厦大的方式还只达到航拍全景的程度，并不能亲身体验校园。为了解决这一问题，我们利用 Maya 建模软件为厦大制作了一套 3D 高还原模型，并利用 Unity3D 软件结合 3Glasses 虚拟现实头盔技术和 Kinect 体感交互技术实现厦门大学多维度仿真体感漫游（已获软件著作权，见本文二维码资源）。该系统使得用户不仅可以在家里足不出户进行线上体验，还可以利用 Kinect 体感设备和 VR 眼镜及游戏手柄在线下进行真实的体感操作。

本项目综合运用 3Glasses 虚拟现实头盔交互技术、Kinect 体感交互技术等，以真实的厦门大学校园为整体蓝本（校园布局设计、交通、景观、人文等），虚拟厦大校园的大部分场景，构建一套深沉浸式厦大人文景色博览系统。同时，为了更好地模拟真实的厦门大学校园，我们在漫游的基础上增加了各种功能，以增强用户的体验。比如天气转换，可以让用户在漫游的过程中体验到不同天气里的魅力厦大。又如地图跳转，可以直接跳过漫游，到达厦门大学最著名的风景名胜等。另外，系统还可以实现用户自动漫游、自主漫游、自动寻路、查看地图等功能。这些功能都进一步地带给用户更好的体验，使得用户可以从不同方面、多个角度来体验厦大校园的人文景色。示例图见本篇二维码资源。

2. 创新点描述

本项目的特色体现在多维度仿真漫游系统中 Kinect 体感控制和 3Glasses 头盔显示的结合上。3Glasses 在模拟视听体验上十分卓越，给用户提供更加直观、逼真的漫游感受。用户可以身临其境地体验和感受厦门大学校园景色。而 Kinect 可以弥补其在操作上的劣势。通过体感设备对用户动作的捕捉，来实现系统中的自动漫游、自

主漫游、自动寻路、查看地图等功能。二者相辅相成，为用户提供了新颖的交互设计和沉浸式的视听体验，出色地还原了厦大人文景色的艺术性和真实性。

3. 学生感言

在本项目中，我不仅提高了自己开发项目、实现相关技术的能力，同时也明白了团队合作的重要性。与合作伙伴在创新过程中的头脑风暴、遇到困难时的互相帮助、模块对接时的沟通理解，都是我在这个项目中获得的最宝贵的经验与回忆。

4. 教师感言

作为该项目的指导老师，我参与了该项目从无到有的全过程，体会到其中的艰辛与快乐。在今后的工作中，我也要坚持把培养学生的创新能力放在首位，更加实在地激发学生探索科学的兴趣，指导学生寻找和探究身边的科学，保护学生的创新热情，增强学生尊重知识、尊重科学的意识，做好学生创新能力发展的引路人，为学校科技创新教育再上一个新台阶而努力。

精确抛射机构的研究与设计

项目名称： 精确抛射机构的研究与设计

项目所属一级学科： 机械工程

项目成员： 宋菊平　蒲星　钟小峰　罗小健　施美晨

指导教师： 胡天林，高级工程师，机械电子

姚斌，教授，智能加工与检测技术

起止时间： 2013—2014 年

推荐学校： 浙江大学

1. 项目简介

项目研究了机器人搭载抛射机构的闭环控制系统，工作内容主要包括多传感器信息融合系统、抛射结构设计与机器人搭载移动平台的设计等，搭载精确抛射机构的机器人作品实物图见本文二维码资源。

基于气动技术，该抛射机构可实现物件的长距离抛射。为了实现物件的精确抛射，项目构建了多传感器信息融合系统模型。通过机器视觉技术、激光技术等实现目标物体的平面信息获取、深度与高度信息距离的获取。通过实验，获取了抛射距离、高度与抛射驱动力之间的关联数据，由此建立驱动模型，进而实现驱动的精确输出。

此外，设计开发机器人移动平台，可搭载抛射机构进行精确定点移动。

2. 创新点描述

（1）抛射机构的研究　以饮料瓶作为储气罐，经济环保。通过气动驱动汽缸执行抛射动作，爆发力强。

（2）驱动力的闭环反馈控制　通过实验，获取不同环境下气压与抛射距离高度的关联数据，建立抛射模型。实现了抛射与目标的闭环反馈控制系统。

（3）机器视觉定位　由机器视觉识别目标物体在环境中的位置。

（4）激光三角法实现深度信息的准确定位　通过激光三角法实现深度距离信息的获取。

3. 学生感言

基于我们所参加的亚太地区大学生机器人大赛任务所涉及的难点，我们提出了研发任务，申请并得以获批了该项目。在“国创计划”项目的资助下，我们得以顺利开展项目并取得了一系列的成果。基于成果，我们获得中国机器人大赛暨 RoboCup

公开赛篮球项目组冠军，在中国台湾举行的 IRHOCS 国际机器人实作竞赛中，获得预赛第一，决赛第三的好成绩。

通过“国创计划”项目，我们大大开拓了科技视野，初步养成了科研素养与工程精神。

4. 教师感言

项目选题取自 2013 亚太大学生机器人大赛的主题“绿化星球”，机器人将幼苗长距离抛射并着落于“月球”（立柱）是本次赛事的难点。项目成员与指导教师将单纯的科技创新竞赛作品延伸至其他可能的应用领域，申报并得到了“国创计划”的支持。同学经过自己主导实施此项目，在科研素质与工程实践能力方面得到了切实的提高。

护理专家

项目名称： 护理专家

项目所属一级学科： 机械工程

项目成员： 苏冠维　张鹏　熊维进　黄家明　柳杰

指导教师： 张华，教授，智能机器人

刘继忠，教授，智能机器人

起止时间： 2016 年 10 月—2017 年 10 月

推荐学校： 南昌大学

1. 项目简介

“护理专家”——远程监控服务机器人是为应对全球人口老龄化发展趋势而研发的一款高端综合护理服务系统，它主要开发了手机 APP 系统、计算机终端系统和智能控制盒，并集成了多功能护理床、智能坐便器、可穿戴生理参数采集设备，集个人卫生护理、医疗康复训练和远程健康监护等功能为一体，实现了移动设备和计算机终端对需护理人群随时进行远程护理、健康监视、视频交流、健康参数提醒等服务。正在申请国家发明专利 1 项，实用新型专利 2 项，已获软件著作登记权 1 项，已委托企业加工了多台样机和多个控制盒，并找到了相关合作企业，正在进行合作转化。

具体项目系统框架见本文二维码资源。

电动护理床、智能坐便器与智能控制盒相结合，实现老人或卧床病人的远程翻身、抬背、屈腿与智能坐便护理控制功能。

远程移动手机 APP 系统和计算机终端系统可实现对老人或卧床病人进行家庭护理。

可穿戴设备和体域网技术结合，实现生理参数采集和健康监视（本地端通过触摸屏显示，远程端通过手机终端或计算机终端显示）。

远程视频和互联网技术结合，实现远程移动手机或计算机终端的双向视频交互与控制。

2. 创新点描述

“护理专家”——远程监控服务机器人改变了传统护理模式，具有以下创新点：

与市场电动护理床相比，增加了智能坐便器、远程生理参数采集、远程视频监护与护理动作控制功能，可解决病人褥疮、排便等护理难题；

开发了可适用于普通电动护理床的智能控制盒，加上开发手机 APP 等护理软件，可实现传统普通电动护理床远程护理智能化升级。

3. 学生感言

大学生做创新项目充满艰辛与考验，不仅要看到成功者的光环，更要看到他们经历过的艰辛；做创新项目需要拿出创业团队的激情和拼搏精神，想要出色地做好一个创新项目，应该具备：① 强烈的创新欲望；② 超乎想象的忍耐力；③ 开阔的眼界；④ 超出常人的学习力；⑤ 与他人分享的愿望；⑥ 自我反省的能力；⑦ 超越自我的信心。

4. 教师感言

创新研发之路是一条不断学习、不断发现并解决问题的路，大学生做创新项目更要有很强的专业知识和技能作支撑，抓准适应当前社会的创新点，搭建好团队，有艰苦奋斗的精神，不断创新，勇于实践，快速试错，勤于总结，及时调整，加强管理能力，了解相关政策。

海参捕捞机器人

项目名称： 海参捕捞机器人

项目所属一级学科： 机械工程

项目成员： 成昊远　王宇凯　刘天宝　李丽端　岳印云

指导教师： 刘贵杰，教授，水下机器人技术、机械结构及海洋工程装备损伤的在线监测与诊断技术、机电系统设计与虚拟原型技术

起止时间： 2016 年 1 月—2017 年 5 月

推荐学校： 中国海洋大学

1. 项目简介

（1）浮游式海参捕捞机器人

浮游式海参捕捞机器人具有水下推进器、机械手、摄像机、拾参吸盘及海参收集篮等装置。海参捕捞系统工作流程为载人母船行驶到底播海参养殖地，释放水下机器人，采用有缆通信人为地通过上位机图像控制到达指定位置并利用机械手带动吸管吸取海参。实物图见本文二维码资源。

（2）履轮式海参捕捞机器人

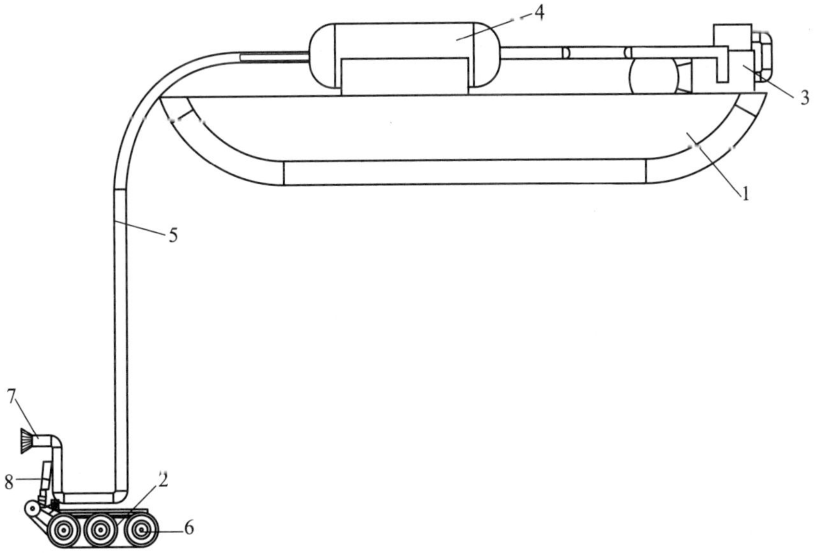

图 1　履轮式海参捕捞机器人结构图

1—双体载人母船；2—履轮式海参捕捞机器人；3—真空泵；4—并联式捕捞罐；5—输送管；6—履轮结构；7—吸头；8—机械手

该款机器人结构见图 1，设有双体载人母船 1 和履轮式海参捕捞机器人 2。双体载人母船 1 设于水面上，履轮式海参捕捞机器人 2 在水底进行海参捕捞。双体载人母船 1 到达指定位置，投放履轮式海参捕捞机器人 2。打开相应设备，履轮式海参捕捞机器人 2 开始运行。通过操作控制台控制履轮式海参捕捞机器人 2 进行工作，使双体载人母船 1 与履轮式海参捕捞机器人 2 以相同速度相对静止运动。履轮式海参捕捞机器人 2 运动需要借助履轮结构 6。到达海参养殖区域后，使用机械手 8 带动吸头 7 进行吸取。吸取的海参会沿着输送管 5 到达双体载人母船 1。当并联式捕捞罐 4 即将充满时，关闭阀门的同时打开另一捕捞罐阀门，并对其中的物品进行分类：水产品回收、垃圾处理、较低经济价值生物放生等。全部工作完成后，双体载人母船 1 断开与履轮式海参捕捞机器人 2 的连接路线，履轮式海参捕捞机器人 2 放置于水底。再次工作时，双体载人母船 1 行驶至标志地，与履轮式海参捕捞机器人 2 接通。履轮式海参捕捞机器人 2 需要定期检查与维护。

履轮式海参捕捞机器人的运动见图 2，依靠水下推进器 5 及履轮结构的履带 8 与轮胎 9 实现。普通地形下，利用履轮结构进行运动，若履带 8 掉落，轮胎 9 仍然可以满足工作要求，且因前摆 7 的配合，机器人具有更广泛的地形适应力。复杂地形下，履轮结构运动不便，则借助水下推进器 5 进行运动。电子仓 10 放置机器人所需的控制部分，并通过输送管，实现与载人母船的信息交流。当通过摄像头 4 发现海参时，可通过机械手水下摄像头 2 继续精密操作，直至到达合适捕捞位置。机械手与吸头相连，由机械爪 1、机械爪舵机 13、机械手腕部舵机 3、机械手肘部舵机 12 及机械

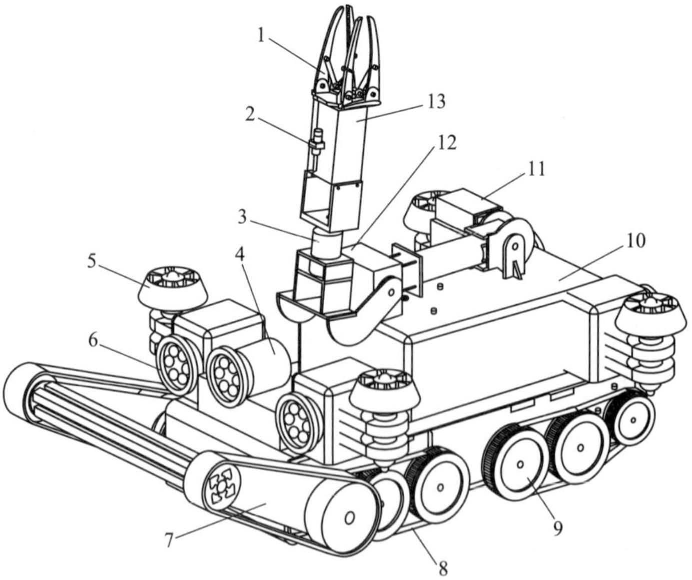

图 2 履轮式海参捕捞机器人的运动

1—机械爪；2—机械手水下摄像头；3—机械手腕部舵机；4—摄像头；5—水下推进器；6—探照灯；7—前摆；8—履带；9—轮胎；10—电子仓；11—机械手肩部舵机；12—机械手肘部舵机；13—机械爪舵机

手肩部舵机 11 组成，具有极高的自由度。载人母船可通过控制机械手，进而使吸头到达指定位置进行吸取。成功后，海参沿输送管到达载人母船。

2. 创新点描述

（1）浮游式海参捕捞机器人

① 采用 5 个水下推进器的组合搭配，实现在水下的自由运动。

② 采用抽吸泵吸取海参的方法，有着极强的创新理念。

③ 机械手关节由舵机构成，灵活自如。

④ 水下照明、摄像与勘测均使用独特的原理与方案。

⑤ 整体机型采用流线型，极大地减小了水流阻力。

⑥ 防水技术先进，所有部件可耐压水下 200 m。

⑦ 采用有缆供电与图像传输，无缆控制机器人姿态。

（2）履轮式海参捕捞机器人

① 设计出一种新型的水产品捕捞方式。

② 捕捞过程需绿色环保。

③ 采用履带与轮胎结合的方式运动，更好地适应海底复杂的环境。

④ 利用设置在母船上的真空泵提供吸力。

⑤ 可在水下 20 m 内正常工作。

⑥ 自动化程度高，可有效摆脱人力依靠。

3. 学生感言

中国海洋大学一直大力支持学生进行创新创业，工程学院为我们的项目提供了很好的硬件和软件平台。指导老师刘贵杰教授学识渊博，对水下机器人有着深入的研究，承担过许多国家级大型项目，在我们项目的设计和论证之初就给予了很多指导。感谢他们的大力支持，没有他们，就没有我们今日的成果！

4. 教师感言

实践是巩固课堂理论教学的有效途径，是培养具有创新创业意识和能力的高素质工程人才的重要环节，是创新之根、创业之基。通过这几年指导学生开展实践教学活动，我深感实践在大学生创新能力培养中的重要作用。实践教学我们还在路上，加油！

高能摩擦制动器的设计机理及控制策略研究

项目名称： 高能摩擦制动器的设计机理及控制策略研究
项目所属一级学科： 机械工程
项目成员： 刘勇　郑群　王鹏　刘心荷
指导教师： 石永军，教授，摩擦制动、熔覆焊、石油特车
起止时间： 2014—2016 年
推荐学校： 中国石油大学（华东）

1. 项目简介

通过对传统的盘式和鼓式制动器的研究，发现其制动效率较低，尤其在重载、高速设备刹车过程中，传统制动器极易出现故障，造成严重事故和重大经济损失。为了克服传统领从蹄式制动器从蹄减势作用对制动性能的影响和散热空间的不足，本课题设计一种新型高效能盘鼓式摩擦制动器，整体方案如图 1 所示。

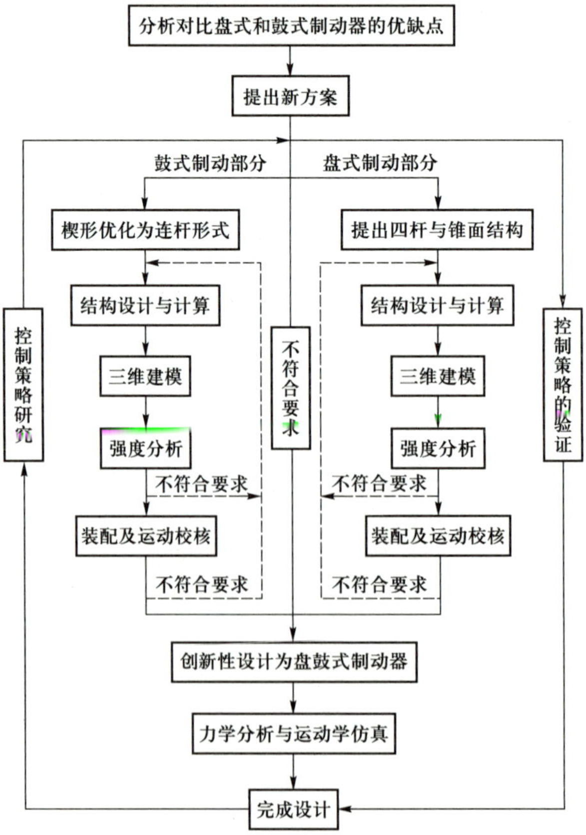

图 1　整体方案设计

高效能摩擦制动器采用外盘内鼓组合结构，如图2所示；制动钳为楔形增压机构，采用分半组合式固定结构，并通过设计四杆机构的各项参数使其以渐开线运动方式做偏心运动，如图3所示；制动蹄采用楔形制动器原理，优化为连杆形式，如图4所示。通过对结构进行建模计算、CAE分析和温升校核确定其合理可行性。该装置实现了领从蹄式和盘式制动器制动增势的理想效果，散热和维护更优，结构更紧凑。

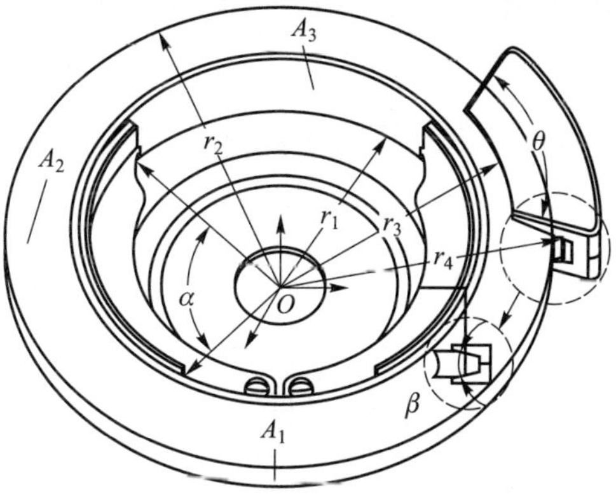

图2 盘式制动器结构图

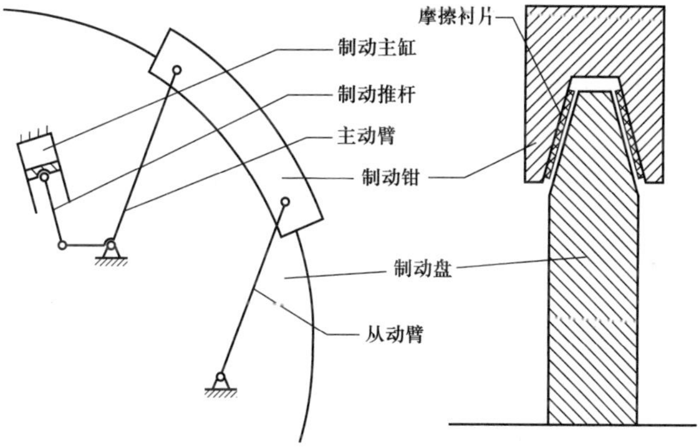

图3 盘式部分制动示意图

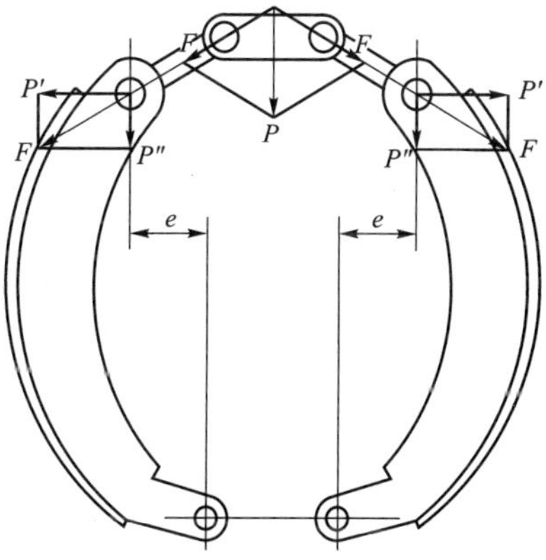

图4 鼓式部分制动示意图

针对新型的制动器结构，在控制方面依据最优拉丁超立方试验设计方法获取设计样本点，构建二阶响应面近似模型的完全多项式，通过编写有限元程序计算，确定温度场最高温度；对结果进行最小二乘法拟合，构造温度场最高温度的二次多项式响应面近似函数，最后利用基本粒子群算法确定最优载荷分配系数；利用控制器调节液压管路制动压力实现对制动过程盘式和鼓式制动力矩分配；引入 ABS 通过传感器动态监测分析滑移率及力矩分配系数，防止抱死现象发生，控制策略设计方案如图 5 所示。

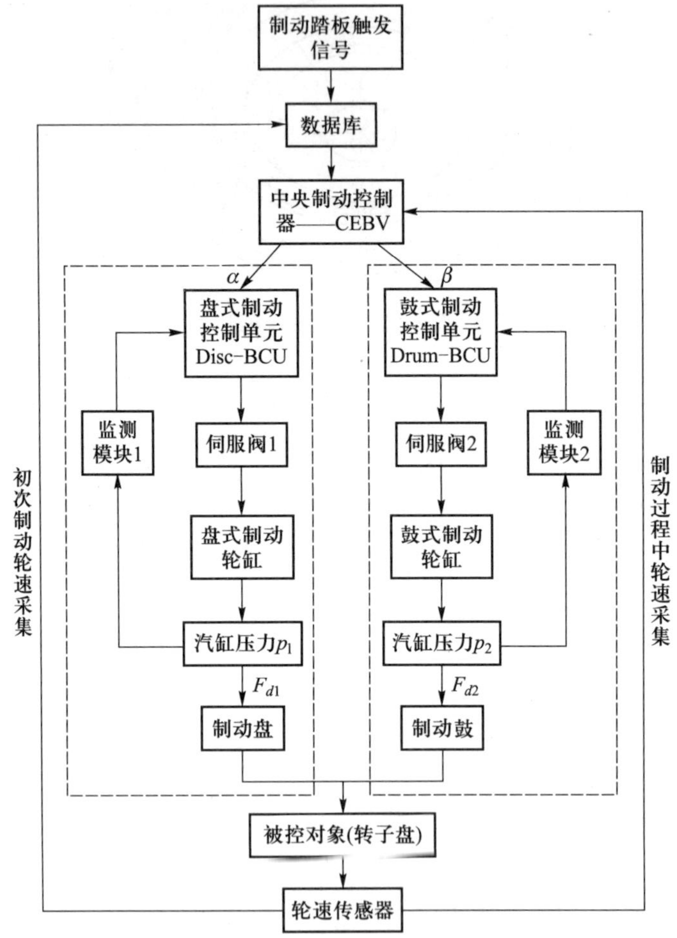

图 5　控制策略设计方案

基于响应面法探究盘式和鼓式部分制动温升与制动力矩之间的关系，得出不同速度条件下制动力的分配系数，制定出制动器控制策略。高效摩擦制动器具有诸多优点，可应用于许多领域。

2. 创新点描述

（1）创新性地将盘式制动器和鼓式制动器组合设计在一起，将两种不同的制动器优势性能结合在一起，利用鼓式部分和盘式部分的联合制动，实现较短时间内更多制动能量的转化。

（2）首次将领从蹄式制动器制动蹄部分创新性设计为四杆机构，使两个制动蹄片受力更加均匀；制动钳截面优化设计为楔形，利用制动钳偏心运动和楔形面实现盘式制动并获得增力效果及制动增势。

（3）首次考虑制动力矩分配系数的影响，基于响应面法对该制动器进行优化设计，大幅度缩减了设计周期，并获得紧急制动时较优的力矩分配系数，为生产实际样机模型提供参考和理论依据。

3. 学生感言

博观而约取，厚积而薄发。在四年的大学学习生活期间参与“国创计划”，拓宽了我的知识面，让我成长为一名具有广博知识的合格大学生；丰富了我的生活阅历，使我成为一个看问题、做事情有思想、有见地的时代新青年；提升了我的综合能力，更使我成长为一名社会需要的创新型人才；让我真正体会到团队的重要性，把本专业的知识学以致用，更好地理论联系实际；培养了我学习勤奋认真，工作一丝不苟的精神；提升了自己各方面的综合素质。

4. 教师感言

大学生创新创业训练计划是培养大学生创新与团队精神的重要平台。在项目的实施过程中，学生将课堂所学知识运用于解决实际的工程问题，尽管在方案设计与模型制作中遇到了很多困难与挫折，团队成员分工协作，敢于知难而上，勇于探索，学生的综合素养得到很大的提升。

组合电容式风光互补驱鸟器研究

项目名称：组合电容式风光互补驱鸟器研究

项目所属一级学科：动力与电气工程

项目成员：覃明星　刘勇　张乃刚　钟高文　陈靖思

指导教师：张丽霞，副教授，电力电子与电力传动、电力系统及其自动化

起止时间：2013—2015 年

推荐学校：中国石油大学（华东）

1. 项目简介

鸟类筑巢一直都是高压输电线路单相接地故障的主要因素，因此对驱鸟器的研究一直都是热门题目。本项目克服了以往驱鸟器运动规律可循，因而伴随时间推移驱鸟作用失效的问题。本驱鸟器模拟人类驱鸟时的突发动作，使鸟类对驱鸟器动作一直处于“未知”状态，因而不会随时间推移而产生懈怠作用；其次，通过电池的储能作用，对电网系统不会造成微小干扰，有利于系统的稳定运行；最后通过组合电容的快速充放电能力，加强驱鸟系统的爆发力，增强驱鸟的效果。本项目研制了一套可以高效驱鸟的装置，既不会对鸟类造成伤害，又可以有效地将鸟类从杆塔上驱除；使用风光互补储能系统，不必从系统取电，因而不会对系统的稳定运行有所干扰。

研究项目的使用范围、推广前景、市场分析及经济社会效益预测：

（1）使用范围　高压输电网、成熟的农田、果园等区域驱赶鸟类。

（2）推广前景　驱鸟效果明显，满足市场需求，在市场中能得到广泛的推广。

（3）市场分析　相比其他驱鸟器如风力驱鸟器、超声波驱鸟器及驱鸟剂有明显的优点，符合电力工作者和果农的需求。

（4）经济社会效益预测　研制并调试成功后将取代其他驱鸟器，成为现今驱鸟器的主流。

本项目技术路线图见图 1，驱鸟器整体效果图见本文二维码资源。

2. 创新点描述

（1）功能多样　模拟人类驱鸟时的突发无规律动作，使鸟类对驱鸟器动作一直处于“未知”的状态，有效避免鸟类对驱鸟动作的适应，并配合扇叶转动、蜂鸣、光闪等多种动作实现高效的驱鸟效果。

（2）结构创新　装置通过组合电容的快速充放电能力，加强驱鸟系统的爆发力，增强驱鸟的效果。

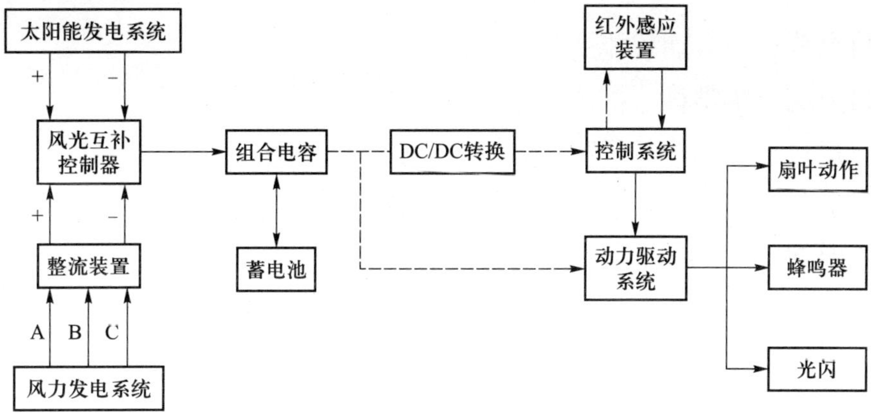

图 1　技术路线图

（3）节能环保　采用风能和太阳能互补供电，不必从电网取电，对电网的影响较小，能够有效增强输电线路的输电效率，有效节能。驱鸟器外形类似于“稻草人”，能实现物理驱鸟，不会对鸟类产生伤害，也不产生任何污染。

3. 学生感言

在项目研究过程中，我深深感受到团队合作的重要性和必要性，同时也学到了很多东西，在一定程度上提高了自己的学习和创新能力。完成一项任务首先要脚踏实地，耐得住性子，充分相信自己的队友，通过合作交流才能有所创新有所收获。

4. 教师感言

“国创计划”项目培养了学生们积极进取、勇于创新的优秀品格，帮助学生开阔视野，丰富知识层面，最为重要的是无形中会引发学生对专业学术研究和科技创新的热情和兴趣，此时再面对书本乏味的公式和烦琐的理论推导可能会多一分耐心和执着。

全自动智能铺路机

项目名称：全自动智能铺路机
项目所属一级学科：机械工程
项目成员：任鸿业　马驰　姜薇　宋常春
指导教师：赵军友，副教授，石油机械
起止时间：2015—2017 年
推荐学校：中国石油大学（华东）

1. 项目简介

全自动智能铺路机用于铺设以砖面为主、水泥路为辅的现代化道路，主要以自动化机械铺设的方式取代原本以人工进行的道路建设。本项目主要研究如何设计将合理的机械结构加入新型的全自动智能铺路机中，研究传统人工铺砖的铺设逻辑，对相关机械产品结构进行设计，替代传统效率低下的人工铺设方式，对新型全自动智能铺路机的布料装置、压路装置、搅拌装置及机身整体设计进行了相关设想，通过各个部分之间的相互配合，以使正常的路面铺设效率得到显著提高。

从整个人工铺砖的设计流程来看，一套完整的砖面道路的铺设实际上是多层道路的铺设，包括：① 原本凹凸不平路面的处理，需使用泥土来进行对原本道路大致的修整，辅以配合压路机的使用；② 对大致修整的路面，用水泥浆进行第二步的修整，以保证铺砖之前路面的绝对平整与相对稳定；③ 在已经干硬的水泥路上，铺上泥土，修整平整，防止后期的砖面在干硬的水泥地上过度损伤；④ 铺上砖面，压实道路。团队主要对布料装置、压路装置、搅拌装置及机身的整体进行了设计。新型全自动水泥铺筑机的左视图和俯视图见图 1 和图 2。

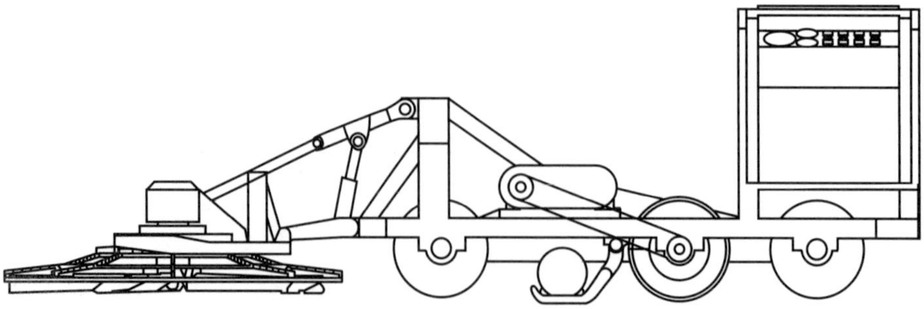

图 1　新型全自动水泥铺筑机的左视图

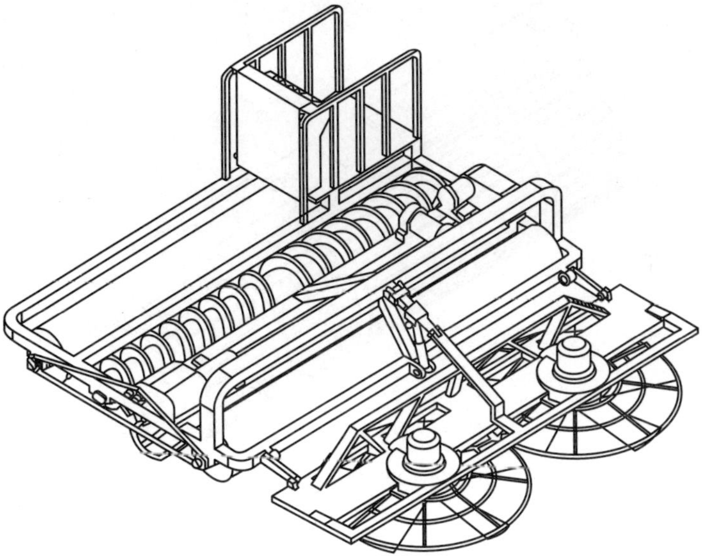

图 2　新型全自动水泥铺筑机的俯视图

本水泥铺筑机结构设计合理紧促、功能齐全、操作简单、人机功效好、自动化程度高、效率高、劳动强度低，可一次性完成水泥路的铺筑。

本布料装置旨在解决结构复杂、体积过大的问题，提供了种铺砖机所用的干硬性水泥砂浆布料装置（图 3），它解决了普通布料装置只能处理流动性较强的砂浆的缺点，且克服了现存布料装置结构复杂、体积过大、操作烦琐的缺点。

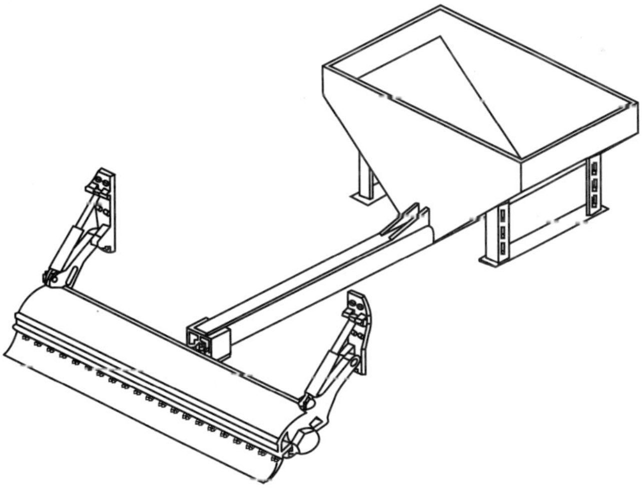

图 3　铺筑机所用的一种干硬性水泥浆布料装置

在铺筑道路的压路方式上，本项目设计了一种新的压路装置（图 4）。具使用简单，防止砖面破坏，且可以根据路面宽窄进行调整的铺砖机专用压路装置。

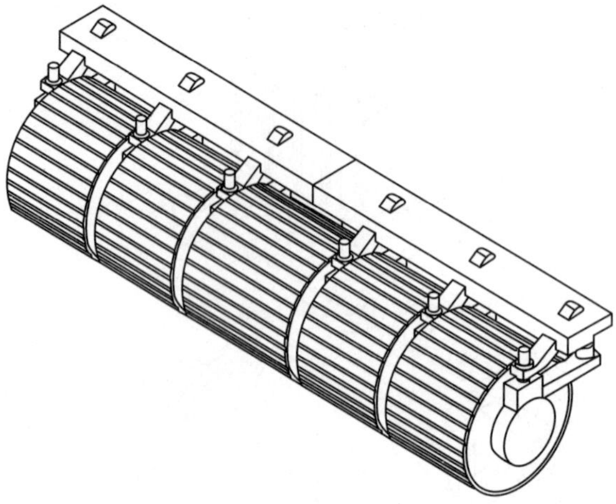

图 4 适用于砖面的铺砖机专用压路装置侧视图

2. 创新点描述

（1）整体的水泥铺筑机的设计，合理紧促、功能齐全、操作简单、人机功效好、自动化程度高、效率高、劳动强度低，可一次性完成水泥路的铺筑，还可有效配合布料装置、压路装置等实施道路铺筑。

（2）布料装置中的螺旋送料杆转速可调，可根据施工要求控制水泥砂浆的流出速度，其螺旋布料杆转速也可调，可根据施工要求控制水泥砂浆摊平的快慢，解决了普通布料器只能处理流动性较强的砂浆的缺点，是一种适用于铺筑砖路的干硬性水泥砂浆布料器。

（3）铺砖机专用压路装置根据路面宽窄的要求，通过轮体固定装置可以连接或拆卸轮体，从而控制轮体的数量，达到路面宽窄的需求和需要的压力大小，而且轮体为刚体，并且外侧设置有由高强度的橡胶制成材料，有效避免路面砖块的损伤，还可以利用减震支架延长使用寿命。

3. 学生感言

全自动智能铺路机，作为国家大学生创新创业训练项目，至今已经申请四项实用新型专利。在设计的过程中也出现了很多问题，比如这个项目是用来解决真实问题的，但是在实际的应用中却可能产生技术以外的问题。一切源于生活，用于生活，只有能解决实际生活中问题的创新产品才能算是真正有价值的产品。

4. 教师感言

任鸿业同学设计的“全自动智能铺路机”，方案创新性强，机构设计合理；在完成项目的过程中，主动学习了制图、机械原理、力学、材料学等诸多知识；该项目被专家组评定为优秀，成绩归功于国家“大众创业，万众创新”的号召，归功于学生兴趣驱动下的勤奋努力。

一种新型盾构管道清淤车

项目名称： 一种新型盾构管道清淤车

项目所属一级学科： 水利工程

项目成员： 朱裕鑫　郭慧吉　李叶葳　申珊齐

指导教师： 刘文立，高级工程师，水工结构方向

起止时间： 2016—2017 年

推荐学校： 郑州大学

1. 项目简介

本项目设计了一种新的盾构式清淤系统，并制作了盾构式清淤车模型。清淤车主要由切割刀盘、高压气喷头、机械臂、视频传输装置、电机等组成。根据盾构原理，装置前行时，先用高压气将淤泥推举扰动，再将淤泥挤压至装置内部，经刀盘切削后，由污泥泵将其抽出，从而实现非开挖的清淤效果。本装置实现了全自动化操作，通过前端摄像头实现工况的实时探测及清理设备的智能化控制，可以有效地对沉积在管道底部的黏稠淤泥进行清理。盾构清淤车模型实物图见本文二维码资源。

在实际操作时，其主要工作步骤为：首先在暗涵顶部分别开设两个相距50~100 m 的工作口，上游开口处作为清淤车入口，下游开口处作为出口，清淤车下放前需先在入口处进行手动清淤，清淤完毕后放入小车。在清淤车缓慢前进的同时，开启空压机输送高压气体，高压气体经喷嘴射出后对沉积淤泥质进行强烈冲击，淤泥质在水压冲击作用和气体浮力作用的共同扰动下，随气泡上升至水中变成悬浮态。同时切削刀盘快速旋转，将管道底部的淤泥层切割、打散、扰动，黏结的块状淤泥此时被打散至具有合适黏稠度的流动淤泥浆。在原涵管内水流流速作用下，管道淤泥层上部分的淤泥经刀盘和高压气喷头的搅散和扰动后随水流带至下游，下部分难清除的黏稠淤泥浆被挤压切削后由淤泥泵抽至地面的污泥罐车。本装置一次清淤管段长度为 30~50 m。

本项目获得国家级竞赛一项，申请国家发明专利一项，发表国际会议论文一篇。

2. 创新点描述

（1）效率高、成本低　盾构式管道清淤车采用高压气喷头的扰动和刀盘切割相结合的方法，冲击力大，穿透性强，因此清淤速度快。相对于传统的人工清淤，工期大为缩短，可节省大量的人力、物力，降低施工成本。

（2）非开挖技术的拓展应用　盾构式管道清淤车采取深入管道，贴近内壁清理

的方式，通过视频探测实时掌握管内工况，调整清淤车行进方向和机械爪的张开角度与位置，可对妨碍工作的障碍物进行移除，实现最大限度的清理。

（3）以人为本、环保健康　城市下水管道中既有成分复杂的污染性废水，还有大量的有毒空气。传统人工操作，需要穿上防护服，戴上面罩口罩，还时有发生中毒现象，严重危害工人健康。本装置无须工人下到封闭的管道，全由机器操作完成，体现了以人为本的理念。

（4）应用面广　盾构式管道清淤车不仅能够适用于不同材质、不同截面的下水管道，还可应用于清理石油、化工等行业的易淤积管道。

3. 学生感言

创新是国家发展的原动力，我们这一代人必须在创新方面做些什么。但是如何创新，从何入手？近年来飞速发展的地铁给了我们启示，而目睹了城市管道清淤工的辛苦，也使我们心有不忍。方兴未艾的盾构技术能否用于管道清淤？指导老师鼓励我们探索，于是我们有了方向。从项目获得立项开始，我们经过多次研究讨论、画图、试制、试验、改型、完善，最终制作出了较为满意的实物模型，实现了预期目标。通过项目，大家既体验到了科技工作的艰辛，更品尝到了成功的喜悦。

4. 教师感言

“国创计划”设立十年来，吸引了无数学子的关注，并为之进行了不懈的探索。指导创新项目十年，更是目睹了青年学生闪光的思想和对科学事业的热情、执着和追求。盾构式管道清淤车是现代技术手段在传统行业中的应用尝试，小组成员们做了大量调研工作，并几经改进，制作出了实物模型。看到学生成功的喜悦，作为指导老师也感到由衷的欣慰！

基于 BCU 的面向大众公寓的智能总管系统

项目名称：基于 BCU 的面向大众公寓的智能总管系统

项目所属一级学科：电子、通信与自动控制技术

项目成员：范永龙　张壮壮　马斐阳

指导教师：刘名果，副教授，电路与系统、应用电子设计、电子系统智能化和网络化研究

起止时间：2016 年 5 月—2017 年 4 月

推荐学校：河南大学

1. 项目简介

安全化、智能化是现在越来越流行的词汇。随着生活水平的提高和技术的进步，人们越来越注重技术对于居住环境等与生活密切相关方面的积极意义。无须多言，只要留心一下，就会发现智能手机、互联网已经和人们的生活融为一体。手机代表了软硬件整体的发展，而互联网也在不断地升级改造过程中。迎接技术改造生活的大潮，是必然的趋势。

为此，我们设想了一款智能家居产品。在充分利用现有技术的基础上，通过创新思维的应用，认真研究模块的集成和实用功能开发，打造一款共享集体互联智能家居管理类产品。产品功能囊括了防火、防盗、空气质量监测、供电、联网管理等，并且构建了一个楼层互联网络，以便于实现信息集中、统一管理。在这个雏形上再实现多个设备的互联，初步构建一个系统化的网络；并且以此作为基础，后续开发面向普通非集体住宅用户的智能家居产品。我们设想这个产品是基于一定的操作系统，保留开发升级的接口，以后可以拓展更多的功能。可以设想，一栋宿舍楼或者一个住宅小区可以通过各个房间的系统互联在一起，对于管理人员来说，可以方便他们的管理；对于住户来说，则提供互联生活的一种方式，让邻里之间能够更加方便地认识沟通。

除了智能总管的硬件之外，我们还配套了我们自己设计的安卓应用程序，实现软硬件的交互。相关实物和 APP 界面图见本文二维码资源。

2. 创新点描述

（1）针对集体住宅难以统一管理、对于险情难以及时处理等问题，提出“共享云端”工作模式的共享集体互联智能家居管理系统。

（2）放置住户房间硬件端实时监测室内情况，并同时完成数据传送。住户得到

全部信息，物业管理人员只获取报警信息，保障用户隐私。

（3）对于集约化住宅的管理，构建一个基本的楼层互联方案，借助“共享云端”，实现一处警报，多方处理。硬件端集防火、防盗、空气质量监测、供电、联网管理等功能，楼层互联方案和配套 APP，完善用户体验。相对简单的功能设定成本较低，易于市场推广。

3. 学生感言

我们于 2016 年春申请“国创计划”项目，在最初申请的时候，团队只有三个人。大家集体开动思路，天马行空般设想这个作品的未来发展，提出了很多东西，但是一开始我们所强调的都不够实际，在和老师的沟通中思路逐渐清晰起来，项目的各项细节问题逐步明确。在为期一年的项目开展中，我们遇到了许许多多的问题，但是这些并没有挫败我们，而是给我们更多的鞭策，让我们有动力去充实自己，有能力解决问题。同时，我们请教了老师、同学，没有局限在自己身上。无论是技术上还是项目进展上的问题，只要我们肯请教，老师、同学总会热心地提出他们的看法，对此我们十分感恩。甚至可以说，在此过程中收获的这些友谊才是最珍贵的。一年多的时间里，我们积累了一些经验，但更多的是收获了成长。感谢“国创计划”，感谢老师的殷切指导，感谢我们团队每个人不凡的努力。

4. 教师感言

一年的努力，我指导的“国创计划”项目团队形成了一个团结的集体，团队中，老师与学生的关系已经从“教与学”升华到了“亦师亦友”的层次。项目进行过程中，遇到过种种问题，比如项目经验的缺乏和技术的不足，项目的进度不乐观，等等。但是成员们都尽了自己最大的努力，而且还增加了一些原先我们觉得没能力做的功能。指导学生进行“国创计划”项目的工作使我的生活更加充实，个人的业务素养也得到了提高。

镍钛形状记忆合金自修复金属复合材料的实验研究

项目名称：镍钛形状记忆合金自修复金属复合材料的实验研究

项目所属一级学科：土木建筑工程

项目成员：巩慧芝　施赛凤　别小娟　邹子麒　匡思玥

指导教师：尹颢，副教授，相变固体力学、实验固体力学、形状记忆合金

起止时间：2016—2017 年

推荐学校：武汉大学

1. 项目简介

近年来，在实现现代化建设的过程中，工程建设规模不断扩大，对工程材料的需求数量大，并对其品种、规格及性能的要求越来越高，自修复材料的开发和利用越来越得到重视，研究高强度具有自修复功能的金属基复合材料势在必行。由于镍钛合金具有形状记忆性能，理论上可与传统的金属复合，制备自修复金属基复合材料，因而我们提出了将镍钛形状记忆合金与低熔点合金相结合的构想，以此来达到自修复的目的，从而应用于工程实践，以提高使用寿命及经济效益。镍钛形状记忆合金性能曲线图见图 1。

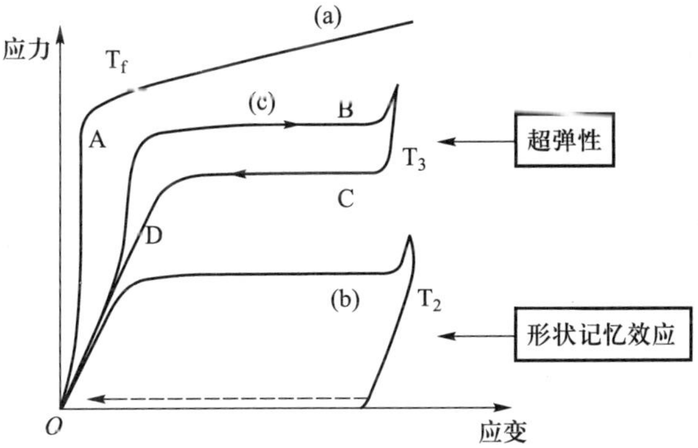

图 1　镍钛形状记忆合金性能曲线图

图注：镍钛形状记忆合金主要具有以下两个特性：形状记忆效应、超弹性

我们的实验内容包括: ① 镍钛形状记忆合金的物理属性与热处理工艺之间关系，利用差热分析法、电阻法等测得镍钛合金热诱发马氏体相变行为；② 镍钛形状记忆合金的应力应变响应，在一定温度范围内对镍钛合金施加应力可诱发母相向马氏体的转变从而研究异常的材料形变自恢复的行为（伪弹性）；③ 镍钛形状记忆合金在自修复复合材料中的最佳数量和分布形式的对比性实验；④ 镍钛形状记忆合金自修

复材料的抗疲劳及强度实验；⑤ 基于镍钛形状记忆合金的复合材料的自恢复实验；⑥ 基于镍钛形状记忆合金的复合材料自修复后的强度测试实验。项目技术路线图见图 2。

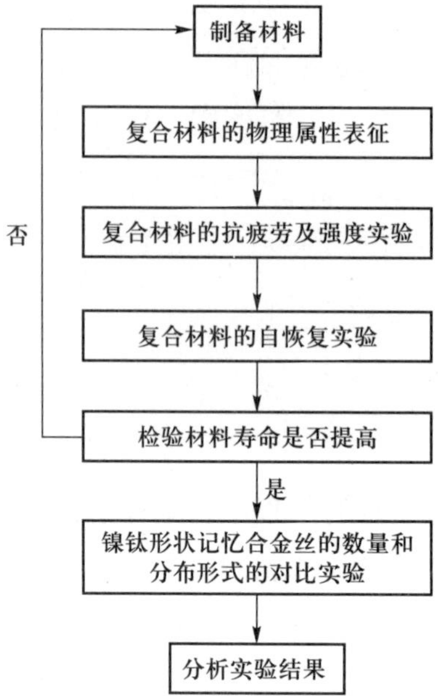

图 2　项目技术路线图
图注：制备具有自修复能力的金属复合材料；通过实验研究表征镍钛金属基自修复复合材料对于延长工程零件疲劳服役寿命的可行性

2. 创新点描述

（1）本项目通过采用具有很大可逆变形（高达 8% 的可恢复应变）、优异耐磨性、突出抗腐蚀能力与热敏感性的镍钛形状记忆合金，用来避免像传统金属材料在实际工程应用中容易发生疲劳破坏而带来灾难性后果的情况。

（2）目前已有的自修复材料，如自修复高分子材料、自修复混凝土材料，存在强度低、自修复次数少、疲劳寿命低的问题。由于镍钛合金具有记忆形状性能，理论上可与传统的金属复合，制备自修复金属基复合材料，因而我们提出了将镍钛形状记忆合金与低熔点合金相结合的构想，以此来达到自修复的目的，从而提高使用寿命及经济效益。

（3）目前，镍钛形状记忆合金被广泛应用于航天航空、医疗、国防等领域，但在工程应用中的研究较为匮乏。本项目通过制备金属基镍钛形状记忆合金自修复复合材料并进行实验，对其自修复能力和疲劳寿命进行表征，为自修复金属基复合材料的实际工程应用提供基础。

3. 学生感言

在科研实验过程中，我们学习使用了 BOSE ELF3510 高频疲劳试验机，Photron

SA5 高速相机，FLIR SC7700M 红外热像仪，并能够熟练操作 MTS 拉伸试验机。在科研工作中，我们强化了文献检索与文献阅读能力，以及统筹安排能力。通过参加实验项目，我们初步了解了项目背景，制定了实验流程，在实验过程中提出问题并思考解决。我们的科研创新能力和实验研究能力得到了一定提高，为以后的创新研究打下了基础。

4. 教师感言

学生们在参与项目的过程中遇到了不少的困难和失败，在解决这些困难问题和面对失败的过程中他们积极与导师讨论、探究，并找寻解决问题的方法，最终实现目标，解决遇到的问题。希望这些宝贵的经验和教训能直接带给他们对科研的体会，培养他们对科研的兴趣，并希望他们在未来的科研生涯中能更勇于去探索自己未知的领域。

无人机激光续航

项目名称：无人机激光续航

项目所属一级学科：电子、通信与自动控制技术

项目成员：陈琪　朱丹迪　张德臣

指导老师：艾勇，教授，光电信息工程

起止时间：2014 年 3 月—2015 年 12 月

推荐学校：武汉大学

1. 项目介绍

项目以光电转换、充电模块和跟踪模块构成整个系统，系统设计如图 1。系统实现了在白天和夜晚，无人机与系统水平距离 45 m 以上，飞行范围为竖直高度 15 m、水平宽度 8 m 的条件下的激光跟踪充电。在整个跟踪充电的过程中，考虑到激光在空间传播中的损失和光电池无法完全接收全部激光光斑，整套系统的光电转换效率约为 15%。其中光电转换、充电模块和跟踪模块三个部分的介绍如下。

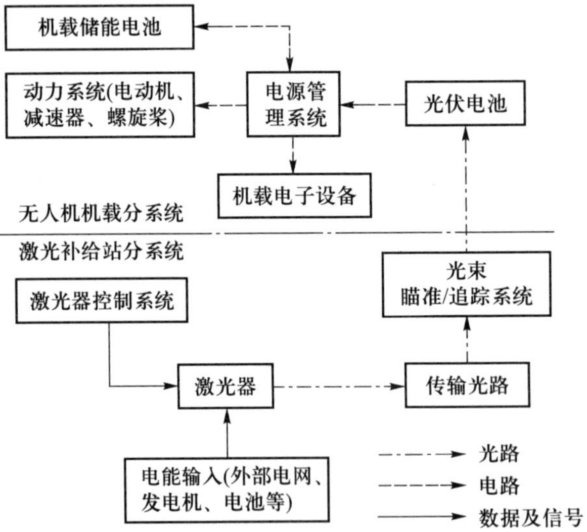

图 1　无人机激光续航系统示意图

光电转换方面：经过比较硅电池、单结型砷化镓电池和三结型砷化镓电池在不同光照条件下的光电转换效率后，我们选取单结型砷化镓电池。因为这种电池在单色激光照射的情况下，光电转换效率最高为 30% 以上。而普通硅电池仅有 10% 左右，三结型砷化镓电池仅有在三种激光同时照射的情况下，才能达到最高的转换效率，

该条件很难达到。单结型砷化镓电池的转换效率已基本满足我们所需要的目标。

充电模块方面：考虑到这一模块的输入和输出的特殊性，即输入端为光电池，其电压电流会因为照射激光覆盖面积的不同而变化，输出端为锂电池，需要特殊的充电方式，我们选用了具有最大功率跟踪算法的芯片 SPV1040 来自动跟踪光电池的最大功率输出点，TP4056 芯片来管理锂电池的恒流恒压充电。充电模块电路设计如图 2（见本文二维码资源），在实验测试的过程中，该部分模块工作稳定，能够正常输出，基本满足设计要求。加上充电模块后，室内实验测试中，整体的光电转换效率为 18%。

跟踪模块方面：这一模块需要硬件和软件结合，硬件部分为扫描振镜、COMS 相机和激光器，软件部分则利用了 Visual Studio 进行 MFC 编程，并设计人机交互界面，简化硬件控制操作。软硬件系统如图 3 所示（见本文二维码资源）。这一部分最终实现中心跟踪精度为 20 mrad①，所测的边缘跟踪精度为 280 mrad 的准确跟踪。在远距离实验时，激光光斑由于发散会展宽，这会降低对跟踪精度的要求，因此在室外远距离跟踪实验时，跟踪效果更好。

2. 创新点描述

本项目针对当前无人机在军事中日益凸显的重要性与其续航能力差之间的矛盾，着力于通过远程激光无线输电技术，对移动中的无人机进行远程供能，以大幅提高无人机的续航能力。项目包含光电转化、远程跟踪、电能即时存储与释放等创新技术。项目以光电转换、充电模块和跟踪模块构成整个系统。实现了在白天和夜晚，无人机与系统水平距离 45 m，飞行范围为竖直高度 15 m、水平宽度 8 m 的条件下的激光跟踪充电。在整个跟踪充电的过程中，考虑到激光在空间传播中的损失和光电池无法完全接收全部激光光斑，整套系统的光电转换效率约为 15%。

3. 学生感言

一年多的科研项目结束了，回想起这段科研经历，真是酸甜苦辣，五味俱全。在艾老师的悉心指导下，我们经历了一次次失败，又一次次成功，获得了不同的感悟与体会，也收获了很多。历经磨难而不忘初心，才能走得更远！

4. 教师感言

说实话，“无人机激光续航”项目对大学生而言难度不小，国内有关研究工作几乎是空白，我最初真的无法确信他们是否能按计划完成项目。任务下来后，他们的课后和节假日时间几乎都泡在实验室，刻苦钻研和顽强拼搏终于在经历多次失败后完成了国内首次无人机激光续航功能飞行演示，我很欣赏这三位同学的拼搏精神和韧劲。

① 1mrad=0.0573°。

海洋数据处理与可视化的设计与实现

项目名称： 海洋数据处理与可视化的设计与实现

项目所属一级学科： 电子、通信与自动控制技术

项目成员： 杨瑞　李汉东　陈溯

指导教师： 陈泽宗，教授，无线电海洋环境监测技术

起止时间： 2015—2016 年

推荐学校： 武汉大学

1. 项目简介

高频地波雷达由于其探测范围广、实时性强、无须与海水接触等众多优点，已成为目前海洋环境监测的重要手段之一，具有更强的抗干扰能力和自我校正能力，得到的回波中，也包含了更加丰富的海洋动力学信息，可以准确探测各种海洋参数，如海面上的风场、浪场、流场等。而在海洋环境检测中，有关海浪的探测又扮演着至关重要的角色。准确探测并在计算机上直观地绘制出浪场的结果，对人们的生产、生活、安全方面都大有帮助。本项目首先研究了变频高频地波雷达海态参数反演的基本理论与方法，并基于 Visual Studio 2013 平台，反演得到变频高频地波雷达的风场、浪场数据，并将这些数据通过二维、三维浪场图形式直观地展现在计算机界面上。作为变频高频地波雷达系统的附属软件之一，软件运用了 MapObjects 和基于 OpenGL 的 OpenSceneGraph 渲染引擎等第三方控件，将海浪参数通过实时显示与历史查询两种方式，以二维浪场图和三维海浪动画两种形式展现在界面上供用户进行查看。图 1 所示为浪场绘制软件的主界面（见本文二维码资源），上方左侧为二维浪场显示模块，右侧为控制模块，下方为三维浪场显示模块。图 2 所示为模拟雨天效果下的三维浪场效果展示（见本文二维码资源）。在完成软件设计后，本项目对该软件在开发过程中遇到的一些问题进行了研究，并根据实际情况提出了相应的解决方案。利用 2015 年 8 月变频高频地波雷达在朱家尖站进行数据采集与对比实验的机会，对本项目开发的浪场绘制软件进行了实际运行测试。结果表明，设计的浪场绘制软件稳定性强、显示实时性较好，达到了预期的设计要求，并取得了两项软件著作权。

2. 创新点描述

本项目的创新点之一，是借助了武汉大学无线电海洋遥感实验室在变频高频地波雷达的研究中居于全国前列的优势，把浪场绘制软件和变频高频地波雷达结合起

来，软件平台与雷达实测数据联动，实现了海洋数据的可视化。

第二个创新点是浪场绘制软件可以同时显示二维与三维的海面情况，并且可以对一场数据下不同的结果点进行查询，可以更加直观地获得浪场数据，对于浪场数据的分析、处理具有重要的意义。

第三个创新点是软件不仅可以将雷达反演得到的浪高、浪周期、风速、风向等浪场、风场参数可视化显示，还通过 Open Scene Graph 渲染引擎中粒子模拟的方式，实现了海上雨雪天气效果的模拟，能够更加形象地展示不同天气下的海面浪场。

3. 学生感言

经过一年半的时间，我们完成了对变频高频雷达数据的简单处理，浪场参数反演，以及了二维、三维浪场的绘制软件的开发。在这一年多的学习过程中，十分感谢陈泽宗教授对我们项目组细致耐心的指导，给予我们非常大的帮助，引导我们不断开阔思路，为我们答疑解惑，鼓励我们大胆创新，使我们在这一段宝贵的时光中，既增长了知识、开阔了视野、锻炼了心态，又培养了良好的实验习惯和勇于创新的科研精神。

4. 教师感言

高等教育要着力围绕服务国家创新发展，培育更多创新型人才。“国创计划”有利于培养学生的创新思维和创新意识，教师通过开展启发式、讨论式、探究式教学，能够激发学生丰富的想象力，促进其打牢知识根基，拓宽学术视野，推动科技创新。在此过程中注重增强学生实践能力，培育工匠精神，践行知行合一，提高学生解决实际问题的能力，助力中国科技的创新发展。

基于安卓、蓝牙、微信的体温连续监测守护系统

项目名称：基于安卓、蓝牙、微信的体温连续监测守护系统

项目所属一级学科：电子、通信与自动控制技术

项目成员：刘美忠　高琛　刘人源　饶楠杰

指导教师：夏珉，副教授，光传输理论研究

起止时间：2016 年 5 月—2017 年 5 月

推荐学校：华中科技大学

1. 项目简介

基于安卓、蓝牙、微信的体温连续监测守护系统项目又名“宝宝守护神”，在院级“大创”阶段专注婴幼儿体温连续监测，并且获得武汉协和医院应用证明，在校级“大创”阶段专注多参数采集及分析，并且获得多项省级、国家级创新创业奖项，国家级“大创”阶段专注将整个系统嵌入婴儿床等医疗监护系统，并且正在申请多项专利。

“宝宝守护神”通过基于蓝牙 4.0 的无线智能软硬件结合的自动化系统减轻了父母为照顾孩子的精神体力负担，尤其是在发烧期宝宝体温监护、睡眠监测、穿衣舒适度、跌倒和走丢提醒等方面。本项目通过将传感器与手机等终端互联，实现在手机上读取连续的动态生理数据，以便家长及时掌控婴幼儿的健康信息，采取恰当措施或配合医护人员的治疗，在婴幼儿紧急情况下发出警告，并以适当的方法安抚婴幼儿。

“宝宝守护神”可以分为三大组成部分：传感器检测系统、微型计算机系统和移动终端系统，如图 1 所示。“宝宝守护神”利用摄像头采集婴儿的图像信息，传输到微型计算机，结合生理和环境参数进行数据挖掘。通过机器视觉和机器学习的方法，计算机自动判断出婴儿的状态，并输出信号驱动电机、遮阳板和扬声器，来实现防踢被及安抚婴儿的功能。婴幼儿的数据上传到 APP 及微信平台，为医生提供数据参考，数据读取界面如图 2 所示（见本文二维码资源）。生理参数获取模块集成了双 TMP007 红外温度计、血氧饱和度、心率传感器及运动传感器，环境参数获取模块集成了湿度传感器、压力传感器、光传感器，并且采用食品级硅胶外壳，保证婴幼儿安全；采用蓝牙 4.0 传输数据，超低功耗使辐射可忽略不计。模块外形从蝴蝶防吞咽设计到小熊个性化定制不断升级。穿戴方式上，通过分体磁吸式固定方法解决了婴幼儿抵触问题，如图 3 所示。

“宝宝守护神”目前的整体外观设计更好地让传感器检测系统、微型计算机系统两大模块嵌入到婴儿床中，如图 4 所示，本设计专利正在申请中。在准确采集生理环境参数的同时，可以通过对数据的分析驱动电机、扬声器等系统安抚婴幼儿和

提醒家长，实现连续监护，为家长分忧。

系统结构

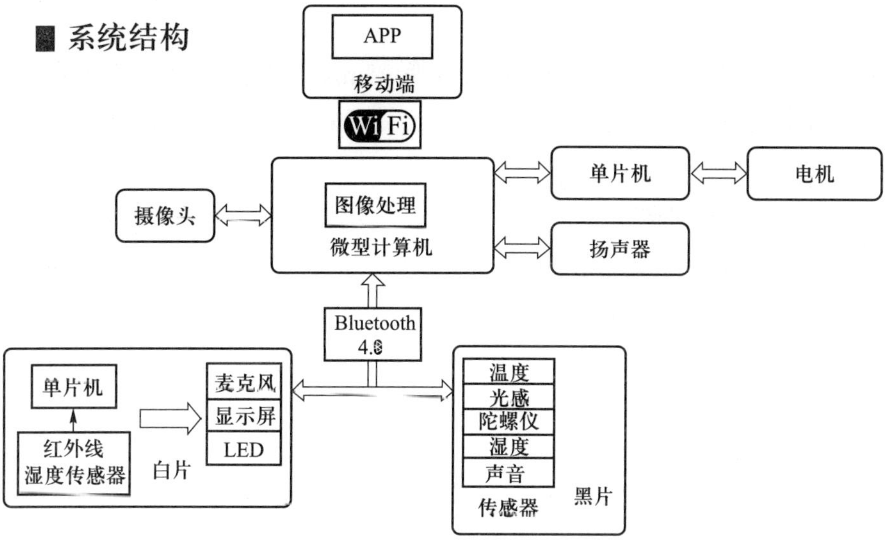

图 1 “宝宝守护神”系统结构示意图

结构与功能

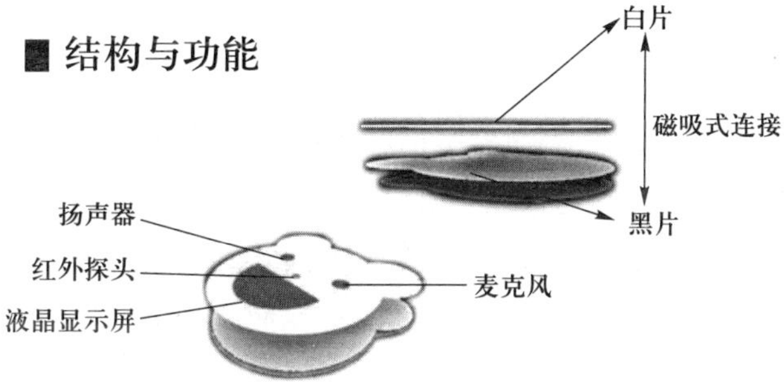

图 3 数据采集端外形设计

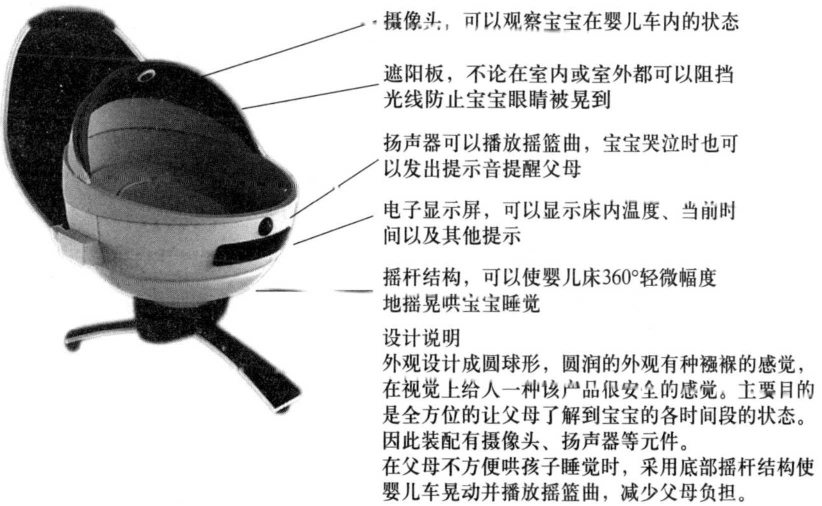

图 4 “宝宝守护神”婴儿床外观

2. 创新点描述

本项目创新点有以下四点：

（1）使用蓝牙4.0通信技术，省电、成本低，3 ms低延迟，测温的精度达到0.05℃，同时数据采集端质量轻（29 g）柔软易佩戴，一颗CR2032纽扣电池可使其连续工作1年之久。

（2）同时采集生理和环境多种数据，结合图像信息进行数据挖掘，协同分析婴幼儿的生理状况及运动姿态，更准确地提醒家长，为之后接入医疗系统和智能家居系统提供入口和数据支持。

（3）数据采集端首次采用分体式结构及采用吸夹的方式固定，采用黑白两片，白片可快速测温，黑片连续生理数据监测，以应对用户不同的需求。

（4）婴儿床整体外观设计为圆球形，无棱角设计避免了床体对婴幼儿的意外伤害；床体内置含有摄像头、遮阳板、扬声器、电机、电子显示屏等器件，便于系统嵌入的同时也提供了异常情况处理装置；摇杆结构可使床体360°轻微幅度地摇晃，同时也可固定，实现婴儿床、婴儿车二合一。

3. 学生感言

大学四年，见证基于安卓、蓝牙、微信的体温连续监测守护系统项目的不断完善，从最开始的校级“大创”专注于婴幼儿体温连续监测，到现在多数据采集系统、数据挖掘的婴儿床，其间倾注了我们项目成员的创新和努力。从小小的穿戴方式的改变到庞大的电路设计和程序编写，这个项目对我们的提升极大，我们相互促进、成长，最终在精神上、物质上、能力上收获极大，很感谢学院、学校对我们项目的支持，十分感谢夏教授在我们迷茫时的悉心指导。

4. 教师感言

我从2013年开始接触、指导光弦团队，4年时间里不仅见证了“宝宝守护神”项目从最初的简单体温连续监控的院级“大创”项目，成长为国家级“大创”项目、创业大赛获奖项目；还见证了光弦团队从最早只有光学设计、电路设计核心成员的小团队，成长为融合了工业设计、商业规划、团队管理的综合型创新团队。对我来说这四年是教学相长、师生共进的四年，通过对团队和项目的指导，让我真正体会到了大学生的创新力量和拼搏精神，将会成为我受用一生的宝贵精神财富！

本项目获奖证书、专利申请证明等见本文二维码资源。

箭载准零刚度隔振器的研究设计

项目名称： 箭载准零刚度隔振器的研究设计

所属学科： 机械工程

项目成员： 郭达　孟顺　魏颖　杨颖

指导老师： 周加喜，副教授，机械 / 结构减振隔振、非线性振动及控制等研究

立项年度： 2015 年

推荐学校： 湖南大学

1. 项目简介

针对传统斜弹簧、斜连杆式准零刚度隔振器仅在大幅振动下方能发挥作用的缺陷，提出了凸轮—辊—弹簧钢板准零刚度隔振器，旨在提高隔振器对微幅振动的敏感性，使之在小幅或微幅振动工况下充分发挥出其优异的低频隔振性能。

2. 创新点描述

用高强度弹簧钢板代替弹簧，占用空间小、结构紧凑；调整机构易于调节。

3. 学生感言

这次科研，使我们了解了很多科技前沿的东西，拓宽了视野；在项目中也遇到过很多困难，让我们知道科研是一个漫长的过程，没有扎实的知识积累和实验经验总结，是不会有大的成果和收获的！这也启迪我们，在科研的道路上要永不言弃，时刻用知识充实大脑，也知道“纸上得来终觉浅，绝知此事要躬行”，勤于动手，勇于实践。

多关节攀爬机器人 RollingClimber 的开发与应用

项目名称： 多关节攀爬机器人 RollingClimber 的开发与应用

项目所属一级学科： 机械工程

项目成员： 葛宪东　黄炯生　肖俊杰　陈彦霖　周安泰　王家燊

指导教师： 李琳，教授，机器人技术及理论

起止时间： 2015—2016 年

推荐学校： 华南理工大学

1. 项目简介

本项目的研究目的为开发一款攀爬机器人 RollingClimber，该攀爬机器人采用多关节结构，运动灵活，控制方便，搭载多种传感器后可实现对复杂环境的探索。

经过一年的项目研究，我们团队 6 人在老师的指导下共同努力，制作出两代 RollingClimber 样机，两代样机分别如图 1 和图 2 所示（见本文二维码资源）。

因为一代样机制作出来后在调试过程中存在运动不平稳、电池发热严重等问题，所以在一代样机的基础上设计了二代样机。二代样机选择外置电池的方式进行设计，机械手部分采用了双夹持爪的设计，整机相比于一代样机具有质量更轻，夹持更牢固，运动更平稳等优点。

在项目进行过程中，我们进行团队讨论时有许多创新点产生，我们将其整理成专利，共申请了 3 项发明专利和 3 项实用新型专利，如图 3 所示，其中 1 个发明专利和 3 个实用新型专利均已授权，另外 2 个发明专利仍在受理。

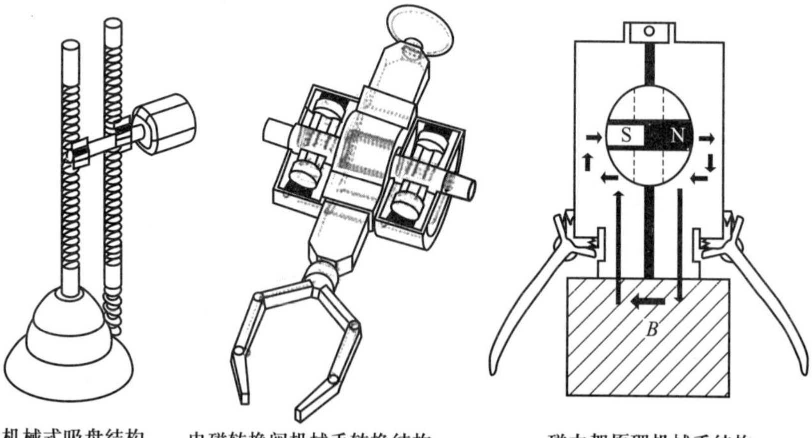

机械式吸盘结构　　电磁转换阀机械手转换结构　　磁力架原理机械手结构

图 3　相关专利

在图 3 中，第一个专利为机械式吸盘结构，能够通过电机的正反转来实现吸盘的吸附与松开功能；第二个专利为电磁换向阀机械手，这个装置通过改变内部的电流，从而改变电磁铁的极性，以此来实现吸盘和机械爪这两个部件间的更换，吸盘用于攀爬墙壁而机械爪用于攀爬杆件，并且通过电流的改变来实现转换的功能，从而可以较好地实现机器人攀爬过程中杆件和墙壁间的过渡；第三个专利为一种应用磁力架原理的机械手，主要应用于吸附带有磁性的金属件，可以用于抓取目标物，也可以用于攀爬过程中的吸附。

项目在结题时并不是完美的，也存在一些不足。受时间关系等因素的影响，我们的许多专利都只是停留在理论层面，没有制作出具体的实物，没有从实物层面去验证其功能。

2. 创新点描述

RollingClimber 相比于常见的爬壁机器人，有以下几点创新之处：

（1）RollingClimber 组成多为标准件，互换性高，维修简便；根据工况需要，RollingClimber 还可以在横臂等位置安装相关的传感器，完成数据采集等工作。

（2）RollingClimber 整机采用多关节结构，较一般多臂攀爬机器人，其结构精简，控制方便，运动灵活，越障能力强。

（3）RollingClimber 攀爬机构创新性地采用机械手、吸盘转换设计，可实现墙面攀爬、杆件攀爬之间的转换。

（4）设计出几种具有不同功能的机械手，其中包括机械式的吸盘机械手，应用磁力架原理的机械手及吸盘与传统夹持器相结合的转换机械手，针对不同的工作环境或者操作对象，可以通过使用不同的机械手来实现不同的功能。

3. 学生感言

“国创计划”项目进行的一年中，我们团队 6 个人在老师的指导下相互学习，共同努力，为了一个共同的目标而不懈奋斗。经过项目的磨练，我们不仅收获到了知识，还收获了友谊，在生活、学习和工作上，我们成了非常要好的朋友。不仅如此，我们在项目的进行中也成长了许多，学习到了许多新的知识，例如如何写好一个专利，如何进行电机控制，如何搭建起整个机器人等，这些对于我们而言都是非常宝贵的财富。在这一年里，非常感谢李琳老师给予我们的指导和帮助。这段美好的回忆将永远珍藏在我们心中。

4. 教师感言

项目成员由 12 级和 13 级两个年级的学生共同组成，项目初期，高年级成员负责对项目执行的规划及对低年级成员技术的培训，低年级成员协助完成项目任务；项目后期，低年级成员更多地参与到动手实践中来，高年级成员负责对执行结果进行完善。团队分工合理明确，通过该项目，项目成员在机构设计、机械加工、运动仿真和控制编程等多个方面得到了较为全面的培养，特别是对于专利申请工作，得到了充分的锻炼并取得了不错的成果。希望他们在将来的学习或者工作中保持这种热情，不断地去超越自我，不断进步，相信他们的明天会更加辉煌。

高压静电纺柔性锂离子电池负极复合材料

项目名称：高压静电纺柔性锂离子电池负极复合材料

项目所属一级学科：能源科学技术

项目成员：潘保有　邱志强　黄诗敏　王芷咏　朱璟琦

指导老师：袁伟，教授，节能与新能源先进制造

起止时间：2017—2018 年

推荐学校：华南理工大学

1. 项目简介

目前，碳材料在锂离子电池中的应用已经成熟，且锂离子电池因其相对于传统二次电池的优良性能而使其用途日渐增多，广泛应用于便携式消费电子产品、电动自行车、混合电动汽车等领域。但是，现在使用的电池当中存在着亟须解决的问题，那就是体积过大及能量密度低，故而提高锂离子电池负极材料能量密度、比容量、循环寿命和安全性能等显得尤为重要。与此同时，新型曲面电子产品的出现，使得刚性封装、不可弯折的传统电池需要向柔性方向发展。柔性器件有以下特点：轻薄灵活，可弯折，而且便于携带。由此，不难看出提高电池的比容量和柔性制造已成为锂离子电池产品的未来发展趋势。

为提高电池比容量等性能，我们选用高理论比容量的多孔硅（4200 mA · h/g）代替传统石墨活性材料，选用钛酸锂（$Li_4Ti_5O_{12}$）以提升循环性能，同时为提高导电性，选用碳代替硅作为导电骨架。而所谓柔性电极，就是将活性物质与集流体直接复合的一体化电极，无须添加传统电极制造所需的黏结剂和导电剂等非活性成分，能够有效地缩小电极的体积，缓解活性物质脱离问题。其制备方法包括负载法、复合法和静电纺丝法三种。其中，静电纺丝技术拥有制备出的材料尺寸和直径微小，比表面积较大，纤维分布均匀且纤维间能够形成很好的空隙结构等优点。由此，最后选择了应用静电纺丝法制备 Si / LTO / C 复合材料以用作锂离子电池柔性负极材料。研究内容分为四部分，分别是利用高压静电纺丝制备材料，热处理，电池测试及材料表征分析。

目前实验已经完成了静电纺丝平台的搭建。同时，开展实验的第二步，聚丙烯腈的静电纺丝。静电纺丝平台和静电纺丝的碳纤维 SEM 图见本文二维码资源。

2. 创新点描述

静电纺丝制备的柔性电极具有高柔性弯曲的特点。

多孔硅、碳、钛酸锂三种材料的优点各异，制备成复合材料可以发挥协同作用，能够提高锂离子电池的负极性能，如首次充放电效率、能量密度等。

运用静电纺丝法能够实现活性物质与集流体的一体化，可以省略烦琐的涂浆工艺。

目前多孔硅的静电纺丝在国内外鲜少有研究，与普通的硅颗粒相比，多孔硅结构更有利于缓冲体积膨胀，有利于电解液充分润湿和提高电位，从而提高能量储存效率，同时还可缩短离子的扩散距离并促进电子的传导。

3. 学生感言

参加该项目以来，我获益匪浅，不仅是对理论知识得到了更多更加深入的了解，文献检索能力得到了提高，实验动手能力也得到了巨大的提升，同时自身的表达和沟通能力也由此踏上了一个台阶。

项目开始之后，我们成员都一刻不敢怠慢地投身于项目之中，积极查阅文献，设计并进行实验，按照既定计划一步一个脚印地向前迈进。然而实验过程并非一帆风顺，瓶颈时常遇到，这时候，在旁的师兄师姐都会施以援手，对我们加以提点。而且，由于实验时的交流和沟通，也使得我的表达能力和思考能力得到了很好的锻炼。因为共同做实验，成员之间也形成了良好的伙伴关系，相处气氛融洽，在这样的氛围中，每个人都愉快地完成着各自的任务，都在不断努力着。目前项目仍在进行当中，前方还有很多未知的困难，但是相信在我们每位成员的共同努力之下，最后一定能够取得好的成果。

4. 教师感言

该高压静电纺柔性锂离子电池负极复合材料项目的可行性高，目前静电纺丝在国际科研中的占比日趋增高，相关论文数量快速增长。项目如能按预期完成，并且取得成功，相信能发表一篇 SCI 论文。小组成员认真负责，积极购买材料，参与静电纺丝实验平台的搭建。同时，完成了聚丙烯腈的静电纺丝与其材料表征，值得鼓励。望后期干劲十足，争取完美完成该项目。

基于 2FSK 调制的无线携能通信演示系统

项目名称： 基于 2FSK 调制的无线携能通信演示系统

项目所属一级学科： 电子、通信与自动控制技术

项目成员： 龙啸　潘旭　陈璐　苗园莉　丘雅璇

指导教师： 李智，副教授

起止时间： 2015—2016 年

推荐学校： 四川大学

1. 项目简介

目前，无线信息传输已广泛应用于各个领域，日常生活中无线网络随处可见；无线能量传输也有了一定成果，并有企业将其利用在手机无线充电技术等实际领域。然而无线电作为稀缺的国家战略资源，现阶段可开发、利用的频谱范围很有限，此时无线携能通信的概念被提出，旨在实现信息与能量的并行无线传输，“一频两用”，力求将宝贵的能源、无线电频谱及其他各类物质资源最大化利用，同时摆脱传统能量和信息传输的电缆限制，实现电子设备间的真正无线化。

本项目在查询大量资料、文献之后，自主设计了基于磁耦合谐振、以 FSK 频移键控调制方式进行通信的无线携能通信系统，实现了传输距离 40 cm 下，速率 4800 bit/s 的稳定传输，同时功率传输效率达到 46.7%。此外，在单独进行无线能量传输时，可在 170 cm 的距离下点亮单个 LED 灯。系统的环保性、便携性、安全可行性等均符合当下科学发展观和人们对高品质生活的追求，具有广阔的应用推广前景。

作为一套无线携能通信系统，最主要的就是信息和能量并行传输的功能，除此之外，根据物联网的发展趋势和用户对便捷操作的需求，系统加入了移动设备及远程控制功能。图 1 概括了系统的主要构架。

整个项目由硬件电路与软件程序构成。硬件电路如图 2 所示（见本文二维码资源），主要由 MCU 控制电路、DDS 信号发生器、信号调制解调电路、全桥驱动电路、光耦信息提取电路、全桥整流滤波电路及谐振线圈构成。软件程序主要包括单片机设备的控制程序、计算机端和手机端控制平台构成，如图 3（见本文二维码资源）。

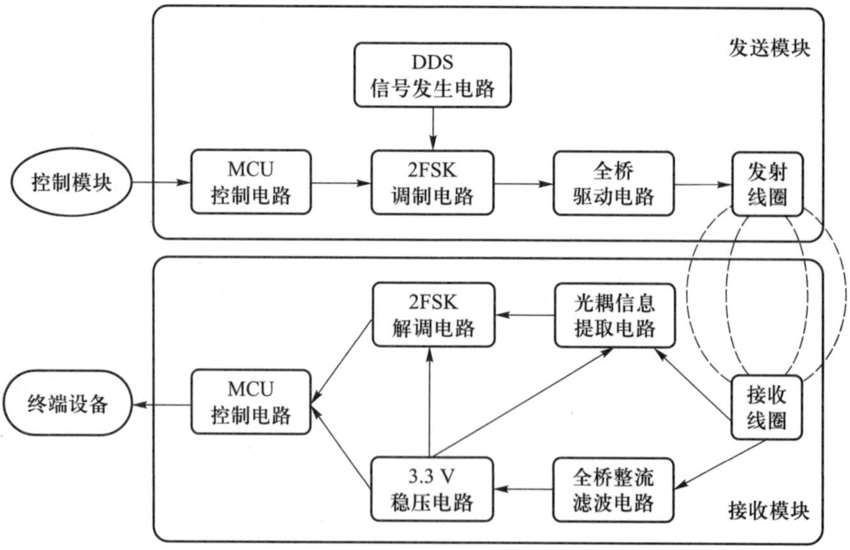

图 1　系统构架图

2. 创新点描述

这套系统从原理基础、技术选择到实际设计，都具有完善的理论依据和分析指导，并且对一些具体参数进行了可行性、稳定性的验证，保障了系统性能的完整性与稳定性。总体而言，系统具有以下创新点和优势：

（1）资源复合利用　通过无线携能通信技术，同一无线电波既是能量的载体，亦作为信息的载体，将元器件、无线电频、电能、材料等资源复合利用，“一频两用”，“一设备多用”，对于资源整合、充分开发具有深远意义。

（2）通用　介于系统采用无线携能通信技术实现无线能量传输和无线信息传输的有效结合，开发时间较长、系统组成复杂、不便于非相关专业者全面学习和掌握，系统对外留出能实现透明传输的数据输入与输出接口，使用者无须掌握复杂的内部电路和设计细节，便可利用该系统进行相关工程的开发，降低对使用者相关知识的要求，使平台的大规模推广成为可能。

（3）信息安全　对于此套无线携能通信系统，系统原理决定了它在安全性方面有着明显的优势：接收端只能在有限范围内接收发射端特定频率的电磁波。开发者可以为发送端和接收端设计唯一的机器码，在传输消息时通过该码进行验证，同时由于传输距离有限，也能有效防止远程攻击，保障系统的安全性。

3. 学生感言

在整个研究过程中，我们将之前仅仅只是在书本上学到的电路知识运用于实践之中，通过整个项目，在电路硬件方面，我们掌握了熟练使用电烙铁焊接直插和贴片电路的技能，使用了 AD 中的许多之前没有使用过的功能，对 MOS 管的开关特性有了更加直观和深入的认识；在通信协议方面，我们对不同的调制解调方式有了更新的认识，通过实践我们实现了之前学到的 ASK、FSK 调制解调如何在实际使用中实现；在软件方面，我们打通了从电脑到手机再到单片机及 FPGA 之间彼此通信的桥梁，在 FPGA 的编程中，我们对时间约束及竞争与冒险有了合适的应对手段。小组成员也在这次项目中加深了了解，懂得了如何在一个团队中积极扮演好自己承担的角色。

4. 教师感言

领袖型的工程创新人才（工程领袖）要具有深厚的本学科工程技术背景和创新精神，而且还需要具备国际化的工程视野，以及把握全局、协同创新、团结协作和解决复杂工程问题的能力。通过“国创计划”，教师按照工程领袖型人才培养模式培养学生，以重大项目的规划和实施作为学生的奋斗目标，帮助其真正成长为领军人才。

基于多物理场优化的功率半导体模块封装集成

项目名称：基于多物理场优化的功率半导体模块封装集成

项目所属一级学科：电气工程

项目成员：陈昊　汪小莞

指导教师：曾正，讲师，新型电力电子器件封装、新能源发电冉立，教授，电力电子器件及其可靠性

起止时间： 2016—2017 年

推荐学校：重庆大学

1. 项目简介

SiC 功率模块具有优异的电、热性能，是下一代电气装备的基础，如图 1 所示（见本文二维码资源），在新能源发电、电动汽车等领域，具有重要应用价值。然而，现有 SiC 功率模块仍沿用传统封装，严重制约了其优异性能的发挥，亟待技术创新。本项目针对 SiC 功率模块的封装集成与系统应用展开研究，主要创新工作如下：

（1）SiC 功率模块的多物理场建模与优化设计　针对 SiC 功率模块的封装设计，建立了功率模块的电—热—力多物理场耦合模型，利用有限元分析方法，揭示了模块内的应力、温度和电势分布规律，如图 2 所示（见本文二维码资源），提出了舒缓应力、提高可靠性的优化设计方案。

（2）SiC 功率模块的定制化封装与系统集成　针对 SiC 功率模块的封装集成，自主设计、封装、制作了 50 A/1.2 kV 的 SiC 功率模块，以及 10 kW 的车用 SiC 逆变器，较目前的主流产品，功率密度提升 2 倍以上。

2. 创新点描述

（1）多物理场耦合仿真分析功率模块并提出优化方案　由于功率模块内部电场、热场和应力场之间耦合关系复杂，如图 3 所示，分析单一物理场已无法准确描述描述功率模块的状态。基于有限元仿真技术的多物理场耦合分析法，针对单个物理场建模，通过特定的参数将不同的物理场耦合，精确、高效地模拟与分析功率模块在不同运行条件下的状态。

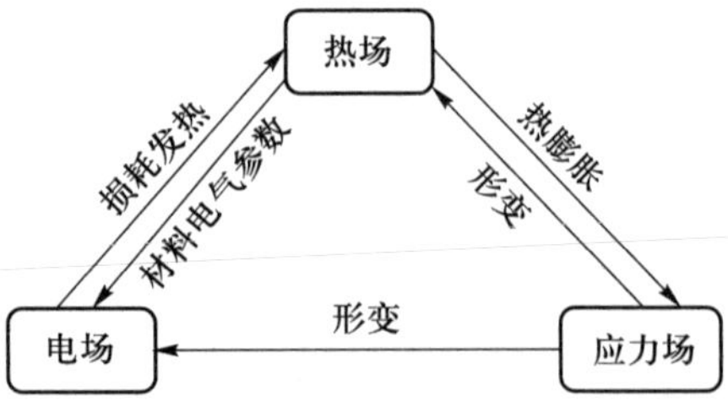

图 3　功率模块内电—热—力场耦合关系

本项目组通过建立功率模块多物理场耦合仿真模型，准确高效地模拟功率模块在运行过程中的状态，通过分析，针对应力分布集中和散热困难的问题，分别提出解决方案，如图 4 和图 5 所示，仿真验证方案的有效性，通过价格成本分析验证方案的可行性。与此同时，针对模块功率密度，提出元胞结构式功率模块 3D 封装结构，如图 6 所示，通过多物理场耦合分析，验证设计方案的可行性。

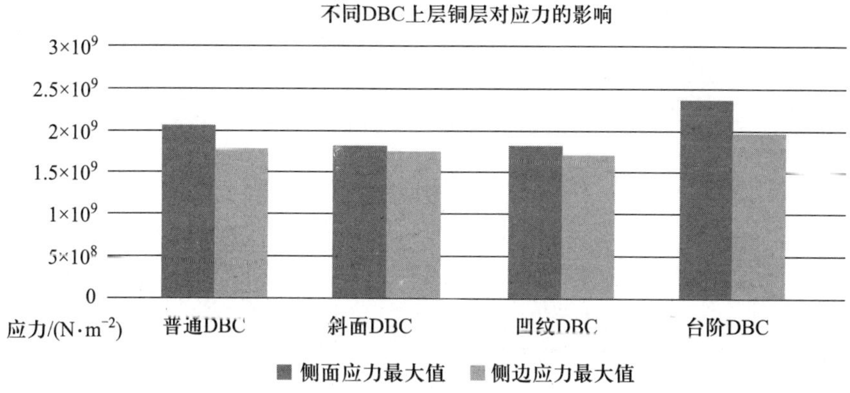

图 4　不同 DBC 上层铜层结构对应力的影响

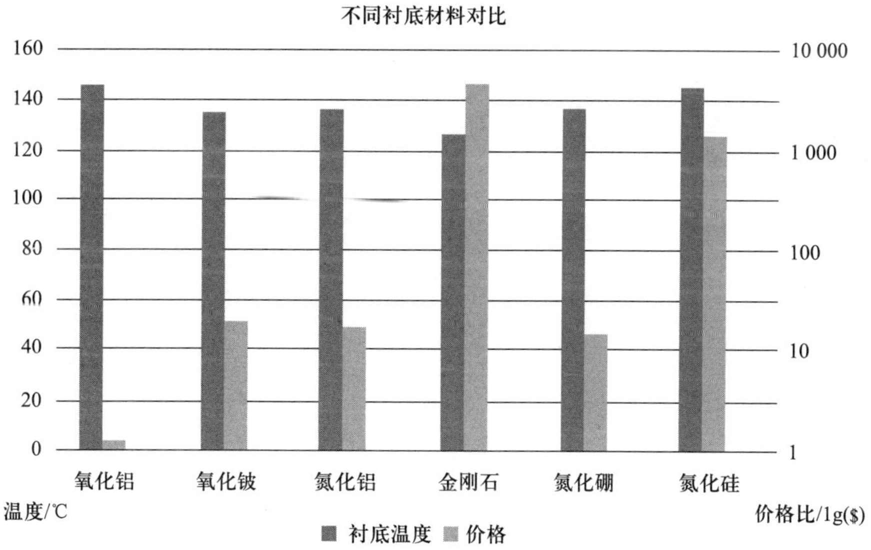

图 5　不同衬底材料对比

（2）基于栅极驱动回路调控的碳化硅驱动设计　由于碳化硅材料开关损耗低，相比于传统硅器件，碳化硅器件的开关频率更高。由于电路中寄生参数的影响，开关速度的提高往往带来过冲及振荡的问题，如图 7 所示，开关损耗增大。本项目组针对碳化硅高速开关的需求，通过电路仿真和实验验证两方面，设计制作低过冲、低振荡、高速开关的碳化硅驱动。

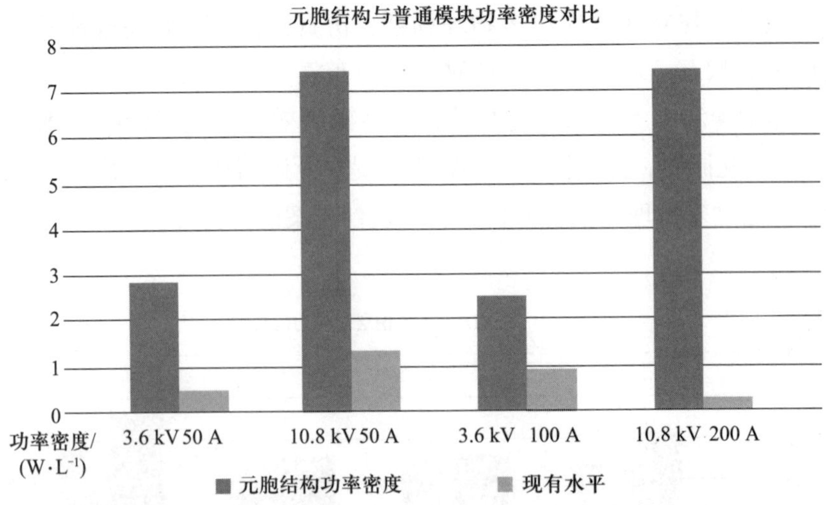

图 6　元胞结构与普通模块功率模块对比

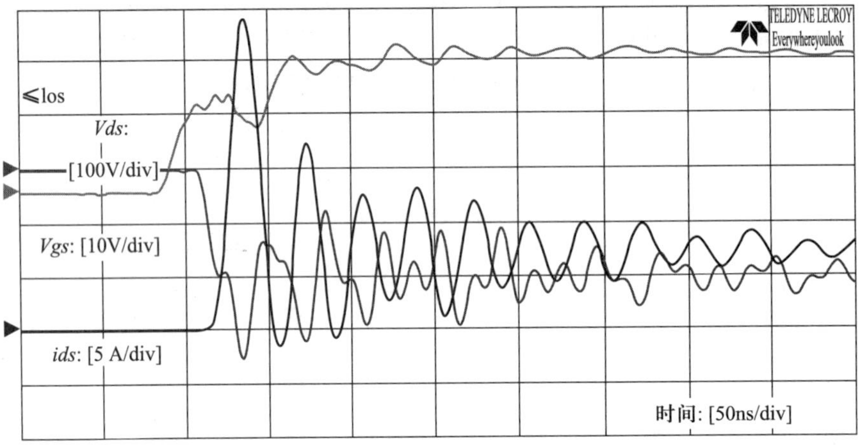

图 7　开关振荡

（3）自主设计、封装、制作 10 kW 碳化硅功率模块　目前国内关于碳化硅功率模块的封装技术知之甚少，本项目组借鉴国际先进技术经验，自主设计功率模块结构，从碳化硅裸片开始，自主封装 10 kW 碳化硅功率模块，如图 8 所示（见本文二维码资源），通过搭建实验平台测试，模块性能良好。

在模块设计过程中，通过多物理场仿真分析，如图 9 所示（见本文二维码资源），为设计制作提供理论基础。在模块制作过程中，学习并掌握高温回流焊接技术，超声波引线键合技术及真空脱泡灌封技术，最大程度上与国际先进封装技术水平保持一致。

3. 学生感言

第一次接触“国创计划”项目时，我和组员们感觉研究方向和内容非常新颖，听过曾正老师的热情的介绍和分析后，了解到目前我国对于碳化硅功率模块的封装技术知之甚少，国外对我国的技术封锁日益加强，碳化硅功率模块封装技术的研究迫在眉睫，组员们的爱国热情和科研热情同时被激发。在老师的指导下，我们一起攻克诸多难点问题，成功自主设计封装 10 kV SiC 三相逆变器模块。

4. 教师感言

该项目研究方向与该领域世界最新技术一致，研究方法新颖，研究成果突出。在项目进行的过程中，遇到了诸多困难，但最终凭借学生和指导老师的共同努力，突破技术难点，掌握相关的技术要领，精确仿真模拟 SiC 功率模块的运行状态，自主设计、封装并制作了 10 kV SiC 三相逆变器模块，测试性能稳定，设计成功。

指导教师简介、支撑项目、研究平台等信息详见二维码资源。

基于钙钛矿结构的光电材料及器件研究

项目名称： 基于钙钛矿结构的光电材料及器件研究

项目所属一级学科： 电子、通信与自动控制技术

项目成员： 刘东觉　刘娟　游顺强

指导教师： 唐孝生，研究员，光电材料及器件；
应苑松，工程师，光电检测技术

起止时间： 2015—2016 年

推荐学校： 重庆大学

1. 项目简介

（1）全无机钙钛矿光电材料的研究

过去的研究发现，全无机钙钛矿材料 $CsPbX_3$（X=Cl, Br, or I）相比于有机—无机杂化钙钛矿材料 $APbX_3$（ A=MA 或 FA, X=Cl, Br, I）具有更好的热 / 空气 / 水分稳定性 [1–3]。在本研究中，通过溶液制备法调控 Cl/Br 和 Br/I 在材料中的比例，成功地实现了全无机钙钛矿材料带隙在蓝光到绿光及绿光到红光可调。然而，在本研究中也发现除了 $CsPbBr_3$ 材料具有很好的稳定性外，其余的钙钛矿材料都会在大气环境中短时间内分解。通过掺入 ZnS 与 $CsPbX_3$ 形成异质结（核壳）结构的方法可以减少 $CsPbX_3$ 量子点中 N 型和 P 型掺杂形成 Ⅰ 型和 Ⅱ 型异质结，从而从根本上改善该光电材料的稳定性问题。

（2）全无机钙钛矿光电器件的研究

① $CsPbBr_3$ 钙钛矿在光电探测器中的应用　杂化钙钛矿材料作为一种新型全能的功能材料被广泛应用在太阳能电池、发光二极管、微激光器及光电探测器等光电器件中。然而，由于有机—无机杂化钙钛矿中甲胺离子（MA）和甲脒（FA）存在不稳定性 [1,2,4]，因此该离子应当被其他离子如 Cs^+ 取代。在本研究中，主要通过二步法制备稳定的 $CsPbBr_3$ 钙钛矿薄膜，并将该钙钛矿薄膜应用在光电器件和光电探测器件中。

② $CsPbBr_3$ 钙钛矿在阻变存储器件中的应用　钙钛矿材料被广泛应用在各类光电器件中。然而，对于 $CsPbX_3$ 材料在柔性阻变存储器件中的研究还相对较少，其主要限制是现有的研究中没有在低温下制备全无机钙钛矿材料 $CsPbX_3$ 薄膜的工艺。在本研究中，通过两步旋涂法，在 75 ℃条件下成功制备了全无机钙钛矿 $CsPbBr_3$ 薄膜。该二步法制备得到的高结晶钙钛矿薄膜被当作阻变存储层应用在了 $Al/CsPbBr_3/$

PEDOT：PSS/ITO/PET 结构柔性非易失阻变存储器件中。与此同时，通过数据拟合和 $CsPbBr_3$ 薄膜形成的导电细丝模型很好地解释了阻变存储效应产生机理。

实验数据及参考文献见本文二维码资源。

2. 创新点描述

对新型功能型全无机钙钛矿材料及其器件进行了较为系统的研究。在材料方面，首先通过溶液法掺杂的手段对全无机钙钛矿 $CsPbX_3$ 的带隙进行了有效的调控。发现了 Cl/Br 掺杂和 Br/I 掺杂的全无机钙钛矿材料的不稳定性，通过掺入 ZnS 与 $CsPbX_3$ 形成异质结（核壳）结构有效提高了材料的稳定性。在器件方面，通过两步旋涂法制备得到了高结晶度的 $CsPbBr_3$ 薄膜，并用该薄膜制备了稳定的光电响应器件。另一方面，全无机钙钛矿光电材料 $CsPbX_3$（X = Cl, Br, I）被广泛应用于各种光电器件包括太阳能电池、发光二极管、微激光器及光电探测器。然而，对于 $CsPbX_3$ 材料在柔性阻变存储器件中的研究还相对较少，因此在本研究将 $CsPbBr_3$ 钙钛矿薄膜应用在了 Al/$CsPbBr_3$/PEDOT：PSS/ITO/PET 结构柔性非易失阻变存储器件中，并通过数据拟合和 $CsPbBr_3$ 薄膜形成的导电细丝模型很好地解释了阻变存储效应产生机制。

3. 学生感言

感谢重庆大学为我提供了一个良好的平台，在这个平台上我第一次感受到了科学研究的魅力。当然，在项目过程中我学习到了很多，也成长了很多。“国创计划”项目对自己来说是一种磨砺也是一种挑战。我希望以后有更多的同学在这个平台上得到锻炼，也希望“国创计划”能够办得越来越好。

4. 教师感言

培养学生能力，指导学生工作是老师的责任和义务。在指导学生参加“国创计划”项目的三年中，学生的独立思考问题能力、实验操作能力和论文阅读与撰写能力都有了很大提高。“国创计划”提供了老师和学生进一步相互交流的平台，对于教学工作的开展有很大促进作用。希望“国创计划”未来越办越好。

简易搜救无人机

项目名称：简易搜救无人机

项目所属一级学科：机械工程

项目成员：孟凡博　施磊　王彬

指导教师：刘泓滨，教授，数字化设计与制造、产品设计

起止时间：2013—2015 年

推荐学校：昆明理工大学

1. 项目简介

市面上的无人机载机的机臂多为固定式，仅有少数采用折叠式以减少存放空间，但是折叠机构存在零件过多、飞行时震动过大、增加自重减少载重等缺点。针对这些问题，设计了一种新的机臂折叠机构，进而设计出六轴折叠机架。折叠机架主体结构如图 1 所示。专利证书见本文二维码资源。

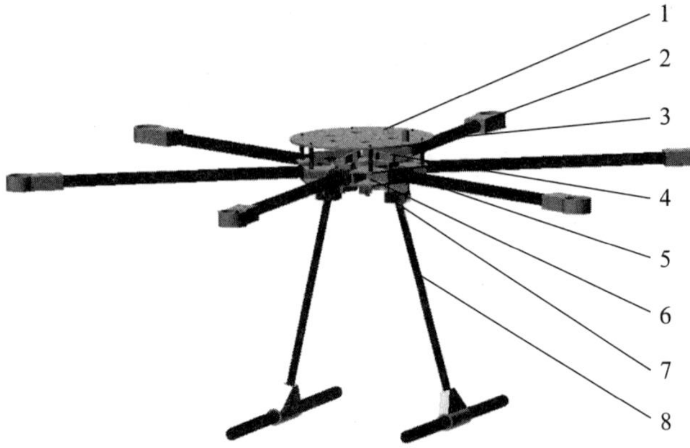

图 1　折叠机架主体结构

1—上板；2—电机座；3—机臂；4—固定板；5—机臂夹；6—中板；7—蜗杆；8—收放脚架

本设计的可折叠多旋翼载机主要包括折叠机架、飞行控制器、陀螺仪、GPS 定位装置、高清运动摄像机、数据传输装置、图像音频传输装置、气压温度模块等；而地面站则由无线电遥控装置、数据传输和图像音频传输接收模块、增高天线、平板天线、监视器、场外电脑等。

本设计解决的关键问题有：① 以最少零件完成载机机臂折叠动作的技术；② 在保证强度的条件下，采用 ABS 轻质材料以减小载机的自重；③ 上板开有多个安装孔，适用多种不同传感器安装；④ 零件多采用对称式设计，减少备件量；

⑤ 采用三叶全向天线，提高图像传输稳定性；⑥ 安装缓冲气囊机构，降低失控损失。

技术指标：① 机臂可伞式折叠；② 脚架可折叠；③ 轴距 650 mm；④ 适合 2208 ～ 2800、350 ～ 1200 kV 无刷电机；⑤ 适用锂聚合物电池，放电 >25C，电压 >11.8V；⑥ 自重 2.5 kg；⑦ 最大拉力 67.8N；⑧ 最高飞行高度≥ 500 m；⑨ 续航半径≥ 2 km；⑩最长续航时间≥ 16min。

适用范围：可根据任务需求安装不同传感器来执行户外体育赛事直播，勘察地形、农业杀虫、高压线巡线、搜救等多项任务，其中最为常见的是航拍。

2. 创新点描述

项目具有以下结构特点：

（1）电机座采用半包围结构，保护电机；

（2）机臂、脚架采用碳纤杆，使整机更加轻便；

（3）可折叠的机臂、脚架设计，使机架有更好的便携性和存放性；

（4）零件多为对称，减少制造零件成本；

（5）地面工作站只需要一台普通计算机就可以完成任务；

（6）视频传输模块天线采用三叶全向天线，提高图像稳定性。

主要创新点：

（1）脚架采用可收放式，能提供更广的传感器探测视角；

（2）装有自动缓冲气囊，减小损失；

（3）装有高精度 M8N GPS，搜星数多，定位精准。

3. 学生感言

通过参加这次“国创计划”项目，我获益颇多。一路走来，我了解了之前离我们很遥远的科研工作，从中学到了严谨的科研态度、坚忍不拔的钻研精神，敢于创新的实践勇气。历经了近两年时间的查阅资料、模型构建和刻苦钻研，我学到了很多我所感兴趣的、对我学习生活很有用的东西。这是一次让我得到锻炼、得到成长的经历，作为当代大学生，我们不仅要努力学习，更要懂得去思考问题，解决问题。

4. 教师感言

“国创计划”，创新创业优秀人才成长的摇篮，每一个项目犹如一个生命，在“国创计划”的孕育中，健硕诞生；每一个项目犹如一粒种子，在“国创计划”的培育中，茁壮成长；每一个项目犹如一颗新星，在“国创计划”的锤炼中，耀眼发光。深信经过“国创计划”历练的同学，定会为国家和社会的进步发展作出卓越贡献。

新型铝蜂窝夹层板成型机设计

项目名称：新型铝蜂窝夹层板成型机设计

项目所属一级学科：机械工程

项目成员：杨丛为　张弯弓　张号　龙艺航

指导教师：刘泓滨，教授，数字化设计与制造、产品设计

起止时间：2012—2014 年

推荐学校：昆明理工大学

1. 项目简介

铝蜂窝夹层板的加工技术是铝蜂窝生产的核心，夹层板的成型又是板芯生产中的关键，成型设备性能的优劣对成品蜂窝的质量与生产效率有着很大的影响。目前采用的齿轮式辊轧成型法存在诸多局限，其成型缺陷有：单驱动齿辊轧成型主要存在斜面一侧角度偏大，导致两齿侧长度不一致。用双驱动辊轧成型虽能较好解决单驱动辊轧成型时存在的一侧斜面角度偏大现象，但成型板的转角处因拉伸力过大而变薄。辊轧成型中半蜂窝铝箔板不均匀问题是设计中需要解决的关键问题。

项目设计了一种新型铝蜂窝夹层板成型机，该机器采用双驱动辊轧成型法作为成型的基本方法，主要由以下四个部分构成：第一部分为动力部分，其主要采用电机驱动各个机构工作；第二部分为工作部分，也是该机器的主要部分，每个单元独立完成一项工作，分别用于铝箔的输送、铝箔的剪裁、铝箔的辊轧成型、辊距的调整，四个工作单元组合起来可以完成铝箔成型要求；第三部分是控制部分，控制部分为嵌入式控制系统，它通过对各个电磁阀的控制来协调整个系统的工作；第四部分是检测部分，对成型齿轮所在的两轴，投影到水平面、竖直面上的间距进行检测并反馈至单片机，控制系统根据检测值进行辊距调整，协调各部分的工作。整机设计效果图如图 1 所示。

轴承座微调机构如图 2 所示。

2. 创新点描述

辊轧机构对铝箔进行连续辊轧，微调机构能够对辊轴的位置进行自动调节，调整量可以达到微米级。该机械生产灵活，辊轧成型过程中材料补偿性能好，成型出的半蜂窝芯尺寸精确，外形规则整齐。

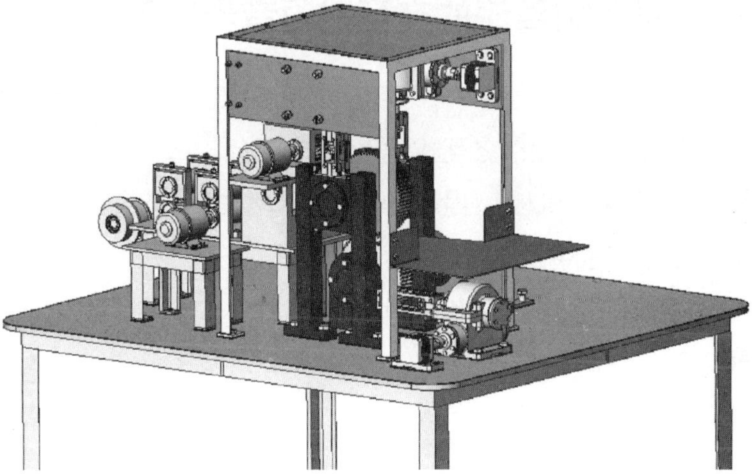

图 1　新型铝蜂窝夹层板成型机设计效果图

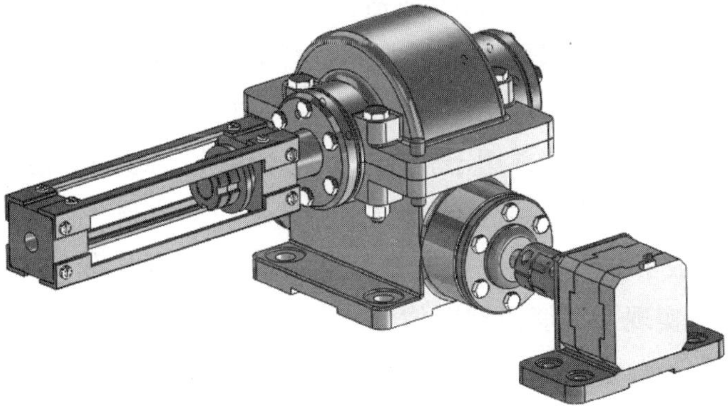

图 2　轴承座微调机构

3. 学生感言

我觉得，创新方面首先要明确一个方向和目标，方向和目标是贯穿整个项目的核心，只有明确方向，围绕这个方向努力下去，才可能有结果。创新点可以从很多方面着手，不一定要很高深很前沿的东西，只要不是照搬别人的东西，在自己力所能及的范围内就好。有时候，思维可能会出现“停滞不前”的现象，这时候不要着急也不要想着放弃，试着换一个角度思考，发散思维多方位思考，做出大胆猜想，这时候你也许会有一种“柳暗花明又一村”的感觉。

4. 教师感言

“国创计划”带给学生的不仅仅是一个简简单单的创新或创业项目，它赋予学生更多的是思考，是方法，是面对困难的决心和勇气，是挑战自我极限的坚强毅力，有了这些综合素质的提升，学生未来的发展之路会走得更远、更宽、更坚实。

基于树莓派的交互式语音步态平台

项目名称： 基于树莓派的交互式语音步态平台

项目所属一级学科： 机械工程、计算机科学技术

项目成员： 邹旭　孙瑞亮　冯飞　任炳轩

指导教师： 王掩刚，教授，叶轮机气动热力学

起止时间： 2015—2016 年

推荐学校： 西北工业大学

1. 项目简介

本作品对 ROS 机器人系统的深度改造，开发出一套能够对视觉、语音、磁场、加速度等传感器信息进行收集并处理的机器人控制软硬件一体化平台系统。利用微型计算机树莓派和单片机构造出结构轻巧的上下位机体系。机械结构采用动物四足外形，稳定性好，灵活度高，并用于验证基于 ZMP 理论的步态算法。

基于机器人的硬件设计，单独设计出能够满足舵机控制需求的电路板，并利用 Altium Designer 完成了电路板的设计，以及制作与使用调试工作。

最终平台整体实现了能够根据图像传感器信号做出指定动作，并能做出一定程度的舞蹈动作。通过分析处理三轴陀螺仪传输的数据在运动过程中自行调节自身平衡，提高其动作的稳定性及可靠性。实现数字舵机和模拟舵机混合调试，使两者可以共同工作以实现整体运动机能。另外，还可识别人声指令，完成动作。电路板结构清晰简洁，元器件布局合理，整体可靠性、稳定性较高。

机器人实物图、电路设计图及平台系统简图见本文二维码资源。

2. 创新点描述

基于开源的 ROS 系统，开发出一套专有的机器人平台系统，并在狭小空间内建立起了完善的上下位机总控体系，能够快速进行功能的拓展应用。

将数字微陀螺和磁力计传感器采集的信息利用树莓派较强的计算能力进行处理，在运动中引入前沿性的步态算法，有效提高了平台移动的稳定性。

利用微型计算机树莓派进行通用化设计，在 Linux 系统下对子系统进行模块化管理与调控，使构建的机器人在软硬件上均实现平台化。

对市场上采购到的语音、图像传感器模块，在开发的平台系统下进行兼容应用，验证了平台的可拓展性。

采用 CAD 技术进行全数字化虚拟样机设计，对方案的动力学、控制率、电磁兼

容等多方面进行仿真测试，大大降低了最终实物硬件平台的开发成本。

对于硬件设计中的异形构建使用3D打印技术进行制作，实现了快速的增材定制。

3. 学生感言

在这次参加的“国创计划”项目全过程中，我们得到了平日在课堂与书本中截然不同的收获与锻炼。在完成项目期间出现的困难与挫折，锻炼出了我与团队成员坚韧的攻关精神与一颗遇事不乱的大心脏。感谢国家和学校能够给我们提供这样的机会与平台去实现我们的想法，锻炼我们的能力。

4. 教师感言

本项目涉及面广，学科交叉性强。在已有知识的的基础上，对其他专业知识进行涉猎。可以看到的是，在开发过程中同学们遇到了不少的阻碍，但勇于克服，敢于尝试，没有半途而废。与一般大学教育相比，参加“国创计划”项目的同学做到了知行合一，为以后迈入社会奠定了坚实的基础。

新型脚踏式代步车

项目名称： 新型脚踏式代步车

项目所属一级学科： 机械工程

项目成员： 任书文　田龙江　王金鹏　孙义章　曹佳

指导教师： 李玉光，教授，机械设计

郑双阳，讲师，机械设计

起止时间： 2016—2017 年

推荐学校： 大连大学

1. 项目简介

现代市场，出现了大量的电动代步车，但其成本高，质量大，对于资源紧缺的现代社会造成很大压力。通过对市场的分析，我们决定设计一款以低碳环保、低价成本为目的产品。现代社会人们越来越注重运动，这款设计可以让使用者在使用其作为交通工具的同时锻炼身体，相比其他代步工具，它体积更小，更便于携带，理论上比正常折叠自行车至少小一半。

这款新型的脚踏式代步车，没有传统的脚踏车那样的链条，是以齿轮传动，与脚踏板相连的地方有两个弧形的内齿圈，在脚踏板的中轴线上固定支撑轴。当脚踏板绕支撑轴上下移动时，带动内齿圈发生转动，从而带动一个行星齿轮转动，行星齿轮通过一个单向轴承与轴相连接，轴上固定有齿轮，然后在经过一个齿轮组增大传动比，使这款代步车行走得更快，最后把动力传到固定有轮子的轴承上。当行星齿受到向前转动的力时，带动轴开始进行转动，当人的脚不施加力时，在内齿圈轴心处的扭转弹簧将带动内齿圈反向转动，并带动行星齿发生转动，此时由于单向轴承的关系，行星齿与轴将反向转动，左右踏板下都运用这样的机械结构，反复运动，也就可以达到脚踏前行的目的。代步车相关图片见本文二维码资源。

2. 创新点描述

（1）轻便、小巧、安全的新型代步车，而且还能帮助人们很好地锻炼身体。

（2）它是一个完全由机械装置组成的，是完全不同于其他理念的一种全新的设计方案，具有安全价值、经济价值、环保价值和使用价值。

（3）方便人们的使用，减少人们的支出，提高人们的环保意识。尤其给老年人和不会使用自行车的人带来极大的方便。

3. 学生感言

我和项目其他成员相互合作，一起努力，顺利地完成了研究项目，将项目中的作品制作完成，达到了预期的效果。虽然在过程中我们遇到了很多的困难和挫折，但是我们都竭尽全力去寻找解决办法，大量查找资料，咨询老师，学到并深深记住了这些知识。理论脱离不了实践，一个可以亲自动手操作的“国创计划”项目对当代大学生至关重要，尤其是作为一名机械专业的学生，这将对我以后的学习甚至是工作都产生十分深远的影响。此外作为本次项目的负责人，我也感受到了团队合作的重要性，众人拾柴火焰高，项目其他成员给我提供了很多建设性的意见，这次项目的成功完成，也与他们的辛劳密不可分。

4. 教师感言

该项目在研究方面有很大的发展空间，方案的可实行性很高。学生在完成项目期间做出了很多的尝试和努力，在后期取得了研究成果，并成功地将各种可实行方案实践化，并且学生自主能力提高，举一反三能力增强，动手和设计能力在不断的磨炼中也日趋成熟，真真切切地在项目过程中学习到了很多知识。

稳态控制系统

项目名称： 稳态控制系统

项目所属一级学科： 计算机科学技术

项目成员： 周玉　赵家庆　孙家旭　陈英浩　杨慧馨

指导教师： 谢景卫，实验师，计算机技术应用

起止时间： 2015—2017 年

推荐学校： 大连大学

1. 项目简介

目前，电子控制板应用领域广泛，主要涉及家用电器、健康与护理产品、电动工具及工业设备装置、智能建筑与家居、汽车电子等极为广泛的领域，是部分新兴产业快速发展的牵引力，也是某些传统产业升级换代的重要驱动因素。但由于电子控制板的功能性比较局限，造成在外界环境改变的情况下，无法正常使用，因此，稳态控制板及控制系统将有很好的发展前景。

稳态控制系统是基于单片机控制的风机运动系统，利用角度传感器和自制的万向节及陀螺仪采集数据，结合 PID 算法，通过输入调节参数，控制每个风机的转数，形成稳定的控制系统，以延伸到有其他稳定控制的运动系统中。

设计思路来源于风力摆控制系统的设计，是基于风力摆稳态控制系统构成的。此控制板作用于任意可控机构通过指定 5 种模式的控制，使其在 OLED 液晶显示屏上显示各种模式，通过 PID 算法调节其参数来促使摆杆在摆动方向和摆动幅度上实现定长、定角度的圆锥摆运动。例如，平面直线摆动，进行圆周运动，以及设置原点后任意移动物体，物体仍能找到原点等功能。控制板可使相应的可控器件运动自如，精确定位。控制系统和控制板图见本文二维码资源。

此种设计可应用在实用操作的各项领域。如可用在金属勘探与测量、生命迹象探究、能源探索等领域。对目前市场上的金属探测器调查分析，相关数据表明：目前市面上的金属探测设备体积庞大、精确度小、不易携带、制作经费高。故此控制系统的设计可以有效地避免这些问题，且安装简单。

2. 创新点描述

（1）耐强风　与市场上传统的控制结构及电子控制板相比，稳态控制系统最大的创新之处在于普通的控制板在恶劣的强风干扰下，容易受到强风的干扰而改变其原有的运动状态，而此控制板可耐强风干扰，并且用在精密的测量、探测领域，也

不改变其精度，具有高精度，耐强风，反应迅速等优点。

（2）系统结构精细　在稳态系统的控制结构上，采用新兴的3D打印技术，可以使稳态结构加工简单，同时可以按照设计者的设计直接打印机械零件，使制造的零件整体布局清晰、美观。

（3）操作方便　与传统的控制器件相比，稳态控制系统可以通过开关及显示屏等辅助设备，提示使用者按照既定的开发程序操作，使用简单易懂。

（4）模式可调节　稳态控制系统结构简单且加工精细，程序算法操纵系统的整体结构可使系统运行反省迅速且精度高，对于5种模式可调节。如进行圆周运动、直线运动、定点定位设置、角度调节、干扰仍可回原点等，模式多样。

3. 学生感言

学习的过程中总会伴随着层出不穷的问题，每次解决问题都会花上很长时间，这样也就延迟了进度，但是在问题出现时，我们能不断地克服困难，通过老师的指导帮助，在同学们的支持和朋友们的鼓励下，及时总结经验，学到了更多的东西，也对所制作的产品了解得更加深入。

4. 教师感言

系统总体上达到较好的性能，系统能够实现功能，且运行时间误差在允许范围之内，运行性能较好，制作成本低。实验结果表明，该控制系统摆动方向角度误差$< 3°$，摆动幅度误差< 5 mm，圆锥摆圆度误差< 5 mm。

静电纺 PAN 空气过滤膜材料的研发

项目名称：静电纺 PAN 空气过滤膜材料的研发

项目所属一级学科：纺织科学技术

项目成员：肖龙辉　龙泉　华珂　晏霁昱　谢明珠

指导教师：何斌，讲师，纺织材料结构与性能

起止时间：2016—2017 年

推荐学校：湖南工程学院

1. 项目简介

近年来，随着工农业化进程的快速发展，环境污染日渐加剧，空气质量急剧下降。目前，我国很多地区都出现了雾霾天气，造成雾霾天气的主要原因就是空气中飘浮着直径在几十纳米至几十微米范围内的粉尘颗粒，如 $PM_{2.5}$ 等，而且这些颗粒经常附带微生物、重金属等有害物质，会对人体健康带来极大的危害。因此，在加强环境保护、严格控制污染源的同时，有必要采取一些个人防护措施，如防护口罩、空气净化器等，这就必然要使用空气过滤材料。

静电纺技术是目前制备一维纳米结构材料的重要且有效的方法，制备的纤维直径可达纳米级，且具有比表面积大、孔隙率高、表面吸附能强及独特的网状结构等特性，同时在静电场的作用下纤维表面获得大量的静电荷增强了对空气中带电荷粉尘的静电捕集作用，是一种良好的过滤材料，在防护、过滤等方面有着极大的应用前景。

本课题以聚丙烯腈（PAN）为原材料，溶于 *N*，*N*– 二甲基甲酰胺（DMF）中做成纺丝液，在静电纺丝机上制备成纳米纤维膜。通过改变纺丝工艺来制备形态结构良好的纳米纤维膜，并通过调控纳米纤维膜的孔径获得“高效低阻”过滤膜材料。研制的纳米纤维膜材料如图 1 所示，纳米纤维平均直径为（371 ± 9）nm（如图 2 所示），

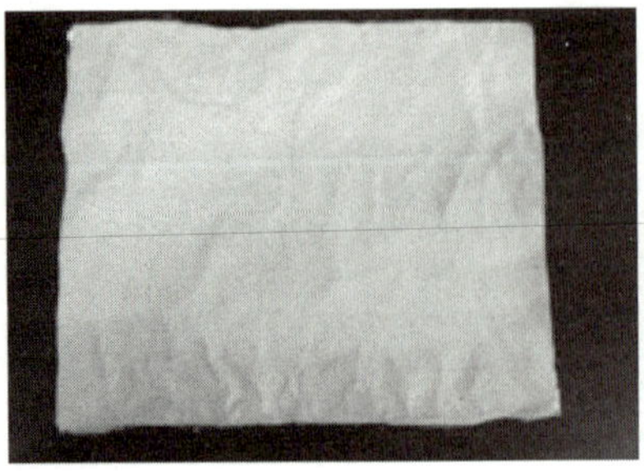

图 1　PAN 纳米纤维膜

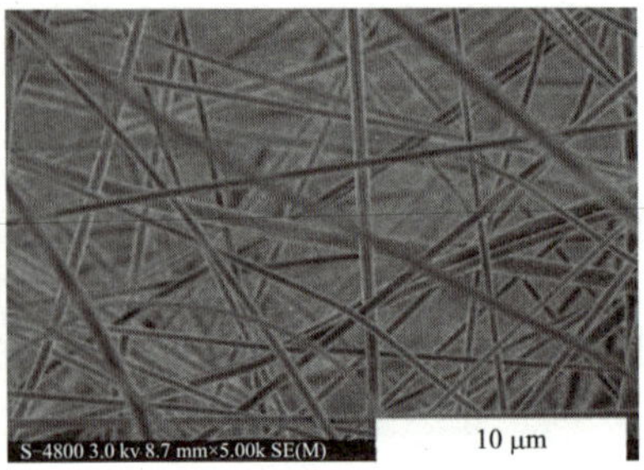

图 2　PAN 纳米纤维膜 SEM 图

孔径分布范围 2.1 ~ 4.2 μm（如图 3 所示）。对质量中值直径为 0.26 μm 的氯化钠（NaCl）气溶胶颗粒过滤效率达到 98.3%，呼吸阻力为 16.4 mmH_2O。

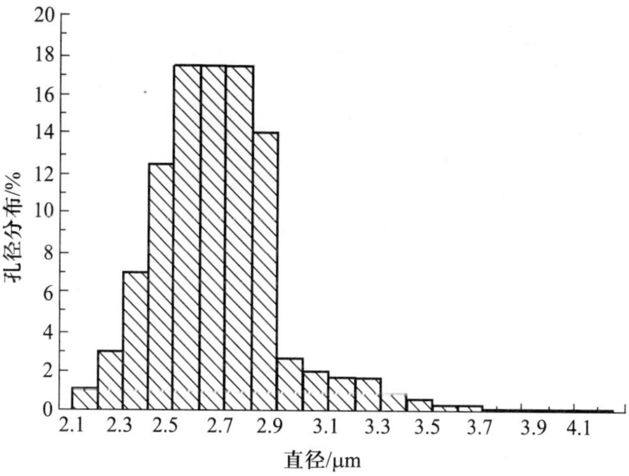

图 3　PAN 纳米纤维膜孔径分布

2. 创新点描述

（1）应用于空气过滤的纳米纤维膜对纤维的直径、形貌特征及孔径分布有相应的要求。通过改变纺丝工艺来调控纳米纤维膜形态结构，探明两者之间的关联度，对于制备出稳定的形态结构良好、孔径可调控的纳米纤维膜具有重要的理论指导意义。

（2）利用静电纺技术制备纳米级纤维膜空气过滤材料，为制造高精度空气过滤材料提供一种新途径，在净化空气，保护人类生存环境及人体健康方面具有非常重要的创新意义。

3. 学生感言

这是我们第一次历经这么长时间参与的一个项目，从查阅参考有关资料到相关资料的整合，再到项目实验的进行，虽然花了很多的精力，但收获的却要比预想的多，整个过程都是一个自主学习的过程，摆脱了传统的灌输式收获知识的方法，遇到问题的时候会结合老师的提点去发散自己的思维，不仅如此，实践能力也得到了提高。

4. 教师感言

本次项目的完成，不仅是对学生的一次锻炼和提高，也是老师教育教学的新课题。指导过程中，作为老师思索得更多的是如何突破传统教学模式，探索创新项目教学。在强化学生实操能力的同时，着重于指导学生团队协作能力，帮助他们独立思考问题、解决问题，克服实验过程等待的无聊，保持对项目的热情，纠正实验中暴露的欠缺。对于指导老师来说，收获了一份珍贵的经验。

智能安全滚轮排插的研发

项目名称： 智能安全滚轮排插的研发

项目所属一级学科： 动力与电气工程

项目成员信息： 曾成　陈博　殷乾斌　谢斌　刘章良

指导教师： 曾志刚，副教授，电子信息

黄望军，教授，电子信息

起止时间： 2015—2016 年

推荐学校： 湖南工程学院

1. 项目简介

智能排插能提供智能控制，无须经常手动插拔且插拔过程轻松省力。排插中加入了语音和 WiFi 模块，减少了烦人的插拔过程，提高了使用寿命。其中，WiFi 和语音控制是关键。我们通过 STC90C516 对各种状态进行解算，处理排插收到的指令，实现了 WiFi 与语音控制。采用了优秀的供电模块和控制算法，保证了智能排插的稳定和可靠。最终以 51 单片机、STM32 为核心，在电路的调试及程序的优化设计后，实现了研发初衷。项目相关图片展示见本文二维码资源。

2. 创新点描述

（1）语音控制　直接说出口令“定时”和时长即可实现定时，直接说“关闭”即可实现关闭。

（2）WiFi 控制　只需使用手机客户端即可任意操作排插，实现定时、开启与关闭。

（3）LED 指示与触摸板复位　采用了多个 LED 指示灯用来分别指示定时时长和各功能运行情况，并设置了触摸板使排插功能一键复位。

（4）扩展功能　主控板上留有扩展接口，方便为用户定制需求。

（5）加入了滚轮弹簧片　插拔过程省力，插头可自动弹出。

3. 学生感言

好的灵感与想法来源于平常对专业知识的深刻理解，从理想到实现靠的是学校和政策的大力支持，高质量的作品是我们认真的态度和追求卓越的执着的体现，短时间的突破和不断进步取决于我们团队之间的默契配合和高效率的工作方式。我们因为追求不断进取和创新而走到一起，感谢团队的共同努力与学校的支持。

4. 教师感言

在知识传授的同时，也不忘建立良好的师生关系。我经常告诉他们："很多时候就是这样，在一个地方你没有成功，只要坚持下来了就肯定会看到希望。"他们珍惜每一次机会，把握每一次机会，才会获得希望。他们享受这个追寻的过程，整个实验过程中他们不仅学到了许多他们感兴趣的、有用的东西，更重要的是他们的思维能力、团队协作能力、实践能力都得到了很大的提升，而且也学到了坚持不懈、善于思考、积极总结的可贵精神。

BIM 技术与施工工艺

项目名称： BIM 技术与施工工艺
项目所属一级学科： 土木建筑工程
项目成员： 岳万博　孙晓兵　陈慧敏　秦帆　石璇
指导教师： 史岩，讲师，建筑设计及其理论
起止时间： 2016—2017 年
推荐学校： 黄河科技学院

1. 项目简介

应用建筑信息模型（BIM）技术规划施工工艺样板，以样板引路，规划、细化各施工工艺、工程流程、操作要点，策划工程细部亮点、特色，为实体工程质量施工、验收提供样板、标准。

本项目以息县影剧院的为例，利用 BIM 技术在施工工艺中的应用总结以下工艺内容：

（1）BIM 主体样板展示的主要内容　模板工程中的柱、墙、梁板（如图 1，见本文二维码资源）、楼梯、卫生间及后浇带、施工缝等安装后的模板效果，钢筋工程中的柱、墙、梁板、楼梯、栏板等绑扎后的效果，混凝土工程中的柱、墙、梁板、构造柱等已浇筑的构件效果，砌体工程中的砌体、构造柱、窗台等效果。

（2）BIM 装饰样板展示的主要内容　内外装饰成品效果和各种做法分层展示，楼地面及门窗成品效果和窗套防水节点，楼梯及栏杆成品效果和局部节点（如图 2，见本文二维码资源），外墙内保温及楼地面保温成品效果和做法分层及细部构造展示，屋面及细部构造成品效果和各部分分层展示。

（3）施工工具、材料展示架展示的主要内容　施工用螺杆、扣件、顶托、步步紧和安装工程预埋盒、导管、电缆电线、存水弯等（如图 3，见本文二维码资源）。

2. 创新点描述

BIM 技术应用该项目设计到施工的各个阶段，除应用 BIM 软件进行建筑信息管理之外，还拓展应用了大量其他领域的技术，包括虚拟现实、数据分析与数据挖掘、物联网、三维激光扫描、云计算、移动设备、三维打印等，整合大量技术将 BIM 技术带到施工现场，提前制定施工工艺模板，是本项目的一项重要实践与创新。

BIM 技术应用在施工工艺组织和设计上，大大提高了工作效率，节省预算成本。通过本项目的应用，选取工程样本，对样本工程进行实地测定，建立了相关的 BIM

数据库。

3. 学生感言

本次创新创业项目，为我们提供了参与实践的机会，极大地提高了我们的实践能力，丰富了我们的实践经验。通过其了解 BIM 技术的过程中出现的种种问题及种种解决方案，我们学会了根据具体的方法、设备、条件等选择最简单有效的方案来解决实践过程中出现的各种问题，这些思维的拓展，有别于单纯的理论教学，为自己就业后尽快适应行业需求奠定了基础。

4. 教师感言

大学阶段就是一个很好的科技创新机会。因为创新是基于在扎实的专业基础知识上才可创新。在大学阶段，创新的同时可以利用丰富的资源去参加创新创业实践活动，培养求实、探索精神，掌握与人沟通、团队协作等方面的技能，在锻炼抗挫折能力的同时也开阔了视野。通过活动，可以使学生形成一个独立的个体，善于发现和认识有意义的新知识、新思想、新事物、新方法，掌握其中蕴含的基本规律，具备相应的能力。

吸盘式机械手四自由度机构设计

项目名称： 吸盘式机械手四自由度机构设计

项目所属一级学科： 机械工程

项目成员： 张志明　李鹏伟　王三辉　徐龙港

指导老师： 杨汉嵩，副教授，机械工程

起止日期： 2016—2017 年

推荐学校： 黄河科技学院

1. 项目简介

本项目是创新项目，主要要求学生设计出一种结构简单、操作方便、能够多角度进行作业的吸盘式多自由度机器人机械手机构。吸盘式多自由度机器人机械手机构，在固定的工作台中心处设有步进电机，步进电机的主轴向上通过连接法兰与旋转工作板中心部位相连接，旋转工作板的底部与固定工作台的顶部之间通过推力轴承转动连接，推力轴承与旋转工作板同心设置。项目成果获得 7 项专利。

直线运动依靠直线导轨，其位于旋转工作台正上方，直线工作台的底部前侧和后侧分别设有一条固定条，每条固定条底面开设有滑槽，旋转工作板上表面前侧和后侧分别设有一条与滑槽相对应的滑动导轨，旋转工作板前侧的滑动导轨滑动连接在直线导轨前侧的滑槽内，旋转工作台后侧的滑动导轨滑动连接在直线导轨后侧的滑槽内。

旋转工作台的上表面右侧固定有电机支撑座，电机支撑座固定有第二步进电机，第二步进电机的主轴与滑动导轨平行，第二步进电机的主轴向左通过联轴器连接有滚珠丝杠，直线导轨的底部固定有与滑动导轨平行的导向螺纹套，滚珠丝杠与导向螺纹套螺纹连接；伸缩旋转调节机构固定在直线导轨上表面，吸盘式机械手固定在伸缩旋转调节机构上。

机械手相关结构图见本文二维码资源。

2. 创新点描述

（1）可编程　生产自动化的进一步发展是柔性自动化。机械手可随其工作环境变化的需要而再编程，因此它在小批量多品种具有均衡高效率的柔性制造过程中能发挥很好的功用，是柔性制造系统中的一个重要组成部分。

（2）拟人化　能模仿人手和手臂的某些动作功能，用来按固定程序抓取、搬运物件或操作工具的自动操作装置。它可代替人的繁重劳动以实现生产的机械化和自

动化，能在有害环境下操作以保护人身安全。

（3）通用性　除了专门设计的专用机械手外，一般机械手在执行不同的作业任务时具有较好的通用性。比如，更换机械手部末端操作器（手爪、工具等）便可执行不同的作业任务。

3. 学生感言

高中和高中以前，确实只能用一句话来形容当时眼界的闭塞：两耳不闻窗外事，一心只读圣贤书。来到大学，我的眼界开阔了不少。后来在指导老师和学长的带领下开始参与了学校组织的一些创新实践项目，在这个过程中逐渐积累了宝贵的经验，为我参与此次项目创造了宝贵的基础。

在此次“国创计划”项目过程中，我收获很多，一开始进入团队，一头雾水，无从做起，在老师的指导下，从一点一滴做起，把书本上学到的东西应用到实际中，查阅资料，咨询老师，这样慢慢地使自己树立了信心，锻炼了自己的能力。通过自己不懈的努力，最终成功完成此次项目，并获得专利 7 项。这和指导老师杨汉嵩副教授的悉心指导和学院的大力支持是分不开的，在此要感谢杨汉嵩老师和院领导的帮助和支持！

4. 教师感言

通过本次创新实践训练，我得到如下体会：

（1）学生的能力需要培养。大学书本上的知识如果不在实践中应用，是不能发挥其应有的作用的，学生在做实践训练项目时，理论都理解，但应用起来无从下手，通过慢慢地指导，让学生体会查阅资料到结构设计等过程，培养了学生的能力，提高了学生的认识，同时也提高了我个人对职业教育办学的认识，转变了我们的授课理念。

（2）加强多学科知识的传授。学生对专业知识的了解基本达到学业标准的要求，但对专业相关的其他学科知识掌握得不够全面，需要进一步加强。

（3）理论与实践结合。在项目实施过程中，感受到“教学做”紧密结合的重要性，按照“教学做”合一的原则开展教学，努力提高课堂教学的质量和效率。以前我们的“做”是不够的，我们教育的主渠道是课堂，将来怎样把课堂变成实验场、实习场，使知识传授与技能训练融为一体，这是教学改革的核心。而这次“国创计划”项目让我们看到了学生用学得的理论知识指导实践，通过实践提高理论的成果，更深层次地体会到本次活动的现实意义。

履带式双人休闲运动车

项目名称：履带式双人休闲运动车

项目所属一级学科：机械工程

项目成员：张印　袁文君　周雄峰　向德虎　陈高成　潘安达

指导教师：李小昱，教授，机械电子工程

王为，研究员，机械设计制造及其自动化

起止时间：2012—2014 年

推荐学校：华中农业大学

1. 项目简介

针对人们对休闲娱乐类器械需求日益增加，发明了一种履带式双人休闲运动车，该车主要由左右独立的履带行走机构、驾驶舱平衡滚筒、左右独立的脚踏驱动机构、自适应随动变距传动机构及制动系统等组成，适于道路、草地、雪地和崎岖路面的行驶。结构图见本篇二维码资源。

该车由双人或单人骑行，脚踏驱动机构通过自适应随动变距传动机构的传动来驱动履带行进，左右独立的脚踏行走机构可控运动车的行驶速度及直行、转弯，且能实现 360° 原地调头；驾驶舱平衡滚筒在上下坡路时可始终保持水平状态；自适应随动变距传动机构可随驾驶舱平衡滚筒与履带行走机构的变化而自动调节，以满足传动要求；履带行走机构适应不同路面的行驶且增强了通过能力。

该车改变了传统的休闲自行车前轮导向、后轮驱动的结构，能强化训练双人协作与操作的技巧，有利于休闲运动和娱乐益智，具有结构新颖、骑行灵活等特点，有利于促进休闲运动开展并具有良好的应用前景。

该项目获得国家专利6项；应邀参加第五届全国大学生创业创新训练年会并获“最佳创新项目奖”，获得第七届国际发明展览会银奖、第五届全国大学生机械创新设计大赛一等奖、第七届湖北省大学生机械创新设计大赛一等奖、北京发明创新大赛金奖和武汉市发明创新大赛金奖等奖项；发表科研论文《履带式双人休闲运动车的研制》。该车还受到了媒体的广泛关注，中央电视台科教频道《我爱发明》栏目组对作品进行了拍摄与专题播放，湖北省市级电视台、各大报纸等媒体均予以了关注与专题报道。相关资料见本文二维码资源。

2. 创新点描述

（1）发明了由左右履带行走机构分别独立悬挂在驾驶舱平衡滚筒上的行走机构，

采用橡胶履带和支撑轮，左右行走机构可各自随路面仿形，从而有效地增强了运动车的通过能力与平衡能力，可直行、转弯及360° 原地调头，适宜于不平坦道路、松软道路、崎岖坡路的行驶。

（2）发明了驾驶舱平衡滚筒，驾驶舱能随坡度及路面的变化不断自行调整，克服了路面崎岖的影响，可保持骑行者始终处于舒适的水平状态。

（3）发明了自适应随动系统的变距传动机构，传动机构可随驾驶舱平衡滚筒与履带行走机构的相对变化而自动调节，解决了在通过不平坦道路、坡路时对传动机构的影响。

（4）履带式双人休闲运动车的整体结构独特、外观设计新颖，该运动车的立体结构在国内外尚无应用，获得了外观设计专利。

3. 学生感言

在学校、学院的大力支持及老师的精心指导下，我们开展了“履带式双人休闲运动车”的相关研究，先后完成了整车的方案设计、结构设计、图纸绘制、零部件加工、样机组装调试与试验等。这是一次难得的全方位自我提升机会，不仅让我们将理论与实践相结合，有效提升了专业技能，更让我们体会到了拼搏与坚持的重要性，感悟到办法总比困难多，也必将成为我们未来学习与成长的助推剂。

4. 教师感言

素质教育和创新教育的精髓在于不断追求知识的融会贯通和触类旁通，培养学生严谨、求真、创新的科学素质，提升创新思维及应用实践的能力。淡泊名利，超然物外，德高为师，身正为范，这才是师德之本。

我国长江中下游地区梅雨季节室内热湿环境研究

项目名称：我国长江中下游地区梅雨季节室内热湿环境研究

项目所属一级学科：土木建筑工程

项目成员：符颢、陈政道、聂柏慧、高文杰

指导教师：秦孟昊，教授，建筑能耗

起止时间：2014—2016 年

推荐学校：南京大学

1. 项目简介

近年来我国建筑业已成为与工业、交通业并列的三大“耗能大户”之一。有数据显示，建筑耗能一般占社会总耗能的 30% 左右。再加上建筑材料生产过程的消耗，在社会总耗能的占比则达到 46%～47%。庞大的建筑能耗，已经成为我国国民经济的巨大负担。

之前关于室内热湿环境的研究都从大尺度大气候的角度出发，历时一般跨季度，本项目所涉及的长江中下游地区梅雨季节室内热湿环境研究时间范围明确，历时只在梅雨季节期间，一般半月，立足小尺度小气候，能真正以人为本，做出对现实中室内的人体健康和人体舒适度有实际价值的成果，能有效地填补长江中下游亚热带季风气候区梅雨季节的室内热湿环境数据的空白，也为扩充和完善建筑能耗基础数据统计体系和梅雨季节室内热湿环境数据库做出贡献。

具体的期望成果主要分为两个方向，一方面是对建筑能耗计算模型在不同气候条件下的应用评价，主要针对用于计算建筑能耗的各类模拟工具，结合气候状况、建筑类型、住户日常生活、通风形式、空调使用情况等因素，选择精确性更高、运算耗时更小的合适模型；另一方面是对不同通风形式下住宅室内环境的模拟分析，主要是在估算平均散发源强度的基础上，模拟计算对象地区的住宅建筑在不同季节、不同密闭情况下分别采用自然通风与机械通风两种通风方式时室内挥发性有机化合物的浓度变化和可能的暴露量。研究部分数据资料见本文二维码资源。

2. 创新点描述

对于热湿耦合模型评价来说，准确的负荷计算应当考虑到建筑围护结构内的热湿耦合传递及围护结构和环境间的热湿交换，然而在通常的能耗计算中围护结构的湿缓冲效应常常被忽视，这会对模拟结果造成较大误差。而且考虑到仅根据在某一种气候特征下模拟出的结果来判断模型的适用性欠妥，因此本项目将选取 3 个较为

典型的气候，使对象模型分别在这 3 种气候条件（湿热、温和、干热）下进行模拟计算，同时分析不同换气次数对能耗模拟误差的影响。

对于住宅室内环境模拟分析来说，本项目以华东地区的新装修住宅为研究对象，选取甲醛作为室内挥发性有机化合物（VOC）的典型代表，分别计算了冬、夏和过渡季，采用机械通风与自然通风时住宅室内 VOC 浓度及暴露情况。

3. 学生感言

近年来，经济的快速发展促使人们不断追求着更理想的居住环境，然而建筑的热舒适性与能耗密切相关，居住环境的提升很大程度意味着更多的能耗与运行成本。这一定程度上解释了我主持该项目的初衷——作为一名未来的城市规划师，如果能在切实提高人们的居住环境的同时，有效控制好建筑能耗，这是非常有意义的一件事，值得我为此努力。

4. 教师感言

首先，我要说这个项目是很特别的，从研究目的来看，它具有一种独特的人文情怀；从研究方法来看，又具备足够的学术性。

此外，该项目对学生的要求还是较高的，实验设计、实地监测和仿真软件模拟等工作贯穿项目的整个过程，能够很好地检验并培养同学们的实验能力和学术研究能力。当然，我对最终的成果是很满意的。

VEX 机器人结构搭建及性能分析

项目名称：VEX 机器人结构搭建及性能分析

项目所属一级学科：机械工程

项目成员：袁嵩　雷汉跃　齐德鑫　石晓瑛　靳宇栋

指导教师：李晶，高级工程师，数控技术

王保建，工程师，测试技术

起止时间：2016—2017 年

推荐学校：西安交通大学

1. 项目简介

本项目依托 VEX 机器人世界锦标赛，开展 VEX 机器人创意设计、结构搭建、程序控制及性能分析调试。VEX 机器人世界锦标赛是由美国机器人教育及竞赛基金会（Robotics Education and Competition Foundation）组织，由卡耐基梅隆大学（Carnegie Mellon University）、未来基金会（the FUTURE Foundation）、美国著名的 Autodesk 公司、创首 Innovation First 公司、Intelitek 公司等协办的一项世界级大赛。比赛要求参赛代表队自行设计、制作机器人并进行程序控制，自动和手动控制机器人在特定的竞赛场地上，按照一定的规则与对手对抗。本项目团队凭借创新奇巧的机械结构、精准可靠的自动程序、规范翔实的工程笔记和精诚互助的团队合作，取得了优秀的对抗赛和技能赛成绩，同时获得全能总冠军奖，这是中国代表队参加此项比赛以来，首次获得的最高荣誉。

本项目设计的 VEX 机器人硬件机构主要包括底盘及运动机构、抬升机构、抓取机构等，对主要机构做了 SOLIDWORKS 的建模仿真，并用 ANSYS 软件对机器人主要受力机构进行了应力分析。VEX 机器人使用 ROBOTC 编程软件，在比赛中，根据不同对手赛车，设计了多种自动控制程序完成 45s 自动运行。该机器人使用 VEX ARM 控制器，控制器内置 VEXnet 技术实现无线通信。同时该机器人还设计了有创意的 3D 打印连接件、汽缸等元件，大大提高了赛车性能。VEX 机器人仿真模型和结构受力分析图见本文二维码资源。

2. 创新点描述

（1）开发机器人底层程序库，将常用的基本语句功能封装成子函数，编程时直接调用，程序库的开发大大节约了编程时间。

（2）机器人电机实现了 PID 控制，大大提高了控制精度。

（3）采用了机器人示教编程方法，通过手动操纵机器人完成任务，传感器记录下机器人的位姿变换，将参数变换导入机器人控制器中，机器人重现该动作。

（4）创新地改变了汽缸使用方法。

3. 学生感言

在这过去的一年里，参加 VEX 机器人世界锦标赛对我们而言，收获是巨大的，让我们体会到了创新、团队合作、学以致用的重要性。比赛中评委面试时首先问我们的就是赛车的创新性，创新改变汽缸的使用方法、“示教”编程方法得到了评委的高度认可，这也是我们能拿到全能总冠军奖的重要因素。团队合作是比赛获胜的重要因素。项目成员有明确的分工：结构设计，程序编写，操作手和后勤管理及撰写工程笔记。作为队长，我会尽量让每一位队员都能在整个团队中各司其职，达到 1+1>2 的效果。此外，VEX 机器人能够更好地将我们平时课堂所学知识和实际应用联系在一起，比如在装配机器人的过程中，我们发现同一种设计，装配时精度的高低将会使性能产生天壤之别；在编程时，我们将之前所学的 PID 调节等方法运用到电机控制中，使得机器人更精准地完成某个动作。这种理论与实际相结合，目的驱动方式，能够很好地帮助我们掌握平时所学知识，同时还会促使我们查阅资料进行深入研究。

4. 教师感言

该比赛作为世界顶级的教育性机器人比赛，比赛突出机械结构、传动系统的功能设计；创意设计和对抗性比赛的最佳结合；将项目管理和团队合作纳入考察范围，重视竞争和结果，更重视体验过程，为参与者提供更真实的工程体验。通过比赛可以培养学生创新能力、动手能力、解决复杂工程问题的能力，该比赛要求学生详细记录工程笔记，培养学生良好的思考及学习习惯。该项目获得国家大学生创新创业训练项目大力支持，真正做到了把机电创新落到实处。

3DOM-Fe^{3+} 掺杂 TiO_2 光催化材料的制备及其性能的研究

项目名称：3DOM-Fe^{3+} 掺杂 TiO_2 光催化材料的制备及其性能的研究

项目所属一级学科：化学工程

项目成员：严孝清　赵士舜

指导教师：杨贵东，副教授，光催化材料及吸附材料的制备与性能研究

起止时间：2014—2015 年

推荐学校：西安交通大学

1. 项目简介

进入 21 世纪以来，环境污染问题已经严重影响到人类社会的可持续发展。如何开发经济、高效、无污染的污水处理技术受到广大学者的关注。光催化污水处理技术是一门新型绿色环保技术，其技术关键在于新材料的研发制备与光催化机理的探索。本项目分别通过溶胶凝胶法和模板浸渍法，成功地构筑了具有可见光相应能力、高催化活性的三维有序大孔（3DOM）结构的 Fe^{3+} 掺杂 TiO_2 光催化材料。制备 3DOM Fe^{3+} 掺杂 TiO_2 光催化材料合成步骤示意图见本篇二维码资源，整个材料制备步骤简单，形貌可控。相对于只有紫外光催化活性的纯 TiO_2，这种复合材料具有更窄的带隙宽度，可见光吸收波长已延长至 560 nm。与此同时，三维有序大孔结构的设计也使得光催化剂的量子传递效率大大提高，进一步提高了光催化剂的光电性能。此外，本项目还通过透射电子显微镜（TEM）、扫描电子显微镜（SEM）、比表面积测试仪（BET）、X 射线衍射仪（XRD）、傅里叶变换红外吸收光谱仪（FTIR）等表征手段对合成材料的构成、构象、吸附活性、比表面积等性能参数进行测试，深入研究催化剂的微观结构和催化性能间的构效关系，以及光生电荷的迁移规律，并探讨了 3DOM Fe^{3+} 掺杂 TiO_2 光催化材料反应机理（部分数据见本篇二维码资源）。从合成材料的微观结构示意图可以看出，本项目制备的材料具有长程有序的大孔结构。通过 BET 可以得出本项目制备的复合半导体材料拥有大的比表面积和孔体积，比表面积可达 62.68 $m^2 \cdot g^{-1}$，孔体积可达 0.1364 $cm^3 \cdot g^{-1}$。同时，大孔平均直径为 300 nm，且孔与孔之间形成相互贯通的网状结构。光催化结果显示：可见光照射 150 min，样品 TF-3 催化剂对 RhB 溶液的降解率可高达 95.0%，充分说明了我们合成的催化剂具有优异的可见光催化活性。

2. 创新点描述

（1）本项目通过改进模板浸渍法首次成功制备出具有三维有序大孔结构的铁掺杂二氧化钛。这种材料具有规整的多孔结构和降解染料废水的能力，能将有机废水彻底降解成 CO_2 和水，整个反应高效、绿色无公害。

（2）本项目系统地研究了光催化反应过程中光生载流子的迁移机理，以及三维有序大孔结构与反应活性位点、光吸收活性位点的构效关系。提出了具有一定学术价值的光催化反应机理。本项目的研究将对光催化技术的机理研究及实际应用有所帮助。

3. 学生感言

大二开始参加“国创计划”项目研究，让我提前走进实验室进行学术锻炼，大四代表交大参加“国创”年会获奖。无论是个人学术能力的培养还是个人能力的展示，“国创”都给了我很好的机会和平台，让我找到了适合自己的奋斗方向和目标。

4. 教师感言

从 2013 年第一次指导本科生参加“国创计划”开始，到现在已经指导了 4 届学生近 15 人。每一个学生通过“国创计划”得到了很好的学术锻炼，具备了一定独立设计实验的能力，超过 10 人选择继续读研深造，这为他们能更快地进入研究生生活打下很好的基础。“国创计划”对于热爱科研的学生开创了一条捷径。

粉末微滴喷射 3D 打印机的研究与实践

项目名称：粉末微滴喷射 3D 打印机的研究与实践

项目所属一级学科：动力与电气工程

项目成员：唐佩文　沈洁　刘菁薇

指导教师：冯春梅，副教授，3D 打印

推荐学校：南京师范大学

1. 项目简介

本项目通过粉末微滴喷射 3D 打印机的研究与实践，全面了解 3D 打印快速成型（3DP）打印技术。本项目主要的研究工作主要包括 3DP 工艺的研究与实践、核心模块喷墨控制系统的分析与研究、三维分层设计软件的学习与实现。

3DP 工艺是 3D 打印工艺中使用较为广泛的成型工艺，该工艺成型精度高，适用的材料范围较为广泛，是一种具有较高研究价值的成型工艺。本项目研究 3DP 工艺，实现对 3DP 工艺的深度理解。核心模块喷墨控制系统主要根据压电微喷技术设计驱动模块，制作喷墨电路板，实现彩色墨水的数字化喷射，在此过程中主要学习电路板设计、彩色墨水的喷射及相关墨水的喷射。学习相关三维建模软件，并用 3D 打印机成型输出彩色 3D 零件，对 3D 模型进行相关力学性能分析，根据力学性能分析改进喷墨模块的控制系统，实现模型的高性能输出以及喷墨控制的性能改善。我们以锻炼科研能力和动手能力，增强团队合作意识，深入理解专业知识为目标开展项目。

成型原理图、打印的 3D 模型图等见本文二维码资源。

2. 项目创新点

研究成型材料在微滴喷射中的流体特性、喷射特性、固化特性等基础工艺。研究微滴形成机理、材料在微细喷嘴中的微流体特性、黏结剂的固化机理、合金微熔滴的凝固机理、微滴表面梯度张力、微温度场、微应力分布等关键性基础性问题。

3. 学生感言

创新实践的内容不是课堂传授的，创新实践所遇到的困难需要自己去查阅资料，需要自己动手去实践去验证。在平时的课堂中及实验中，很多知识点都是老师传授的，学生很少有机会能根据客观实际情况，自己独立思考，解决问题。创新实践对于学生能力的提升提供了很好的平台，在这个平台中我学会了面对未知的问题如何去思

考，如何去解决。这种方式对能力的提升是非常有帮助的。

4. 教师感言

创新实践活动对学生而言是一种很好的锻炼方式，理论与实际终究是有所差距，只有动手实践才会对学到语言无法描述的专业知识，遇到问题、解决问题是大学教育中应该培养的一种很重要的能力。创新实践平台为学生提供了一个良好的学习平台。